Carl-Auer

Wie wir uns erfinden

Heinz von Foerster / Ernst von Glasersfeld

Eine Autobiographie des radikalen Konstruktivismus

Unter Mitarbeit von Hans Rudi Fischer

Fünfte Auflage, 2014

Umschlaggestaltung: Uwe Göbel
Satz: Paul Richardson
Printed in Germany
Druck und Bindung: CPI – Ebner & Spiegel, Ulm

Fünfte Auflage, 2014
ISBN 978-3-89670-580-8

Bibliografische Information der Deutschen Nationalbibliothek:
Die Deutsche Nationalbibliothek verzeichnet diese Publikation
in der Deutschen Nationalbibliografie; detaillierte bibliografische
Daten sind im Internet über http://dnb.d-nb.de abrufbar.

Informationen zu unserem gesamten Programm, unseren Autoren
und zum Verlag finden Sie unter: www.carl-auer.de.

Wenn Sie Interesse an unseren monatlichen Nachrichten aus der Vangerowstraße haben,
können Sie unter http://www.carl-auer.de/newsletter den Newsletter abonnieren.

Carl-Auer Verlag GmbH
Vangerowstraße 14
69115 Heidelberg
Tel. 0 62 21-64 38 0
Fax 0 62 21-64 38 22
info@carl-auer.de

Inhalt

Vorwort

Ernst: Im Herbst 1993 war ich auf eine Woche bei Heinz von Foerster in seinem Haus auf dem Rattlesnake Hill bei Pescadero, eine Stunde südlich von San Francisco. Wir hatten beschlossen, uns über unsere Vergangenheiten zu unterhalten und das Gespräch auf Tonband aufzunehmen, weil wir immer wieder gefragt wurden, wie dies oder jenes gewesen sei.

So saßen wir jeden Tag mit dem Tonbandgerät und kramten Erinnerungen aus. Zuweilen führte das zu Diskussionen über Theorien und Begriffe, die wir im Lauf der Jahre gebildet hatten. Manchmal waren wir so in unser Gespräch vertieft, daß wir eifrig weiterredeten und nicht merkten, daß das Tonband längst an sein Ende gekommen war. Das können wir ja nachholen, sagten wir, wenn wir die Abschrift bekommen.

Die Abschrift kam, sowohl an Heinz als auch an mich – ein Paket von 396 Seiten –, eine Riesenarbeit, die der Carl-Auer-Verlag mit Liebe und unheimlicher Geschwindigkeit fertigstellte. Wir brauchten nur ein paar Seiten zu lesen, um zu sehen, daß es so nicht lesbar war. Unzählige Sätze hatten kein Ende, und unsere Umgangssprache war so österreichisch, daß man sie normalen deutschsprachigen Lesern nicht zumuten konnte. Zudem hatten wir thematische Sprünge gemacht, die uns im Gespräch selbstverständlich waren, aber von keinem Leser nachvollzogen werden konnten. Kurz, eine Menge mußte redigiert werden.

Da Heinz und ich in den folgenden Jahren viel auf Reisen waren und uns dazwischen oft andere Arbeiten beschäftigten, ging es sehr langsam vorwärts. Wir einigten uns, daß ich den ersten Angriff machen und jeweils eine grobe Version an Heinz schicken sollte. So nahm ich, wann immer ich konnte, die Abschrift vor und lieferte Heinz einen ersten Umriß.

Die Erzählungen hatten freilich auch keine chronologische Ordnung. Um sie zeitlich aneinanderzureihen, hätte man alles umschreiben müssen. Das haben wir nicht gemacht, denn dadurch wäre ein großer Teil der Zusammenhänge verlorengegangen, die wir für uns selbst geschaffen haben.

Weil Heinz von Natur aus freundlich ist und vielleicht auch, weil er dank seines internationalen Renommees noch mehr andere Sachen zu tun hatte als ich, hat er wahrscheinlich nur das in dem Umriß geändert, was ihm völlig unmöglich schien.

So kam ein Manuskript zustande, das Erlebnisse vom Standpunkt der Erlebenden schildert, so wie sie ihnen im Rückblick erscheinen. Wir sind beide überzeugt, daß die sogenannte Objektivität dadurch ersetzt werden muß, daß man die Perspektive des Beobachters so verständlich wie möglich darstellt. Wir hoffen, daß unsere Erzählungen dem Leser ein Bild davon geben, wie wir geschaut, gehört, gedacht und gelebt haben.

Heinz: Als Ernst mir sein Vorwort für unsere Gespräche schickte, überzeugte er mich davon, daß ein Vorwort für Gespräche zwischen zwei Partnern nicht nur von einem der beiden geschrieben werden sollte. Es stünde dann ja nur auf einem Bein: „Heinz, wo ist das zweite Bein?"

Also, hier kommt es angehumpelt.

Als erstes möchte ich den geduldigen Leser darauf aufmerksam machen, daß wir die Glätte der Gespräche, wie sie hier vorliegen, dem Zauberstab Ernsts zu verdanken haben, der, wie er selbst sagt, die Bruchstücke eines Transkripts vom Tonband, das ein animierter Zeuge eines animierten Gesprächs sein sollte, wieder in ein animiertes Gespräch zurückverwandelte.

Als zweites möchte ich Ernst und dem Carl-Auer-Verlag danken, daß sie mir die Gelegenheit gegeben haben, einen alten Wunsch von mir in Erfüllung gehen zu lassen.

Was für einen Wunsch?

Den Wunsch, ein populäres Bild von „Wissenschaft" als eines aus Granit gemeißelten Monoliths, der aus einer Wüste der Ignoranz emporragt, durch ein anderes zu ersetzen.

Ich habe Wissenschaft immer als eine *Tätigkeit* gesehen, die Wissen schafft.

Eine Anekdote über den Physiker Ernst Mach, nach dem auch eine physikalische Einheit benannt ist, hat mir das besonders klargemacht. Während einer Vorlesung über die kinetische Theorie der Gase entwickelte er einen langatmigen Beweis eines Satzes der Theorie und hatte schon die halbe Tafel mit Gleichungen vollgeschrieben, da blieb er plötzlich stehen, trat einen Schritt zurück, um – sozusagen – die ganze Entwicklung von ferne zu beurteilen. Er blätterte in seinen Notizen, schaute wieder auf die Tafel, schüttelte den Kopf: „Meine Dame und Herren (es gab damals nur eine Dame in der Vorlesung), mir scheint, daß etwas in dieser Ableitung nicht stimmt, aber ich sehe im Moment nicht, was. Ich muß mir das überlegen. Die Klasse ist entlassen!"

Hat der Monolith ein Loch? Nein! Professor Mach hat Verantwortungsgefühl.

Was mich in unseren Gesprächen besonders berührt hat, ist unser Verstehen der Flüchtigkeit der Gedanken, die uns hier besuchten und die sich jeder Versteinerung zu einem Monolith entziehen.

Obwohl Ernsts und meine Lebensentwicklung sehr verschieden waren, kamen wir uns während dieser Tage nie in unsere Haare (das heißt Ernsts Haare, denn von meinen kann leider nicht die Rede sein). Meine Frau meint, wir hätten eine innere Seelengemeinschaft.

Sie hat wohl recht.

Eins

Bedeutungen bestimmt der Leser

Heinz: Vielleicht wäre es nicht ungünstig, wenn wir uns überlegten, was uns aus anderen Arbeiten, die wir schon veröffentlicht haben, ein bißchen Programm oder einen Rahmen geben könnte. Etwa zwei Sachen von mir und zwei von dir. Wir könnten dann in diesen Rahmen einsteigen und diese oder jene Arbeit besprechen.

Ernst: Das ist ein guter Anfang – das kann uns eine Richtung geben.

Heinz: Ich hab da zum Beispiel das, was du mir gestern geschenkt hast. Die *History of Constructivism*. Ist das ein Auszug aus der Geschichte der Philosophie?

Ernst: Besser *meine* Geschichte der Philosophie!

Heinz: Dann ist es also eigentlich deine Geschichte …

Ernst: Was mich eben immer interessiert hat, das war sozusagen, Zitate aufzuklauben, die man konstruktivistisch interpretieren kann.

Das ist natürlich das Gegenteil von dem, was die eigentlichen Philosophen machen. Die versuchen ja immer herauszufinden, wie dieser oder jener Denker gedacht hat, und dann bemühen sie sich, was er gesagt hat, zu widerlegen.

Ich will nicht sagen, daß mich das nicht interessiert, aber es kommt höchstens an zweiter Stelle. Was mich immer freut, ist, wenn ich Sätze finde oder Aussagen, die *mir* ganz konstruktivistisch klingen. Ich mach mir da gar keine Gewissensbisse, was ich lese, so zu interpretieren, denn ich sage mir, wer immer diese Sachen liest, muß sie interpretieren. Und der Kontext, innerhalb dessen man interpretiert, der ist sowieso nicht der des Autors. Man kann ihn nur selber bilden. Zumindest solange man sich nicht als Historiker ausgeben will. Und nichts liegt mir ferner, als Historiker zu sein.

Heinz: Ja, du sagst ja auch sehr oft in deinen Artikeln, dann so zum Schluß: Bitte, mein lieber Leser, bedenke doch, daß *ich* diese Geschichte schreibe und daß das *meine* Eindrücke sind.

Ich versuche das anders zu formulieren, ich nenne es das hermeneutische Prinzip: „Der Hörer und nicht der Sprecher bestimmt die Bedeutung einer Bemerkung, einer *utterance*."

Ernst: Das ist wunderbar, wenn man Hermeneutik so interpretiert.

Heinz: Ja, also, ich interpretiere sie so.

Ernst: Da hast du ganz recht. Aber es gibt ja leider Gottes noch viele Hermeneutiker, die die Illusion haben, daß sie, wenn sie immer tiefer graben und mehr und mehr Einzelheiten ausfindig machen, schließlich doch auf die eigentliche Bedeutung kommen.

Heinz: Aber das ist unmöglich, denn der Hermeneutiker sagt doch, es ist eine Interpretation. Und die Interpretation, die ist ja von ihm! Wenn er also gräbt und gräbt und dann behauptet, er habe die Wahrheit gefunden, dann ist er seiner eigenen Profession untreu geworden.

Ernst: Ja, aber da kommt eben doch immer wieder die Versuchung zu sagen, meine Interpretation, die hat mich so viel Arbeit gekostet, und da paßt alles so schön zusammen – das muß die richtige sein.

Heinz: Das muß die richtige sein, ja natürlich.

Ernst: Und wenn er genug Autorität hat, dann muß seine Interpretation als die richtige angenommen werden.

Heinz: Das ist sehr schwer zu vermeiden. Es muß uns gelingen, zu zeigen, daß unsere Stellung eine andere ist und daß sie jedem Spaß machen kann. Durch sie wird doch jeder eingeladen, ein Erfinder zu werden, ein Interpret, ein – ein Hermes, der der Welt einen neuen Anschein gibt. Das ist doch fabelhaft.

Ernst: Schön wär's, aber wie machen wir das? – Mit unseren Papieren?

Heinz: Auf die können wir ja zurückgreifen, wenn wir steckenbleiben. Einen Anfang haben wir ja nun schon – vielleicht gelingt es uns, zu zeigen, wie wir uns selbst erfunden haben?

Ernst: Bei mir ist das nicht sehr ordentlich zugegangen.

Heinz: Bei mir auch nicht – aber das ist vielleicht der Witz der Geschichte.

Ernst: Versuchen wir's!

Heinz: Du warst doch in Italien nach dem Krieg, wo warst du da? In Meran?

Ernst: Ja, in Meran, da bin ich in den zwanziger Jahren aufgewachsen und dann nach dem Krieg zurückgekommen. Aber das ist auch eine längere Geschichte.

Heinz: Wir haben wahrscheinlich beide längere Geschichten – also erzähl!

Ernst: Meine Eltern waren ja auch in Irland während des Kriegs.

Heinz: Das wußte ich nicht.

Ernst: Das war eigentlich ein Zufall. Sie waren hinübergekommen, um mich zu besuchen, und da brach der Krieg aus, und …

Heinz: Und da konnten sie nicht mehr zurück!

Ernst: Was sehr gut war, denn sie hatten schon lange und laut gegen Hitler und alle nationalen Bewegungen geschimpft. Vor dem Ersten Weltkrieg hatten sie Beziehungen zu Coudenhove-Kalergi und wollten ihm helfen, Paneuropa zu gründen.

Heinz: Ich habe Coudenhove-Kalergi sogar gekannt! Meine Tante, die zauberhafte Tänzerin Grete Wiesenthal, eine von den berühmten „Schwestern Wiesenthal", unterhielt in Wien eine Art „Salon", in dem sich die internationale Intelligenzija, meistens Freitag nachmittags, zu Kuchen und Kaffee traf. Natürlich war Graf Coudenhove-Kalergi, ein bildschöner und sehr eleganter Mensch, wieder und wieder in diesem Kreis zu sehen: Er las aus seinem soeben erschienenen Buch über Paneuropa vor. Ich war damals (und vielleicht bin ich es heute noch) nur ein frecher Student, aber die Tür zu meiner Tante stand mir immer offen. Mit Staunen hörte ich den gräflichen Lesungen zu. Seine Naivität verschlug mir den Atem.

Ernst: Meine Eltern hörten da wahrscheinlich nur den Optimismus – Coudenhove wollte doch den Nationalismus abschaffen, und da waren sie sehr dafür.

Heinz: Ich erinnere mich nur an eine seiner Prophezeiungen: Er sprach vom befreienden Einfluß der Technik; die Vervollkommnung des Radios würde, so sagte er unter anderem, „die Kanarienvögel vom Singen befreien". Das habe ich nie vergessen. Aber bitte, setz deine Geschichte fort.

Ernst verkauft das väterliche Haus

Ernst: Mein Vater hatte Anfang der zwanziger Jahre in Meran ein Haus gebaut, und meine Eltern lebten dort, eben bis sie uns 1939 in Irland besuchen kamen. Gleich nach Kriegsende sind sie dann in die Schweiz übergesiedelt. Als ich dann mit Frau und Kind ein, zwei Jahre später aus Irland kam und sie in der Schweiz besuchte …

Heinz: Sag mal, euer Haus in Meran war besetzt worden?

Ernst: Ja und nein. Das ist der Anfang einer langen Geschichte.

Heinz: Gut, fang an!

Ernst: Mein Vater erklärte mir, er wolle nicht mehr nach Meran zurück.

Du fährst jetzt ohnedies nach Italien, sagte er, schau, ob du nicht das Haus verkaufen kannst. Wenn es dir gelingt, bekommst du zehn Prozent.

Ich dachte mir, na ja, ein Haus verkaufen, das dauert ein oder zwei Monate, und die zehn Prozent waren verlockend, denn an Geld hatten wir nur, was vom Verkauf unserer Farm in Irland übriggeblieben war.

Wir kommen also nach Meran, und ich gehe zu unserem Haus und lerne die Familie eines italienischen Zahnarztes kennen, an die es zu Kriegsbeginn vermietet worden war. Das waren sehr nette Leute, und als ich ihnen erklärte, daß mein Vater das Haus gern verkauft hätte, da sagten sie, sie verständen das sehr gut und hätten nichts dagegen umzuziehen. Sie müßten nur zuerst etwas Passendes finden. Nun muß ich wiederholen, daß das wirklich nette Leute waren. Sie hatten alle unsere Sachen auf den Dachboden geräumt – das Haus hatte einen enormen Dachboden – und als ihr Eigentum verteidigt.

Heinz: Nein!

Ernst: Als die Deutschen in Südtirol einmarschierten, da kamen nämlich gleich einige Meraner in Uniform und wollten unsere Sachen – wie sagt man …

Heinz: … beschlagnahmen.

Ernst: Ja, beschlagnahmen. Da war übrigens ein amüsantes Detail. Mein Vater war in seiner Meraner Zeit ja ein ziemlich berühmter Amateurfotograf. Der Anführer der Beschlagnahmer war nun der Händler, von dem mein Vater fünfzehn Jahre lang alle seine Kameras und Fotomaterialien bezogen hatte. Der glaubte anscheinend, er könne nun noch einmal profitieren. Er ging aber mit leeren Händen nach Hause, denn der Zahnarzt erklärte, alles in dem Haus gehöre ihm.

Heinz: Das ist ja phantastisch!

Ernst: Ja, für uns war das ein Riesenglück, denn da kamen dann noch andere, die sich Sachen aneignen wollten. Aber dank dem Zahnarzt hab ich dann alles auf dem Dachboden gefunden.

Heinz: Das ist ja toll!

Ernst: Ich hätte die Leute freilich auch sonst nicht von einem Tag auf den anderen hinausgeschmissen …

Heinz: Selber kaufen wollte der Zahnarzt nicht?

Ernst: Nein. Er wollte etwas anderes. Das Haus war ihm vielleicht zu weit von der Stadt für seine Nachkriegspraxis. Kurz und gut, es dauerte einige Zeit, bis er etwas fand. Und als er es gefunden hatte, mußten der Vertrag gemacht und Dutzende von Dokumenten besorgt werden. Das hat nicht zwei Monate gedauert, sondern dreieinhalb Jahre. – Aber bei dir hat es ja auch einige Zeit gedauert, bis du nach dem Krieg nach Wien gekommen bist. War da nicht die Geschichte mit dem Motorrad?

Heinz: Du möchtest mehr über das Motorrad wissen?

Ernst: Ja, ein Motorrad im Nachkriegswien, das ist doch eine tolle Sache?

Heinz: Eine unglaublich wichtige Sache. Aber da muß ich weit ausholen, denn das Motorrad hatte ich schon, bevor wir endlich nach Wien kamen.

Ernst: Um so besser!

Heinz: Also, gegen Ende des Kriegs sind Mai und ich aus Berlin ausgelagert worden, denn die ganze Firma, in der ich gearbeitet hatte, mußte verlagert werden. Berlin war ununterbrochen unter Bomben. Da waren die ganz schweren Teppichbombardements, durch die die ganze Innenstadt zerstört wurde. Man mußte also fort. Und da hat man zwei Leuten, die ein bißchen in der Welt herumgekommen waren, den Auftrag gegeben, einen Platz zu finden, wohin sich das Forschungslaboratorium von dieser Firma zurückziehen konnte. Es wollte der Zufall, ich sage das Wort Zufall jetzt unterstrichen, daß ich …

Ernst: Hm, das ist verdächtig.

Heinz: ... daß es zwei Österreicher waren. Und diese zwei Österreicher haben sich angeschaut und haben gesagt: Wohin verlagern wir? Wir brauchten keine Antwort, denn wir wußten, es wird nach Österreich verlagert. Warum? Weil, wenn das ganze System zusammenbricht und wir in Österreich sind, sind wir zu Haus. Wenn wir aber in der Türkei sind, sind wir verloren. Also, nach Österreich. – Kurz, wir haben schließlich in Kufstein eine ganz große Blechfabrik gefunden, die stillgestanden ist. Da waren riesige Hallen, wo Teile aus Blech gerollt worden sind usw. Wir haben diese Blechfabrik beschlagnahmt und gesagt, da kommt jetzt die Forschung zum „Endsieg" des Dritten Reiches hinein. Die Leute haben sofort verstanden, worum es sich handelt. Dann haben wir die gesamten Sachen von Berlin über die Kanäle, die Kanäle, die sich von der Spree durch ganz Deutschland ziehen, nach Kufstein geschickt. Das ging über den Rhein, über die Donau, und schließlich und endlich ist alles mit der Eisenbahn in Kufstein am Hauptbahnhof angelangt. Inzwischen sind die Mai und meine Kinder gekommen. und wir haben in Kufstein also unsere vorübergehenden Zelte aufgeschlagen. Dann kam also der große Zug mit unseren Sachen und dem ganzen Material und der Ausrüstung der Firma in Kufstein an. Kaum ist er dort, hat ein Tieffliegerangriff den Zug zertrümmert. Alles ist in Flammen aufgegangen. Es war der einzige Luftangriff auf Kufstein, er hat aber den Bahnhof völlig zerstört. Alles ist kaputtgegangen. Ich bin da noch hingegangen – die Waggons, die haben noch geschmort, und die Flammen sind hier und da rausgekommen. Bis auf den letzten Waggon. Der war nur halb verbrannt. Und in den bin ich hineingestiegen und hab herumgeschaut, was dort ist. In der hintersten Ecke stand mein riesiger Koffer, unversehrt. Die ganzen Bilder, die du hier hängen siehst, waren in diesem Koffer. Und auch die Erstausgabe vom Wittgenstein. Der *Tractatus logico-philosophicus* war in dem Koffer und zwei oder drei andere Bücher. Auf der komplizierten Reise dieser Güter war der ganze Transport schon früher zusammengebrochen, denn manche Strecken in Schlesien waren schon von der russischen Armee bei ihrer Frühjahrsoffensive 1945 überrannt worden. Aber damals waren die Fronten noch nicht stabil, und daher wurden die Russen an manchen Stellen von den Deutschen wieder nach Osten zurückgeworfen. In einem solchen Moment rutschte der Transport durch wiedergewonnenes Gebiet, und so erreichte Wittgensteins *Tractatus* den Bahnhof in Kufstein.

So saßen wir in Kufstein, und ich mußte natürlich die Verbindung mit Wien wiederherstellen. Durch einen Zufall erfuhr ich, daß in Salzburg Leute waren, von denen ich von früher wußte, daß sie nicht sehr nazistisch eingestellt waren. Die hab ich einmal besucht, und die haben mir gesagt, also paß mal auf, Heinz, wir sind schon zu alt, aber du bist noch jung, du kannst etwas mit einem Motorrad anfangen. Wir wissen, wo du ein Motorrad für 1000 Mark kaufen kannst. Da bin ich sofort hingegangen und entdeckte, daß es eine Puch 125 war. Also eine winzige Maschine. Aber diese Puch 125 war ein geniales Motorrad.

Ernst: Ich kann mich erinnern, die war unverwüstlich.

Heinz: So unverwüstlich, so gut durchkonstruiert – einfach eine phantastische Maschine. Und hat praktisch kein Benzin gebraucht. Die Bewilligung, ein Motorrad zu kaufen, mußte ich natürlich erst bei einer Militärbehörde bekommen. Da hab ich mich erkundigt und herausgefunden, es gab eine Stelle bei den Besatzungsmächten, den amerikanischen, die hieß: *Für Kirchen- und Benzinfragen*. Als ich dorthin ging, hatte ich auch schon eine Empfehlung. Da war ein Schreibtisch mit einem Mann, der alle Kirchen- und Benzinfragen löste. Der hat mir sofort den Stempel gegeben, und so konnte ich die Puch-Maschine kaufen.

Ernst: Wieder ein Wunder. Dieses Büro hätte heißen sollen: *Für Wunder und Benzin.*

Heinz: Nein, es war nur für Kirchen und Benzin.

Ernst: So wie die Bank in Italien, die heißt *Banco dello Santo Spirito.*

Heinz: Ja, der Heilige Geist. – Na, jedenfalls hatte ich nun mein Motorrad, und mit Hilfe eines Scheins, den mir der Kirchen- und Benzinmann ausgestellt hatte, konnte ich auch ein paar Liter Benzin kaufen. So hab ich mich auf die Puch gesetzt und mir gesagt, jetzt fahr ich von Salzburg nach Kufstein über den Paß Thurn. Das war am späten Nachmittag im November. Ich war aber nie vorher in meinem Leben Motorrad gefahren. So hab ich mich auf meine Maschine gesetzt und studiert, wie man die steuert, welche Knöpfe man nun drehen muß, wie man die Gänge schaltet …

Ernst: Da hast du noch einen schönen Schalthebel an der Seite vom Tank gehabt.

Heinz: Nein, nein, schalten mußte man mit dem Fuß.

Ernst: Das war ja eine hochmoderne Maschine!

Heinz: Ja, ganz modern. 1945 oder 44 gebaut. Da hab ich also mit dem Fuß geschaltet und bin in meinem alten Regenmantel in Richtung Kufstein losgefahren. Die erste Stunde bin ich fröhlich gefahren, und dann sind auf einmal ein paar so weiße Flocken vom Himmel runtergekommen. Und es wurde kälter, kälter und immer kälter. Schließlich hat's richtig zu schneien angefangen. Ich war bald tief und tiefer verschneit auf meinem Motorrad. Die Nacht ist hereingebrochen. Bald war es elf Uhr und dann halb zwölf. Es war eisig kalt beim fahren. Ich hatte keine Handschuhe, und hab mir gedacht, ich schaff's nicht bis Kufstein. Da fiel mir ein, daß ein lieber Freund von mir in Zell am See lebte. Das war so ungefähr auf halber Strecke. Ich sagte mir, den werde ich aufsuchen. Das war der Willi Jentschke, ein Kernphysiker. Der Mann, der dann um 1950 das Desy-Projekt in Deutschland aufgebaut hat und die gesamte deutsche experimentelle Kernphysik. Kurz und gut, von dem Willi Jentschke wußte ich, daß er in Zell am See in einem kleinen Vorort wohnte. Endlich kam ich dorthin und wollte vom Motorrad absteigen – aber ich konnte nicht …

Ernst: Was heißt, du konntest nicht?

Heinz: Mein Regenmantel war zu Stein gefroren. Und meine Beine waren steif und ließen sich nicht strecken. Ich konnte nur die Maschine abstellen, mich auf die Seite lehnen – und mich herunterrollen lassen. In gebückter Stellung bin ich in den Gasthof gehumpelt. Da saßen der Willi und seine Freunde und haben mich mit großem Jubel begrüßt. Sie haben mir sofort Schnaps zu trinken gegeben, und später habe ich ihnen zum Dank eine Zaubervorstellung geliefert.

Am nächsten Morgen bin ich mit dem Motorrad weitergefahren nach Kufstein.

So hatte ich ein Motorrad, und als ich dann schließlich nach Wien kam, hat sich das Motorrad unwahrscheinlich gut bewährt.

Ernst entdeckt ein Zelt, Arkadien und Ceccato

Ernst: Heinz – was für dich das Motorrad war, das war für mich ein Zelt!

Heinz: Wieso ein Zelt? Damit kann man doch nicht fahren.

Ernst: Nein, aber dafür kann man darin wohnen, ohne Miete zu zahlen.

Heinz: Das war auch nach dem Krieg?

Ernst: Ja – das war damals in Meran, in den drei Jahren, während wir auf den Verkauf des Hauses warteten. Das Zelt entdeckte ich, als ich das erste Mal in unserem Meraner Haus auf dem Dachboden herumstöberte, wo der Zahnarzt unsere Sachen verstaut hatte. Es war ein schönes Klepper-Hauszelt, etwa 3 x 4 Meter, mit Gummiboden und Zelluloidfenstern. Unter den damaligen Zelten war es ein Gegenstück zu deiner Puch-Maschine; intelligent gebaut, praktisch und unverwüstlich. Meine Mutter hatte es Jahre vor dem Krieg bestellt, als sie und einige Arlberger Freunde eine Skiexpedition in den Kaukasus machen wollten. Die Expedition fiel ins Wasser, aber das Zelt haben wir dann einmal benutzt, um zwei, drei Wochen lang die Riviera zu erforschen. Zelten gab es damals noch nicht als Sport. Wenn man da Leute traf, in Nizza oder Monte Carlo, und die fragten wie üblich, ob man im *Negresco* abgestiegen war oder im *Palace Hotel*, konnte man ganz nonchalant sagen: Wir wohnen im Zelt. – Daran erinnerte ich mich, als ich nun das Zelt wiedersah. Wunderbar, dachte ich, das können wir jetzt auch machen. Da brauchen wir nicht hier in Meran zu sitzen, bis der Zahnarzt eine neue Wohnung findet, und zudem sparen wir uns Miete.

Heinz: Eine fabelhafte Idee!

Ernst: Ja, die nächsten zwei Sommer waren herrlich.

Heinz: Und im Winter?

Ernst: Im Winter hatten wir von Freunden eine Hütte in Hafling, in den Bergen über Meran. Da war die Seilbahn, und wenn sie in Betrieb war, konnte man mit ihr hinauffahren, und dann waren noch zwei Stunden zu steigen. Es war ideal. Da konnte man Ski fahren und Holz hacken – und wenn die Seilbahn nicht funktionierte und man brauchte Lebensmittel, ging man eben zu Fuß nach Meran hinunter und hatte dann fünf Stunden Aufstieg mit einem unheimlich schweren Rucksack. Ein gutes Training.

Heinz: Und im Sommer habt ihr gezeltet?

Ernst: Ja. Je acht Monate lebten wir im Zelt. Im April oder wann immer der Schnee in den Bergen wegging, haben wir das Auto angekurbelt, das Zelt hineingepackt und sind losgefahren. Nach Italien, meistens an den Gardasee, aber manchmal auch in die Toscana.

Heinz: Das Schönste, was es gibt in der Welt.

Ernst: Auch damals war das Zelten noch kein Massensport – das war 1946/47 –, und nur in der Schweiz gab es schon offizielle Campingplätze. In Italien, wenn du irgendwo zu einem Bauern gekommen bist und hast gefragt: „Dürfen wir da unten am Fluß unser Zelt aufstellen?", da hat er dich erst mißtrauisch angeschaut und gefragt: „Ja sind Sie vom Militär?" – Zelt und Militär war die einzige Assoziation. Wenn man ihn dann beruhigte und erklärte, daß man mit Militär nichts zu tun hatte, hat er meistens gelacht – und am Abend kam er und brachte Obst oder ein Stück Käse. Da hat man sich dann den Kopf zerbrochen, was man ihm zum Abschied schenken könnte.

Auch am Gardasee gab es damals noch keine Touristen. Wir hatten da unseren Lieblingsplatz in der Nähe von Malcesine. Da hatten wir einen Fischer kennengelernt, der hatte eine kleine Hütte am Strand, wo er seine Netze aufbewahrte. Daneben war ein riesiger, alter Feigenbaum, der herrlichen Schatten machte, und dahinter waren Terrassen mit Wein und Oliven. Unter dem Feigenbaum, ein paar Schritte vom Strand, stand unser Zelt. So haben wir monatelang gelebt. Es war wie Arkadien. Ich hatte mir da am Strand aus

Steinen einen Sitz gebaut, und da saß ich in der Badehose, mit der Schreibmaschine, und schrieb, ab und zu eine Buchbesprechung, aber hauptsächlich einen Kriminalroman.

Heinz: Das hast du mir nie erzählt!

Ernst: Nein. Aus dem Roman wurde auch nichts. Die Agentin in New York schickte mir nach Monaten das Manuskript zurück. Es sei zwar eine ganz nette Geschichte, aber viel zuviel Philosophie.

Heinz: Hast du's dann nicht anderwärts versucht?

Ernst: Nein. Als die Antwort kam, hatte sich vieles geändert. Das begann eben, als ich da mit der Schreibmaschine am Strand saß. Am Gardasee gab es damals noch diese schönen alten Boote. Die hatten einen Baldachin, und hinten hat jemand gerudert. Unter dem Baldachin saß die wichtige Persönlichkeit. Jeden Tag kam eines dieser Boote, fuhr an unserer Bucht vorbei den See hinunter und nach einer halben Stunde wieder herauf. Die Bucht hieß übrigens *Val di Sogno*, das heißt das *Tal des Traumes* – schöner geht's doch nicht. Da war also dieses Boot, und wir bemerkten, daß es jeden Tag etwas weiter in die Bucht hereinkam. Offensichtlich interessierte man sich für die ungewohnte Situation. Da stand ein Zelt, ein junger Mann schrieb auf einer Schreibmaschine, und ein zweijähriges Kind spielte nackt am Strand. Und richtig, nach ein paar Tagen kam die ältere Dame dann am Nachmittag zu Fuß mit einer Begleiterin. Sie sagte „Buongiorno", und dann erklärte sie: „Ich sehe Sie da jeden Tag, wenn ich im Boot vorbeifahre, und wundere mich, was Sie hier machen."

Da hab ich gesagt, wir seien aus Irland, sind mit dem Luigi, dem Fischer, befreundet, und seien hier für den Sommer.

„Ja, und was schreiben Sie?"

„So Notizen für ein Buch", sagte ich, denn der Roman war mein Geheimnis.

„Darf ich fragen, worüber Sie schreiben?"

„Meistens hat es mit Philosophie zu tun, weil mich das sehr interessiert."

„Philosophie?" sagt sie. „Mein Sohn ist Philosoph – den müssen Sie kennenlernen!"

Da ist mir natürlich angst geworden. Das ist das Ende von unserem Arkadien hier, dachte ich. Aber sie wartete nicht auf meine Antwort. „Nächstes Wochenende wird er mich besuchen, da müssen Sie zum Tee kommen. Das wird eine schöne Überraschung für ihn, denn mit mir langweilt er sich ja meistens!"

Da konnte man freilich nicht nein sagen. Am Samstag gingen wir also zu ihr – und das war eine tolle Überraschung für mich. Der Sohn, das war der Silvio Ceccato, der in den zwanzig Jahren, die folgten, mein bester Freund, mein Mentor und schließlich auch Arbeitgeber war.

Heinz: Unglaublich! Und mit dem hast du dich auch gleich gut verstanden?

Ernst: Sofort.

Heinz: Wie alt war er damals? Ist er in unserem Alter?

Ernst: Wie alt? Na, er ist drei Jahre älter als ich – das war 1946 oder 47 –, also etwa 33 …

Heinz: Ach, so jung ist er auch noch!

Ernst: Er hatte damals gerade die Einführung zu einer Wittgenstein-Übersetzung geschriebe …

Heinz: Tatsächlich?

Ernst: Und Wittgenstein hatte ich auch gelesen und mir eine Menge Notizen gemacht. Da haben wir zu reden angefangen und uns sofort verstanden. Er kam dann noch zwei-, dreimal an den Gardasee, und da hat er mir erzählt, er habe eine informelle Gruppe, die nannte sich die *Scuola Operativa Italiana*. Das waren vier oder fünf Leute …

Heinz: Junge Menschen, Studenten, oder auch …

Ernst: Das waren Kollegen von ihm. Die waren alle schon aus der Universität heraus, aber waren so im gleichen Alter wie er. Vittorio Somenzi, ein Physiker, Enrico Albani, das war der erste Computermensch in Italien, Enzo Morpurgo, ein Psychologe, der schon seine eigene Praxis hatte, Enrico Maretti, der war Ingenieur bei Alfa Romeo, Giuseppe Vaccarino, ein Logiker, und der Linguist Ferruccio Rossi-Landi.

Heinz: Die haben alle zusammengearbeitet?

Ernst: Es war ein unwahrscheinliches Team. Die kamen zwei-, dreimal im Jahr auf ein paar Tage zusammen und haben gearbeitet, um eine neue Epistemologie und eine neue Sprachwissenschaft zu konstruieren.

Und zu dieser Gruppe bin ich dann eben dazugekommen. Es war phantastisch – das war meine akademische Erziehung.

Heinz: Besser als die Universität?

Ernst: Das weiß ich nicht. An der Universität war ich ja nur drei Semester, zwei in Zürich, dann eines in Wien – aber da war überall schon Nazipropaganda, und die Universität wurde immer wieder gesperrt – es war ausgesprochen ungemütlich –, und auf einmal bekam ich dann das Angebot, als Skilehrer nach Australien zu gehen. Das schien mir vernünftiger als das Studium.

Aber das hast du ja schon in meinem Buch gelesen. Erzähl mir lieber, wie du nach dem Krieg von Kufstein nach Wien gekommen bist!

Heinz: Na ja, in Kufstein war nichts mehr zu machen, nachdem der Zug mit der ganzen Laboreinrichtung, die wir in der Blechfabrik aufstellen wollten, bombardiert worden war. Da sind wir, Mai, die Kinder und ich, bald nach Wien übergesiedelt.

Heinz konstruiert die Wiener Elektrizität und ein Doppelleben

Ernst: Das Motorrad, sagtest du, hast du mitgenommen?

Heinz: Natürlich! Das hat dann eine große Rolle gespielt. In Wien, in dem November 1945, gab es keine Elektrizität. Nichts hat funktioniert, keine Straßenbahnen sind gefahren, niemand konnte sich bewegen. Ohne Strom war Wien gelähmt, und es sah aus, als könnten wir überhaupt nichts machen. Verwandte von mir in Wien, die

Teilhaber einer großen Telefonfabrik, der Firma Schrack-Erickson, waren, hörten von meiner Rückkehr nach Wien und nahmen mit mir Verbindung auf. Die Fabrik war eine einzige Ruine. Mit ihren Tanks sind die Russen durch die Mauern eingebrochen, haben die ganzen Werkzeugmaschinen, die Drehbänke, die Fräsen, Hobel- und Bohrmaschinen mit Ketten an die Tanks gehängt, aus den Betonsockeln gerissen und dann – wahrscheinlich schon als Trümmer – zu irgendwelchen Großlagern für die Verfrachtung nach Rußland geschleppt.

„Heinz, du bist jetzt hier! Hilf uns, die Fabrik wiederaufzubauen", war der Vorschlag von Dr. Schrack. Meine Antwort: „Selbstverständlich, da helfe ich mit!"

Das erste, was wir herausfinden mußten, war, wo kriegt man in Wien Elektrizität. Da bin ich also mit meinem Motorrad in ganz Wien herumgefahren, mit einem Voltmeter und einem jungen Mann hinten auf meiner Puch. Von einer Telegrafenstange – oder Stromträger sollte man sagen – zum nächsten. Haben das Voltmeter drangehalten. Hier ist nix, nächste Stange, wieder nix. Dann schlägt das Voltmeter aus – aha, hier ist Elektrizität! Wunderbar, da machen wir einen roten Strich und tragen es auf unserer Karte ein. Weiter geht's, eine Stange um die andere. Nach drei, vier Tagen haben wir gewußt, wo Elektrizität ist in Wien. Mit dieser Landkarte sind wir zum Energieministerium gegangen und haben unschuldig gefragt: „Wissen Sie, wo Elektrizität ist?"

„Nein", haben die gesagt, „wir haben keine Ahnung."

„Ja, dann schauen Sie einmal her, wir wissen es."

Und so haben wir ihnen unsere Elektrizitätskarte von Wien gezeigt. Die sagten: „Ja, wie haben Sie das gemacht?"

„Wir haben ein Motorrad."

„Ach so, mit einem Motorrad! Ja, da kann man das leicht machen!"

„Schön", haben wir gesagt, „jetzt geben wir Ihnen diese Landkarte, und dafür geben Sie uns Strom. Wir wissen, wo von uns aus der nächste Strom zu haben ist."

Da war unsere Firma unter den ersten, die Strom bekommen haben. Und aus den Trümmern haben wir dann eine erste Drehbank hergestellt. Mit einer Drehbank kannst du nämlich Drehbänke machen und mit denen wieder andere Werkzeugmaschinen und mit denen wiederum andere usw. usw.

Dank der Kompetenz und des Enthusiasmus der Mechaniker und Techniker summte bald die ganze Fabrik.

Damals bestanden Telefonzentralen noch aus Tausenden von Relais, die die Verbindung zwischen den zwei Parteien eines Anrufs herstellten. Heute machen das alles Transistoren. Relais waren das erste Produktionsprogramm, und Tausende rollten aus den Werkstätten. Aber ein ganz entscheidendes Element fehlte noch: winzige, etwa ein Millimeter kleine Scheibchen aus Wolfram, die den elektrischen Kontakt bewerkstelligen. Für die Wiener Zentralen brauchten wir etwa eine Million solcher Kontakte, also ungefähr einen Liter Wolframscheibchen. Wolfram ist ziemlich schwer. So ein Liter Wolfram wiegt vielleicht 20 Kilo. Noch dazu konnte man dieses Material nur aus Amerika beziehen. Aber wie?

Ernst: Ja, wie?

Heinz: Das verdanke ich meinem Motorrad. Aber das ist wieder eine ganz andere Geschichte.

Ernst: Ja, erzähl sie doch!

Heinz: Vielleicht habe ich dir das schon einmal gesagt? Ich hab damals in Wien auch bei dem Rot-Weiß-Rot, bei dem österreichischen – amerikanisch-österreichischen – Radiosender gearbeitet. Da war ich Mitglied Nr. 7, ein ganz frühes Gründungsmitglied. Nun war ich aber bei unserer Telefonfirma angestellt – ein *full-time employee* –, hatte also einen vollen Beruf, acht Stunden am Tag. Bei Rot-Weiß-Rot mußte ich auch acht Stunden am Tag arbeiten, denn dafür wurde ich bezahlt. Das konnte ich nur machen, indem ich mit dem Motorrad zwischen den zwei Arbeitsplätzen hin- und herfuhr. Also hab ich zum Beispiel eine Aufsichtsratssitzung bei Schrack-Erickson gemacht, wußte aber, daß ich in 20 Minuten im Rot-Weiß-Rot-Sender ein Interview mit dem Bürgermeister von Wien machen sollte. Als es Zeit wurde, sagte ich in der Sitzung: Entschuldigen Sie, ich muß mal einen Moment hinaus. Dann ging ich langsam zur Tür hinaus, raste die Stiegen hinunter, auf das Motorrad gesprungen – rruck – und, so schnell es ging, zum Sender. Dort wartete der Bürgermeister. Bitte kommen Sie doch herein, wir werden gleich das Interview machen! Kaum war das Interview zu Ende, bin ich auf mein

Motorrad – rruck –, zurück zur Schrack-Erickson-Firma und gemächlich ins Konferenzzimmer. Da war die Aufsichtsratssitzung noch immer im Gang, und da hab ich mich also weiter mit den Aufsichtsratsproblemen beschäftigt.

So konnte ich mit dem Motorrad tatsächlich immer hin- und herfahren und diese zwei Berufe ausüben.

Ernst: Das war einmal ein seriöses Doppelleben. – Übrigens, die Geschichte mit den Drehbänken erinnert mich an zwei Ingenieure, die damals nach dem Krieg in Meran auftauchten. Beide hatten in Porsches Konstruktionsbüro gearbeitet. Der eine hieß Rudi Hruska. Ein paar Jahre später gründete er Cisitalia, eine sagenhafte Fabrik, die Sport- und Rennwagen baute. Carlo Abarth, der andere, war ein bekannter Motorradrennfahrer gewesen und natürlich mit anderen Rennfahrern befreundet, unter anderem mit dem Tazio Nuvolari, dem berühmtesten Autorennfahrer der Welt. Diese beiden Ingenieure saßen nun in Meran und wußten nicht, was sie machen sollten. Da hörte der Abarth, daß Nuvolari in Verona lebte. Sie fuhren ihn besuchen, und im Handumdrehen hatten sie in Verona eine Werkstatt aufgemacht, in der sie Dutzende von Kriegsfahrzeugen ansammelten, die beim Rückzug der Deutschen liegengeblieben waren. Aus diesen Motorrädern, Panzerwagen und Haubitzen bauten sie dann landwirtschaftliche Maschinen.

Heinz: Fabelhaft!

Ernst: Ja, buchstäblich fabelhaft! Es war der Anfang der Motorisierung der Südtiroler Bergbauern. Leute, die Ende der vierziger Jahre nach Südtirol kamen, wunderten sich, woher die Bergbauern die komischen Maschinen hatten, mit denen sie die Steilhänge um ihre Höfe bearbeiteten. Die waren wie Karikaturen der mittelalterlichen Bauernkultur. Carlo Abarth hat dann in Turin eine Fabrik aufgemacht, und seine Auspuffsysteme sind weltberühmt geworden.

Ernst schreibt Artikel und führt Soldaten auf den Grossvenediger

Heinz: Es ist schon komisch, in was man damals nach dem Krieg überall hineingerutscht ist. Ich bei Rot-Weiß-Rot, du in die Ceccato-

Gruppe. Ja, da wollte ich dich fragen, wie war das eigentlich – haben die deine Mitarbeit bezahlt?

Ernst: Nein, nein. Ich habe das so als Lehrzeit betrachtet. Das war mir sehr recht. Ceccato hat dann bald die Zeitschrift *Methodos* gegründet, für Logik und Sprachanalyse, und da sollten alle Beiträge in der Originalsprache und auf englisch erscheinen. Ich machte die Übersetzungen, und dafür hat mir der Verleger etwas gezahlt. Nicht sehr viel, natürlich. Ich bekam tausend Lire pro Druckseite, aber immer erst, wenn der Artikel erschien. Das war eine tolle Arbeit, vor allem weil die italienischen Setzer in den englischen Texten unzählige Fehler machten. Bei den Korrekturen machten sie dann neue Fehler, und manchmal ging es bis zu zehn, zwölf Druckfahnen!

Heinz: Und davon konntest du leben?

Ernst: Nicht einmal im Zelt. Aber ich fing an, auch für andere Leute Übersetzungen zu machen. Für das Fremdenbüro in Bozen, ja, und als der Carlo Abarth seine Fabrik in Turin aufmachte, da übersetzte ich die Pressenachrichten für ihn ins Englische und ins Deutsche. Der hat besser bezahlt. Und im Winter hab ich auch manchmal etwas verdient. Walter Ogilvie, ein alter Skifreund, schickte hie und da Gruppen von „Ramblers" zu mir. Die Ramblers waren so eine Art erwachsener englischer Pfadfinder, die Reisegruppen organisierten. Denen gab ich Skiunterricht und führte sie in den Dolomiten herum. Und einen Winter – das muß 1948 gewesen sein –, da wurde Walter, der bei den englischen Fallschirmjägern gewesen war, beauftragt, Skikurse für die *Royal Engineers* abzuhalten. Im deutschen Militär hießen die, glaube ich, „Pioniere". Das war die Zeit, wo Churchill überzeugt war, ein Krieg gegen Rußland sei unvermeidlich. Wenn es wirklich zu dem Krieg kam, dann mußte die englische Armee sich ja auch im Schnee bewegen können. Also mußten sie Skifahren lernen. Als Ort für diese Kurse hatte Walter Breitmoos gewählt, ein nettes Bauerngasthaus nicht weit von Kitzbühel, auf dem Paß Thurn, über den du auf deinem Motorrad nach Kufstein gefahren bist.

Heinz: Schade, das war zwei, drei Jahre früher!

Ernst: Und als stolzer Ritter auf Puch hättest du Skifahrer ja gar nicht angeschaut! – Kurz und gut, von den *Royal Engineers* kamen mehr und mehr, und Walter brauchte einen zweiten Skilehrer. Als er mich anrief, war ich natürlich sofort begeistert. Wir fuhren für drei Monate nach Breitmoos und hatten einen herrlichen Winter. Und am Ende ein unvergeßliches Erlebnis. Diese Soldaten hatten Skier nie vorher gesehen, waren aber unheimlich fit. Nach zwei Wochen konnten sie Stemmbögen machen und auch mit dem schwersten Rucksack überall langsam, aber sicher herunterfahren. Dann kam die nächste Gruppe, jeweils dreißig oder vierzig, und so ging es weiter. Die letzte Gruppe kam im März, und da beschlossen wir, sie zum Abschluß der erfolgreichen Kampagne auf den Großvenediger zu führen. Ich kann dir sagen, ich habe selten eine Tour so genossen. Diese Engineers, die aus grauen Kasernen im nebligen England kamen, waren von der Gletscherwelt einfach begeistert, und daß sie, ohne hinzufallen, von einem so imposanten Berg auf Skiern herunterfahren konnten, freute sie wie eine olympische Medaille. Und wir, wir fuhren tiefbefriedigt nach Hause, ins Zelt am Gardasee. Zudem half der Winter, das bißchen Geld zu strecken, das ich noch vom Verkauf der irischen Farm hatte.

Das waren aber freilich nicht so noble Berufe, wie du sie hattest; vor allem deine Karriere bei dem Rot-Weiß-Rot-Sender! Aber wir waren sehr glücklich in den Jahren und hatten ein unwahrscheinliches Gefühl der Freiheit.

Sänger und Minister werden von Heinz interviewt

Heinz: Ja, frei war ich nicht viel mit meinen zwei Berufen, aber Spaß hatten wir doch. Als *roving reporter* mußte ich immer irgendwelche wichtige Menschen, die nach Wien kamen, interviewen. Da gab es unglaubliche Sachen und auch politische Überraschungen. Und was man alles machen mußte, damit es so ausschaute, als ob es eine richtige Sendung wäre! Da kam zum Beispiel Albert Bassermann nach Wien, der große deutscher Schauspieler, mit seiner Frau Else. Die haben natürlich in dem feinen amerikanischen Hotel in Wien gewohnt. Die Sendeleitung hat gleich gesagt: Du fährst zum Bassermann-Interview. Na, da haben wir sofort die ganzen Maschinen eingepackt, sind ins Hotel gefahren und wollten alles für die Tonaufnahme vorbereiten. Aber die Maschinen funktionierten nicht, denn da war plötzlich kein Strom mehr. Das Hotel hatte einen eigenen kleinen Generator, der die Lichter speiste. In dem Moment, wo wir unsere Maschinen einschalteten, ist das alles zusammengebrochen. Der Koch kam gerannt und beschwerte sich, daß er nicht mehr kochen konnte, und wir konnten nichts aufnehmen. Also, was tun? Es war entsetzlich. Der Bassermann war schon gekommen mit Else, und die Vertreter der österreichischen Regierung, inklusive Minister für Kultur und Wissenschaften, waren auch schon da, und Rot-Weiß-Rot hat verzweifelt nach Strom gesucht. Dann fand ich heraus, daß es zwei Blocks weiter Elektrizität gab. Also sind wir mit unseren Kabeln dorthin gerast, 20 Meter zu kurz, kommt nicht hin. Also sind wir zurückgelaufen, und ich hab gesagt: „Ausgezeichnet, wir haben alles da. Jetzt wird die Sendung gemacht. Bitte, Herr Kulturminister, die einleitenden Bemerkungen, und dann der Herr Bassermann in einem kleinen Gespräch mit jemand anderem – das werden wir alles aufnehmen."

Die Techniker saßen da mit den Kopfhörern und ihren Maschinen, die nicht funktionierten. Aber ich hab sehr schön dirigiert. Der Minister hat die Ansprache gemacht, der Bassermann hat einige Sachen gesagt, und dann haben wir alles eingepackt, haben uns für das schöne Interview bedankt und sind nach Hause gefahren. Mein Problem war, jetzt zwei Leute zu finden: einen, der den Bassermann nachmachen konnte, und einen, der den Kulturminister nachmachen konnte. Die haben wir sofort gefunden. Da gab es nämlich einen fabelhaften Bassermann-Sprecher. Der war auch aus dem Theater, ich glaube, in irgendeinem Kabarett hat er gearbeitet, der konnte alle Leute nachmachen. Der hat den Bassermann gespielt, besser als der Bassermann selbst. Und selbstverständlich war da auch einer, der den Kulturminister nachmachen konnte. Und so hatten wir dann wunderschöne, salbungsvolle Einleitungsworte, die ja immer dieselben sind. Dem falschen Bassermann hab ich noch gesagt, bitte irgendwas über seine Reise nach Amerika, und das hat er dann wunderschön bassermannisch vorgetragen. So haben wir unsere Bassermann-Sendung gemacht.

Ein anderes Problem war der Kanzler Fiegl. Der Kanzler Fiegl, eine unerhört wichtige Person, war ein Bauernsohn aus Niederösterreich, vom Alpviertel. Er konnte Unmengen von Sliwowitz trinken, ohne daß man es ihm anmerkte. Dem verdankt Österreich den Friedensvertrag, denn der hat die ganzen Russen unter den Tisch getrunken. Die konnten dann überhaupt nicht mehr auf ihren Sesseln sitzen. Der Fiegl hat aber immer weiter die lustigen Russen gepriesen und gelobt. Saß auf seinem Stuhl und konnte immer noch aufstehen und herumgehen. Die Russen konnten es längst nicht mehr. Da haben sie gesagt, denen müssen wir einen Friedensvertrag geben, die sind zu gefährlich. Ja, also das war der Fiegl. Wenn er zu reden angefangen hat, konntest du ihn nicht aufhalten. Der konnte reden und reden, und während er geredet hat, wurde er immer lauter und lauter und hat schließlich direkt gebrüllt. Er war sehr emphatisch und natürlich auch sehr wichtig. Er hat immer gut eine Stunde geredet. Aber wenn du eine Fiegl-Rede überträgst, im Radio in der Abend-News-Sendung, kannst du auch den Fiegl nicht eine Stunde reden lassen. Mehr als fünf Minuten Fiegl oder höchsten zehn geht einfach nicht. Nun, die wichtigen Sachen sagt er am Ende, die unwichtigen Sachen kann man weglassen. Aber die Einleitung sagt er natürlich am Anfang. Also mußt du den Anfang und das Ende zusammenschneiden. Aber das ging nicht, weil er am Ende schon so heiser war. Klebst du den Anfang mit dem Ende zusammen, dann ist es unmöglich, denn man hört sofort, daß es nicht derselbe Mensch ist. Darum hatten wir einen Fiegl-Fachmann bei Rot-Weiß-Rot. Der hat sich den Anfang angehört und dann die Endworte für den Fiegl gesprochen, so daß niemand es je gemerkt hat.

Ernst: Das sind schöne Geschichten.

Heinz: Da sind noch viele – ich könnte stundenlang über die Rot-Weiß-Rot-*Operations* sprechen.

Ernst: Da kann man auch stundenlang zuhören.

... und Heinz entdeckt politische Schwindel

Heinz: Na gut – aber nur noch die politische Seite. Ich habe einen Freund aus der großen Firma, in der ich im Krieg gearbeitet habe, der war auch nach Wien gekommen. Das war Martin Krämer, ein hervorragender Elektroniker. Der hat sehr bald eine kleine Reparaturwerkstatt für Radios und Sender, für Plattenspieler usw. aufgemacht und hatte da einige sehr wertvolle Geräte. Darunter waren ein Oszilloskop und ein Voltmeter.

Das Oszilloskop kann man auf gewisse Frequenzen einstellen. Willst du z. B. 1000 Hertz haben, dann stellst 1000 ein. Drückst du dann auf einen Knopf, so weißt du, dieser Oszillator wird mit 1000 Hertz schwingen. Martins Gerät war aber schon ziemlich alt. Es zitterte manchmal und wanderte. Du konntest dich also nicht wirklich darauf verlassen, daß, wenn du es auf 1000 stellst, es auch wirklich 1000 Hertz anzeigt, d. h. 1000 Oszillationen pro Sekunde. Die übliche Methode, um Fehlmessungen zu vermeiden, bestand darin, daß man sich an irgendein Radiosignal anhängt, denn die Radiostationen müssen ja mit konstanter Frequenz senden, und die haben natürlich zitterfreie Maschinen, um die Frequenz wirklich konstant zu halten. Sonst könnten sie ja nicht übertragen. Mein Freund also hatte den Rot-Weiß-Rot-Sender als sein Standardsignal genommen. Die tägliche Meldung vom Rot-Weiß-Rot. Wenn er eine Kontrolle brauchte, dann hat er Rot-Weiß-Rot eingestellt, und die Frequenzen, die er untersuchen wollte, nach der Rot-Weiß-Rot-Frequenz gemessen.

Eines Tages ruft Martin mich an: „Heinz, weißt du, was bei euch passiert? In dem Moment, wenn ihr eure Nachrichten sendet, bricht der Träger jedesmal für eine Sekunde oder zwei zusammen, kommt aber dann wieder."

„Wie kann denn das sein?" frage ich.

„Ja, das weiß ich nicht – frag einmal deine Ingenieure beim Sender."

Ich frage also meine Ingenieure beim Sender: „Warum schaltet ihr die Trägerwelle aus, eine Sekunde, bevor die Nachrichten kommen?"

„Nein, wir tun so was nicht."

Wer kann denn das tun? Frage ich mich. Aha, wenn die Nachrichten kommen, sag ich mir, ja, da wollen die Russen vielleicht statt der amerikanischen Nachrichten von Rot-Weiß-Rot ihre eigenen Nachrichten übertragen. Da müssen sie immer umschalten auf ihre Sender mit unserer Wellenlänge, und das dauert natürlich ein oder zwei Sekunden.

Also, wir verfolgen das. Martin machte sogar ein Oszillogramm, so daß man sehen konnte: Blupp, zusammengebrochen, kommt wieder, wackelt, kommt dann wieder; am Schluß der Nachrichten schaltet es aus und kommt nach einer Sekunde wieder. Ich nehme das

Oszillogramm, das den Vorgang deutlich zeigt, bespreche es mit meinen Ingenieuren beim Rot-Weiß-Rot-Sender und denk mir, das ist doch ein Skandal, das müssen wir unseren amerikanischen *Bosses* sagen. Also gehe ich, mit meinen Beweisstücken bewaffnet, zu den amerikanischen *Bosses*, denen unsere Radiostation unterstand. Die haben mich sehr entschieden abgewimmelt. Empört waren sie. Ja, glaubt ihr denn, daß unsere Bundesgenossen, mit denen wir Schulter an Schulter gekämpft haben, uns hier etwas dazwischenfunken wollen? Das ist eine schmutzige Verleumdung, was ihr da glaubt! Das sind doch unsere Bundesgenossen! Na, da haben wir gewußt, was los ist. Die haben vielleicht sogar selber mit den Russen abgemacht, daß sie das umschalten können.

Was heute, wenn man zurückblickt auf die politische Situation, so faszinierend ist, ist, daß damals innerhalb der amerikanischen Armee doch schon zwei Perspektiven existiert haben. Die eine: Laßt uns mit den Russen kooperieren, schenken wir ihnen alles, was wir haben oder was sie sonst gekriegt haben; und die andere: Paßt mal auf, das sind keine Brüder, mit denen man arbeiten kann. Und von diesen zwei Parteien innerhalb der amerikanischen Armee ist manchmal die eine, manchmal die andere irgendwie in die Machtposition gekommen, Entscheidungen zu treffen. Das war, – ja das war wie in dem Film *The Third Man* – der hat ja dann großen Erfolg gehabt …

Hedy Lamarr im Lumpenstübl / Ernst verliert politische Illusionen

Ernst: Wir haben nie daran gezweifelt, daß das eine wahre Geschichte war – und das nette Zitherlied von dem Karas! Heinz, da ist etwas passiert, das war zwar nur indirekt politisch, doch es paßt zu deinen Erinnerungen. In einem meiner Skilehrerwinter gleich nach dem Krieg war ich für einige Tage in St. Anton, um alte Freunde zu besuchen. Da gingen wir am Abend immer ins Lumpenstübl, die Bar von dem damals einzigen großen Hotel. Da war eine ganz kleine Tanzkapelle, und da traf man sich. Da saß jeden Abend auch die Hedy Lamarr, die zu der Zeit noch Hedy Kiesler hieß und mit einem Schrottmagnaten verheiratet war. Der handelte auch in Waffen, aber natürlich in alten, von denen nach dem Krieg eine Unmenge zu haben war. Unter anderem hatte er einen großen Posten Gewehre und Geschütze nach Südamerika verkauft. Als die dort ausgepackt wurden, waren sie alle rostig. Die südamerikanischen Militärs waren außer sich vor Wut. Als Rache ließen sie monatelang einen Film laufen, der in Europa verboten war, weil er eine Szene enthielt, in der man Hedy Kiesler splitternackt durch die Landschaft reiten sah. Das, schnitten sie da hinein, ist die Frau von dem Mann, der uns beschwindelt hat.

Und nun saß sie, unbeschreiblich schön und unnahbar, in einer Ecke im Lumpenstübl, mit einem jungen Franzosen, mit dem sie von Zeit zu Zeit hingebungsvoll tanzte. Jeden Abend, bis zum Wochenende. Am Samstag kam ich mit einem Freund in die Bar, schaute in die Kiesler-Ecke, aber da war keine Hedy und kein junger Franzose. Ich war enttäuscht, denn es war ja schon ein bezauberndes Vergnügen gewesen, sie aus der Ferne zu betrachten. Eine halbe Stunde später erschien sie im Eingang mit einem umfangreichen Herrn, der ganz und gar nicht in das sportliche Milieu paßte. Das war ihr Mann. Im gleichen Augenblick brachen die Musiker ab, was sie gerade spielten, und ließen das Lied vom Dritten Mann erklingen. – Das Unglaubliche war: Da hat niemand gelacht. Alle taten, als sei das ganz normal, und dem Schrottmagnaten ist nicht der geringste Verdacht aufgestiegen, daß das Lied für ihn gespielt wurde.

Heinz: So charmant war die Politik in Wien leider nicht.

Ernst: In den Bergen auch nicht immer. Da gab es auch Enttäuschungen. Während der Winter in unserer Hütte in Hafling kam Hans Moser, ein alter Freund, uns öfters besuchen. Das war ein Bergführer, mit dem meine Mutter und ich, als ich noch ein kleiner Bub war, viele Skitouren gemacht hatten. Er war als Waisenkind in einem Nordtiroler Dorf aufgewachsen, und als er 18 oder 19 Jahre alt war, hat eine Engländerin ihn in jedem Sinn zu sich genommen. Sie hat dann viele Jahre mit ihm in Hafling gelebt und ihn zu einem Intellektuellen gemacht. Sie gab ihm eine Menge Bücher zu lesen – Literatur, Kunst, Politik –, und mit feiner, natürlicher Vernunft hat er sich ein ganz erstaunliches Weltbild aufgebaut. Unter den Büchern waren freilich auch Marx, Engels und Gramsci, und so wurde er Kommunist – aber ein durch und durch idealistischer, etwa wie Stephen Spender und André Gide und Ignazio Silone. Den Stalin haßte er, und mit Parteien wollte er nichts zu tun haben. Kurz vor dem Krieg ging seine Engländerin nach England zurück, vermachte ihm das Häuschen in Hafling und half ihm, eine Verbindung mit dem englischen Geheimdienst MI 5 herzustellen. Während des ganzen Krieges sandte er dann mit Hilfe eines Radiofreundes Nachrichten aus den italienischen Alpen nach London. Die Nazis kamen da natürlich bald drauf, und er wurde für vogelfrei erklärt und sollte, sobald er irgendwo auftauchte, erschossen werden. Aber sie haben ihn nie gesehen. Immer ist er ihnen entwischt, denn er kannte die Berge viel besser als die, die ihn ausfindig machen sollten.

Nach dem Krieg hatte er direkte Verbindung mit der englischen Botschaft in Rom. Südtirol war ja damals eine Art Freihafen für Flüchtlinge aus der Naziregierung. Ein bißchen weiter südlich, in Arco, war eine Fabrik für falsche Dokumente. Da wurden Reisepässe gemacht und alle erdenklichen Ausweise, vor allem Zeugnisse, daß man bei der Resistenz gewesen war usw. Da war ein dauernder Strom von Reisenden, und Hans Moser hat unzählige Male nach Rom telefoniert, daß der Soundso angekommen ist und drauf und dran ist, nach Südamerika zu verschwinden. Aber nichts wurde unternommen. Einmal kam Hans zu uns und war ganz verstört. „Vor drei Tagen", sagte er, „hab ich denen gemeldet, daß Marcel Déas [ich weiß nicht mehr, wie man den Namen schreibt, aber es war der berüchtigte Polizeichef in der Pétain-Regierung] in Tramin sitzt, und die haben keinen Finger gerührt! Jetzt ist er schon auf einem Frachtdampfer nach Rio. Es ist hoffnungslos – ich glaube, ich muß es aufgeben." Und auch wir haben damals etwas die Hoffnung verloren, daß die Politik vernünftiger wird.

Mai entdeckt Mr. Bullitt und Heinz einen Liter Wolfram

Heinz: Vernünftiger nicht, doch ein bissel besser ist es dann schon geworden. Doch die geheime Zusammenarbeit der Amerikaner mit den Russen war schlimm, denn die haben nicht verstanden, was da alles an Entsetzlichem passiert ist. Wir haben versucht, ein bißchen aufzuklären. Wir waren wirklich alle verzweifelt und fragten, wieso verstehen die Amerikaner nicht, daß das kein Bundesgenosse ist, sondern jemand, der alle ausnützen möchte, soviel er kann.

Dann aber erschien ein Buch von William Bullitt, und das hieß *The Great Globe Itself.* Dieses Buch ist zwar nicht in Wien erschienen, aber der *Reader's Digest* war in Wien zu haben, in den Lesestuben der amerikanischen Besatzung. Mai arbeitete in dem Büro des *Information Service*, weil man dort auch Suppe bekommen hat. Dort hat sie den *Reader's Digest* gelesen und mir erzählt, daß da Ausschnitte aus Bullitts Buch abgedruckt wurden. Das war unerhört. Es war die erste Stimme von einem, der gesehen hat wie wir und wußte, was los ist. Mai übersetzte diese Bullitt-Ausschnitte aus dem *Reader's Digest* ins Deutsche, und dann haben wir sie unter Freunden verteilt und gesagt: Gott sei Dank, da ist eine Stimme, die ausdrückt, was wir fühlen und sehen.

Wie wir dann nach Amerika ausgewandert sind, haben wir unsere Bücher, die paar Bücher, die wir noch hatten, nach Amerika geschickt. Das waren zehn Pakete, mit vier, fünf Büchern in jedem – also vielleicht fünfzig Bücher. Angekommen sind aber nur neun. Nach einem halben Jahr ist das zehnte Paket auch angekommen. Es war aber nur halb voll. Der Rest war beschlagnahmt worden von der russischen Zensur – und das waren die Bullitt-Übersetzungen, die Mai gemacht hatte!

Gut, das ist meine Geschichte vom Rundfunk.

Ernst: Nein, das ist noch nicht deine Geschichte vom Rundfunk.

Heinz: Wieso?

Ernst: Ich warte immer noch darauf, daß du mir erzählst, wie ihr das Problem mit dem Liter Wolfram gelöst habt. Als ich fragte „Wie?“, hast du ausweichend gesagt, das sei eine ganz andere Geschichte. Ist das nicht die vom Rot-Weiß-Rot?

Heinz: Ja, lieber Ernst, du hast ganz recht. Aber wenn man deinen Geschichten zuhört, vergißt man die eigenen. Also gut: eine Million Wolfram-Kontakte. Woher? Wie?

Gut, daß du mich an die Wolfram-Geschichte und ihr Ende erinnerst, denn sie beleuchtet zwei für mich faszinierende Aspekte. Einer ist der, daß nur zwei Handvoll dieser winzigen Scheiben die kommunikative Infrastruktur einer Weltstadt wie Wien leben oder sterben lassen können. Das zeigt doch die erschreckende Verwundbarkeit unserer sozialen Struktur. Der andere Punkt gibt ein Gegengewicht zu den amerikanischen Anekdoten, die ich dir eben erzählt hab.

Wie du dich sicherlich erinnerst, haben die Amerikaner im Jahr 1947 den Vorschlag ihres Staatssekretärs Marshall aufgenommen, den europäischen Staaten, Feind oder Freund, wirtschaftliche Hilfe zuzusagen. Der Kongreß bewilligte sofort 12 Millionen Dollars für die nächsten fünf Jahre. Die amerikanische Version von Schizophrenie ist also nicht immer zu verurteilen!

Durch meine Stellung bei dem österreichisch-amerikanischen Sender Rot-Weiß-Rot hatte ich überhaupt kein Problem, die entsprechenden Stellen in der amerikanischen Besatzungsmaschine ausfindig zu machen, um für Schrack-Erickson das entsprechende Gesuch an die Marshall-Hilfe einzureichen.

Ein Jahr später hatte ich dann das Vergnügen, über die feierliche Übergabe der ersten Marshall-Sendung für Österreich an die Firma Schrack-Erickson über Rot-Weiß-Rot zu berichten. Dabei gab es natürlich zahlreiche Gelegenheiten, über die Inkongruenz der Kleinheit des Pakets mit seinem ungeheuren Gewicht, vergleichbar etwa der Inkongruenz einer Stange Lucky Strike, die so schwer ist wie ein großer Koffer, entsprechende Witze zu machen.

Ernst: Da muß sich doch deine Doppelliaison, einerseits mit den Telefonleuten und dann mit dem Rundfunk, herausgestellt haben?

Heinz: Richtig! Aber ich wußte damals schon, daß ich in ein paar Wochen mit der *Queen Mary* unterwegs nach New York sein werde. Die Enthüllung meines Doppellebens hat mich daher nicht mehr gestört.

Das ist jetzt wirklich meine ganze Geschichte vom Rundfunk!

Zwei

Ernst wird Journalist und geht bei Ceccato in die Lehre

Ernst: Da waren wir also beide Journalisten.

Heinz: Du auch? Das hab ich nicht gewußt. Das war aber bevor du nach Athens, Georgia, gegangen bist?

Ernst: Das wäre die Fortsetzung meiner Meraner Geschichte – aber auch da ging's nicht direkt …

Heinz: Macht nichts, erzähl!

Ernst: Na, gut. Während des zweiten Sommers im Zelt wurde es knapp mit dem Geld. Inzwischen hatte ich aber einen Redakteur einer Wochenzeitschrift kennengelernt, die damals in Meran gestartet worden war. Sie hieß *Der Standpunkt*. Otto Beer machte da die Kultur, das heißt Theater, Film, Ausstellungen, Bücher und auch das Feuilleton. Und als wir im Herbst wieder nach Meran kamen, schlug er mir vor, Artikel für ihn zu schreiben.

Heinz: Hast du da vielleicht auch den Barcata gekannt?

Ernst: Ja, sicher – der Luis Barcata machte beim *Standpunkt* Politik und Wirtschaft.

Heinz: Das ist doch phantastisch! Seine Frau, die Barkatze?

Ernst: Ja, so war sie auch in Meran bekannt. Die beiden sind aber dann bald wieder nach Wien zurück.

Der Standpunkt war ein interessanter Laden. Rudolf Kircher hatte ihn gegründet, der Rudolf Kircher, der lange Zeit Chefredakteur der *Frankfurter Allgemeinen* gewesen war.

Heinz: Richtig. Eine etwas mysteriöse Persönlichkeit, nicht?

Ernst: Über den sind ja dann viele Jahre später in der *Zürcher Zeitung* lange Diskussionen erschienen: Hat er freiwillig mit den Nazis zusammengespielt, oder hat man ihn gezwungen? Die *Frankfurter Allgemeine* hat ja in den dreißiger Jahren lange gegen die Nazis ausgehalten, aber zum Schluß wurde eben auch sie parteitreu. Der Kircher war ein hochkultivierter Mensch, und ich konnte ihn mir nicht als Nazi vorstellen. Er hatte aber eine Schwäche für Buben, und da dachte ich mir, daß man ihn wahrscheinlich erpreßt hat.

Heinz: Der unmittelbare Vorgänger als Chefredakteur der *Frankfurter Zeitung* – wie sie damals noch hieß – war Heinz Simon, der mit Irma Schey, der jüngsten Schwester einer kinderreichen Familie, verheiratet war. Alle diese Kinder waren Cousins und Cousinen meiner Mutter Lilith, die, wie alle übrigen Verwandten, wieder und wieder zu Gast in einem herrlichen Schloß an der Donau waren, das der ältesten Schwester Gerda gehörte. Ich kann mich gut erinnern, wie ich schon als kleiner Bub das Leben in diesem Paradies genießen konnte. Die verwandten Flüchtlinge der 33er Katastrophe fanden daher erste Hilfe in diesem Schloß, und so auch Heinz und Irma Simon. Von ihnen bekam man dann auch die ersten Berichte über die „Machtübernahme" und über die sich dabei entwickelnden menschlichen Schicksale. Soweit ich mich erinnere, verdankte Simon seine erfolgreiche Flucht nach Österreich der unterirdischen Hilfe Kirchers, seines unmittelbaren, von den Nazis eingesetzten Nachfolgers. Weder soll es seine Loyalität zur Partei noch eine „Semitophilie" gewesen sein, die hier ins Spiel kam, sondern das *Tertium non datur* hier war offenbar, wie du schon angedeutet hast, die gemeinsame Schwäche für Buben, ja vielleicht sogar füreinander.
Ist das nicht faszinierend, in welchen verschiedenen Dimensionen sich unsere Wege gekreuzt haben?

Ernst: Also für den *Standpunkt* hab ich dann als sogenannter freier Mitarbeiter Buchbesprechungen geschrieben und manchmal auch längere Artikel. Das ging recht gut. Eines Tages nimmt mich der

Otto Beer zur Seite und sagt: „Schau, ich geh zurück nach Wien, möchtest du nicht die Kulturredaktion für mich weitermachen?" – Das schlug bei mir ein wie eine Bombe. Um Gottes willen, dachte ich, eine feste Stellung? Das Zelt aufgeben und jeden Morgen um neun in der Redaktion sein? Ein verantwortlicher Mensch werden? – Doch die Idee, jeden Monat ein Gehalt zu bekommen, das war trotz allem eine Verlockung. Schließlich sagte ich: „Ja, das möchte ich schon, aber ich hab so etwas doch noch nie gemacht. – Das ist kein Problem", sagte der Otto Beer. „Du schreibst ja ganz gutes Deutsch, und Italienisch kannst du auch. Ich fahre in 14 Tagen weg – komm jetzt ein paar Tage zu mir ins Büro, und da werde ich dir zeigen, wie man das macht."

Da bin ich also jeden Tag mit einer Heidenangst hingegangen, hab ihm zugeschaut, und er hat mir auch einiges erklärt. Dann ist er weggefahren, und ich war Kulturredakteur. Am ersten Tag, als ich allein in dem Büro saß, wo an der Tür in großen Buchstaben *Kultur* stand, kam der Herr, der die Politik von Barcata übernommen hatte, und zeigte mir eine Notiz in der Tageszeitung. Irgendein bekannter Schriftsteller war gestorben. Und dann sagte er, ich müsse da unbedingt ein – *obituary* ... Heinz, wie sagt man das auf deutsch?

Heinz: Einen Nachruf.

Ernst: Richtig, einen Nachruf. Ich habe den ganzen Tag gebraucht, um den Nachruf zu schreiben, und der war dann kaum zehn Zeilen lang.

Heinz: Das ist ja furchtbar schwer, wenn man's noch nie gemacht hat.

Ernst: Unheimlich schwer. Aber man lernt. An diesem ersten Tag hab ich zum Beispiel auch gelernt, daß man als Redakteur nicht nur Manuskripte redigieren, sondern auch die Tageszeitungen lesen muß! Nach ein paar Monaten ging es dann ganz gut.

Heinz: Und da hast du dann auch Spaß gehabt damit.

Ernst: Sicher. Wenn man das Gefühl bekommt, daß man es machen kann, dann ist es sehr schön, und man hört nicht auf zu lernen.

Heinz: Vom *Standpunkt* bist du dann direkt zu Ceccato gegangen?

Ernst: Lieber Heinz, ich glaube, bei uns beiden ist fast nichts direkt gegangen. Da gab es immer Umwege und ...

Heinz: Die Umwege waren ja oft das Lustigste.

Ernst: Ja, weil man da in Situationen kam, die man nie erwartet hatte. Zum Beispiel meine Stellung als akkreditierter Auslandskorrespondent in Italien. Ahnungslos bin ich in den Journalismus hineingerutscht, und dann entdeckte ich, daß das eine nette Arbeit war, anregend und auch irgendwie befriedigend. Als ich merkte, daß der *Standpunkt* nicht mehr lange leben würde, sagte ich mir, wenn man einige Jahre Redakteur bei einer Zeitung war, die in der deutschsprachigen Welt ein ganz ansehnliches Renommee hat, kann man vielleicht auch für andere Zeitungen schreiben. Also wartete ich auf eine Gelegenheit. Eines Tages wurde in Sardinien ein Bankdirektor von Banditen entführt, und die Affäre war so dramatisch und hatte so viele würzige Einzelheiten, daß man einen Roman hätte schreiben können. Ich fuhr schnell nach Mailand, stöberte in den Archiven herum, schrieb eine Reportage unter dem Pseudonym Ernesto Gaudenti (weil wir damals in einem mittelalterlichen Gebäude wohnten, das Gaudententurm hieß) und schickte sie an die Schweizer *Weltwoche*. Ein paar Tage darauf kam diese schöne Wochenzeitung mit meiner Reportage und einem Brief, der mich aufforderte, öfter solche Sachen zu schicken.

Heinz: Besser geht es gar nicht.

Ernst: Ja, das war sehr schön. Ich habe dann 15 Jahre lang für die *Weltwoche* gearbeitet, und als der *Standpunkt* schließlich einging, haben sie mich in Rom offiziell als einen ihrer zwei Italienkorrespondenten akkreditiert. Das war wunderbar, denn als *Stampa estera*, als Auslandspresse, bekam man 80 Prozent Ermäßigung bei der italienischen Eisenbahn.

Heinz: Da konntest du billig zu Ceccato fahren.

Ernst: Na ja, Motorrad hatte ich keines, aber, wie ich schon erzählt habe, ein altes Auto. Gut. Das war einer meiner Umwege. Zu der Zeit, als der *Standpunkt* starb – das war 1955 oder 56 –, da hatte

Ceccato noch keine offizielle Stellung und kein Büro und lebte sehr bescheiden in Mailand.

Heinz: Ich dachte, die Ceccatos seien reiche Leute gewesen?

Ernst: Seine Eltern waren ziemlich reich. Sie lebten in Vicenza, in der Nähe von Verona, in einem Landhaus direkt unter den Schlössern von Romeo und Julia. Ceccato war im Sommer viel dort, und da habe ich ihn später oft besucht. Sein Vater wollte, daß er Jurist wird, und so hatte Ceccato Jus studiert, daneben aber auch Musik.

Heinz: Aber nein! Nicht Philosophie?

Ernst: Das hat er dann privat gelesen und unheimlich viel. Neben dem Jusstudium hat er das Konservatorium in Mailand absolviert und wurde ein hervorragender Pianist. Das Doktorat in Jus hat er gemacht, aber Advokat wollte er nicht sein. Da hat sein Vater gesagt, schön, ich gebe dir eine minimale Rente, und du kannst machen, was du willst. Das machte er und schrieb eine Oper, die sogar aufgeführt wurde in Mailand. Musik war sein Hauptinteresse. Dann fing er an, sich für die Ästhetik in der Musik zu interessieren, und hat gelesen, was es da zu lesen gibt. Nirgends fand er etwas Befriedigendes. Da sagte er sich, wenn die Ästhetiker es nicht erklären, muß ich eben Epistemologie lesen. Innerhalb von 15 Jahren hat er dann ziemlich alles gelesen, was man in der Epistemologie lesen kann, und ist zu demselben Schluß gekommen: Das haut nicht hin.

Heinz: Das haut nicht hin.

Ernst und Heinz entdecken Bridgman und die mentalen Operationen

Ernst: Durch Zufall ist er auf Percy Bridgman gestoßen, den Erfinder der operationellen Definition. Das hat ihm eingeleuchtet, nämlich die Idee, daß man sich die Begriffe selber konstruiert.

Heinz: Ja, natürlich.

Ernst: Also hat er angefangen, eine Begriffsanalyse aufzubauen. Alles aufgrund von mentalen Operationen. Als ich ihn kennenlernte, hat er kaum mehr Klavier gespielt, aber wenn er spielte, war es ein Konzert. Er arbeitete mit den Freunden, die ich schon erwähnt habe. Ich war ihm nützlich, weil ich eben verschiedene Sprachen konnte. Damals ...

Heinz: Da war er noch nicht an einer Universität?

Ernst: Er war völlig unabhängig. In Mailand gab er hier und da Vorlesungen.

Dann bekam er durch Padre Gemelli, einen Jesuiten, der die katholische Universität in Mailand leitete, eine *Lectorship*, eine außerordentliche Stellung für Philosophiegeschichte und Analyse, an der Mailänder Universität.

Heinz: Eine Dozentur.

Ernst: Dann hat er herausgefunden, daß man ihm die Dozentur gegeben hatte, weil der Operationismus, wie er ihn betrieb, gute Argumente gegen den Kommunismus liefert. Nach ein paar Vorlesungen von ihm sind die Leute aber drauf gekommen, daß diese Argumente genausogut gegen das katholische Dogma verwendbar sind, und ...

Heinz: Genau – das ist unheimlich!

Ernst: ... den Studenten wurde dann abgeraten, in seine Vorlesungen zu gehen. Die Stellung konnte man ihm nicht wegnehmen, und so blieb er als schwarzes Schaf an der Universität.

Heinz: War aber eben nicht schwarz genug.

Ernst: Nein, aber weil in Italien ja auch die Universität schön bürokratisch ist, konnten sie ihn nicht rausschmeißen. Er hat dann einige Sachen veröffentlicht über seine Theorie und die operationelle Begriffsanalyse, in der Begriffe eben durch mentale Operationen definiert wurden. Das hatte er locker von Percy Bridgman übernommen, der ja in den Vereinigten Staaten völlig mißverstanden worden ist, weil die Psychologen das „Operieren" immer nur als körperliche, physische Handlungen verstehen wollten.

Heinz: Kannst du mir ein Beispiel geben?

Ernst: Sicher. Das Beispiel, das in den Vereinigten Staaten in sämtlichen Lehrbüchern der Psychologie erwähnt wird, ist der Begriff der Länge. Die Länge wird laut Bridgman durch die Meßoperationen definiert. Du nimmst also einen Meterstab und legst ihn nacheinander soundso viele Male hin. Dreimal, sagen wir, dann hast du die Definition der Länge 3. In der Physik hat das einiges Aufsehen erregt und anscheinend auch gut funktioniert. Bridgman selbst war ja Nobelpreisphysiker und ist durch die Einsteinsche Relativitätstheorie auf die Operationsidee gekommen. Da ist die Gleichzeitigkeit ein Problem, und Bridgman hat gefunden, daß man sie in der Relativitätstheorie nicht anders als durch Operationen definieren kann. Er hatte aber schon von Anfang an gesagt, daß es sehr viele Begriffe gibt, bei denen die Herstellung nur auf mentalen Operationen beruht. Die Psychologen, die die Operationsidee damals aufgriffen – es war in der Glanzzeit des Behaviorismus –, haben die mentale Seite nicht gewollt und darum auch nicht verstanden. Alles wurde auf rein physische Operationen bezogen, vor allem auf das Messen. Dann kann man nämlich stolz erklären: „Intelligenz ist, was wir messen!“ – Aber Ceccato hat dieses Operieren gleich als begrifflich verstanden.

Heinz: Also, für mich war Bridgman auch eine Erleuchtung. Ich bin über ihn gestolpert, als ich Physikstudent war. Es muß Anfang der dreißiger Jahre gewesen sein, da bin ich auf eine kleine Arbeit von Bridgman gestoßen, die hieß *Dimensions of Analysis*, Dimensionen der Analyse. Da zeigte er, daß, wenn zum Beispiel von Viskosität gesprochen wird, dann muß ich wissen, was unter Viskosität verstanden werden soll. Wie würde ich das messen, wie würde ich sagen, die eine Flüssigkeit ist zäher als die andere? Da müßte ich folgendermaßen vorgehen: Der Begriff der Viskosität ist eine physikalische Dimension, die mit der räumlichen Dimension zu tun hat, ein Produkt aus gewissen Fundamentalgrößen. Wie du gerade bei der Länge erklärt hast, müßte ich einen physikalischen Maßstab nehmen, und wenn ich ihn sechsmal ansetzen kann, dann weiß ich, daß die Größe dieser Sache sechs Einheiten ist. Den Maßstab muß ich in die drei fundamentalen Größen zerlegen, nämlich Länge, Gewicht oder Masse und Zeit. Dann kann ich ihm auch einen Namen geben, zum Beispiel Viskosität. Das ist dann ein Produkt der physikalischen Dimensionen, die alle durch Operationen definiert werden.

Ernst: Du hast das benützen können?

Heinz: Ja. Es hat mich völlig hingerissen. Du hast zum Beispiel das physikalische Problem: Ich möchte wissen, wie ich diese oder jene Gleichung oder Funktionen oder Formel bekomme. Bridgman sagt, das ist einfach! Sagen Sie mir, aus was für physikalischen Einheiten die Formel bestehen soll, schreiben Sie das hin. Dann sage ich Ihnen, wie Sie das messen, und Sie haben sofort die Lösung. Direkt aus den physikalischen Dimensionen. Also brauche ich nur drei Zeilen – drei Zeilen, um ein sehr verzwicktes mathematisches Problem zu lösen. Das einzige, was dann fehlt, sind die spezifischen Werte und eine Proportionalitätskonstante, und die, sagt Bridgman, ist immer zwischen null und eins. Also hat man auf jeden Fall eine prinzipielle Antwort. Das hat mich begeistert, damals, als ich Physik studierte. Ich kann mich noch erinnern, ich habe die Bridgman-Analyse bei einer Prüfung verwendet, um eine Lösung zu finden, wozu ich eine halbe Stunde hätte rechnen müssen. Ich habe die Aufgabe gelöst und bin durchgefallen. Der Lehrer hat das nicht akzeptiert. Das kann man nicht so machen, hat er gesagt. Da müssen Sie schon die Differentialgleichung lösen. – Aber ich habe die Aufgabe doch auch gelöst? – Ja, aber Sie haben die Formel nicht gewußt! – Na ja, so war es. Aber der Bridgman hat mir einen Riesenspaß gemacht, besonders eben dieses operative Verstehen. Und das, was für mich als Physiker damals so wichtig war, war, daß er gesagt hat, alle diese physikalischen Größen, die Sie verstehen wollen, bestehen aus einem Produkt von Fundamentalgrößen. Und er hat auch den Beweis geliefert, daß es sich immer um ein Produkt zu irgendwelchen Potenzen der fundamentalen Einheiten handelt. Das ist einer der faszinierendsten Beweise. Und den hat er geliefert, und zwar aufgrund von philosophischen Grundlagen. Das hat mich unendlich gefreut.

Ernst: Das ist ja wahrscheinlich auch der Grund, weswegen er mißverstanden wurde.

Heinz: Ja. Weil diese ganze Perspektive, wie man quantitativ Physik betreibt, auf zwei Voraussetzungen beruht, die nie erwähnt werden, die nie explizit gemacht werden. Sie werden irgendwie automatisch angenommen: Wie anders kann es schon sein: Geschwindigkeit ist Weg über Zeit, nicht wahr? Weg über Zeit. Wieso nicht Weg plus Zeit? Oder irgendwas anderes?

Ernst: Das wird einem nur klar, wenn man sich fragt, was tue ich, wie operiere ich, um diesen Begriff zu bekommen. Und das ist eben der Ansatz, den der Ceccato übernommen hat.

Prof. Bridgman hüpft / Ceccato verstört Hugo Dingler

Heinz: Weil wir gerade von Bridgman sprachen, möchte ich eine Anekdote über ihn erzählen. Bridgman war doch ein *High-Pressure-Physicist*, der hat sich also für ganz extrem hohe Drücke interessiert. Hohe Temperatur, hoher Druck, wie verhält sich die Materie unter außerordentlich hohem Druck? Er hatte ein schönes Labor, und weil er einen Nobelpreis bekommen hatte, wollte ein Mann von der Presse ihn interviewen. Der geht dorthin, ins Institut, kommt zu einer Sekretärin und sagt: „Ich möchte Herrn Professor Bridgman interviewen, ich heiße Soundso, ich habe mich angemeldet, wo kann ich ihn finden?" – „Bridgman? Einen Stock hinauf, erste Türe rechts, großes Labor, da werden Sie gleich den Professor Bridgman sehen." – Der Journalist geht hinauf, kommt aber wieder zurück zur Sekretärin. Er sagt: „Leider habe ich den Professor nicht gefunden. In dem Labor war nur ein kleiner Mann, ein Thermosrüttler, der ist da herumgegangen, plötzlich hochgesprungen, weitergegangen, und dann ist er plötzlich wieder gesprungen. Dann ist er auf dem Fußboden herumgekrochen und wieder aufgestanden. Da war kein Bridgman zu sehen." – „Doch", sagt die Sekretärin, „das ist schon der Professor Bridgman." – „Das ist der Professor Bridgman? Ja, warum tut er das?" – „Da müssen Sie ihn selber fragen!"

Der Journalist geht also wieder hinauf, stellt sich vor und fragt: „Herr Bridgman, warum springen Sie da hoch, und dann kriechen Sie auf dem Boden herum?"

„Ja", sagt der Bridgman, „ich weiß, wenn die Sachen explodieren, wohin sie fliegen, und da springe ich immer schon vorsichtshalber über die Flugbahn, bevor mich die Stücke treffen. Zum Beispiel bei diesem Zylinder weiß ich genau, der fliegt immer hoch nach rechts, also krieche ich am Boden und fahr an dem Zylinder vorbei und steh erst dahinter wieder auf. Daher sehen Sie mich in meinem Labor … Halt! Jetzt bücken Sie sich, gehen Sie da nicht weiter! – In meinem Labor kann man nur *so* einigermaßen sicher herumgehen."

Das war der Bridgman. Der war immer operational, der wußte, wo die Sachen hinfliegen, wenn etwas platzt, und da paßte er auf und duckte sich. – Jetzt erzähl aber bitte weiter von dem Ceccato! Das ist viel wichtiger.

Ernst: Zuerst eine Frage: In den zwanziger Jahren gab es in München einen Physiker, der dann auch Philosophie gemacht hat, der hieß Hugo Dingler. Hast du …

Heinz: Natürlich, Hugo Dingler. Ich kann mich erinnern, den habe ich auch gelesen – ein Buch …

Ernst: Das hieß *Grundlagen der Wissenschaft* oder so ähnlich.

Heinz: Richtig, der hat auch von Operationen gesprochen. Eine Ebene, hat er gesagt, kann man machen, indem man zwei Gegenstände abwechselnd gegeneinander schleift. Da entsteht eine Ebene. Das hat mir sehr gut gefallen.

Ernst: Ich glaube, es war durch Dingler, daß Ceccato auf Bridgman gekommen ist. Auf jeden Fall hat er ihn gelesen und dann auch persönlich kennengelernt. Er ist eigens nach München gefahren, um mit ihm zu diskutieren. Dann haben sie lange korrespondiert, und Ceccato hat einen Artikel von Dingler in der Zeitschrift *Methodos* publiziert. Dingler glaubte, er hätte einen Anhänger gefunden. Aber Ceccato war von Natur aus kein Anhänger. Er hat immer mehr „Fehler" bei Dingler entdeckt und schließlich einen Artikel geschrieben mit dem Titel *Pro Dingler, kontra Dingler*. Da wurden Dinglers Briefe bedeutend kühler. Ceccato wollte ihn versöhnen und hat ihm geschrieben: „Für mich sind Sie wie Christoph Kolumbus, der ist ausgezogen, um nach Indien zu segeln, und hat Amerika entdeckt." Da war Dingler dann richtig beleidigt.

Heinz: Das nennt man *serendipity*!

Ernst: Ein Freund von mir, in Mailand, unter den heutigen Ceccatianern, hat die ganze Ceccato-Dingler-Korrespondenz und möchte sie veröffentlichen. Aber da sind Schwierigkeiten mit dem Dingler-Archiv in München. Die wollen es anscheinend nicht erlauben.

Zurück zum Thema! Eine der Sachen, die Ceccato bei Dingler störten, war eben, daß da Begriffe, die für Ceccato durch mentale Operationen entstanden, auf physische Handlungen zurückgeführt wurden. Ceccato wollte sie alle aus dem Mentalen erklären.

Heinz: Hast du da ein Beispiel?

Theorie der Aufmerksamkeit

Ernst: Nach Ceccatos Theorie sind die eigentlichen Grundoperationen nicht die physischen Bewegungen, sondern Momente der Aufmerksamkeit. Momente der Bewegung, wenn die Aufmerksamkeit sich von einem Begriff zu einem anderen verschiebt. Bei der Ebene, zum Beispiel, ist es nicht das Schleifen, das dir den Begriff der Ebene schafft, sondern die Aufmerksamkeitsbewegung, die einzelne Momente verbindet.

Heinz: Das ist schön, aber …

Ernst: Warte einen Moment. Ich muß da erst die Aufmerksamkeit erklären. Wie man sich das meistens vorstellt, ist Aufmerksamkeit eine Art Scheinwerfer, der etwas beleuchtet; wie der Blick, wenn man schaut. Bei Ceccato ist es eine pulsierende Angelegenheit, ein gleichmäßiger Rhythmus von Momenten.

Heinz: Sie schafft Momente und teilt also auf.

Ernst: Ich würde einfach sagen, sie schafft. Die Momente, die so entstehen, können mit Impulsen im Sensorium zusammenfallen oder nicht. Fallen sie mit einem Impuls zusammen, dann nennen wir sie fokalisierte Momente, wenn nicht, freie Momente. – Ich sage „wir“, weil ich das ja aus dem Italienischen übersetze und dir meine Interpretation gebe. Die Folge von fokalisierten und nichtfokalisierten Momenten bildet die unterste Ebene im Aufbau der Begriffe.

Statt auf Impulse des Sensoriums können Aufmerksamkeitsmomente auch auf Stücke dieser ersten Ebene fallen. Das wäre das, was ich Abstraktion nenne.

Heinz: Das müßtest du auch an einem Beispiel erklären.

Ernst: Gut. Stell dir vor, du bist in einem stockdunklen Zimmer. Du hast keine Ahnung, was dort ist. Du bewegst dich vorsichtig vorwärts, mit ganz kleinen Schritten, und streckst die Hände vor dich, damit du nirgends anrennst. Da stößt deine Hand auf einen harten Gegenstand, etwas, wie du oft gesagt hast, das entgegensteht. Du weißt nicht, was es ist, tastest mit der Hand ein bißchen weiter, und der Widerstand hört nicht auf. Kannst du dir das vorstellen?

Heinz: Ja. Das ist mir mehr als einmal passiert.

Ernst: Sehr gut. Jetzt werde ich dir sagen, was da von meinem Standpunkt aus passiert ist. Du warst sehr aufmerksam, weil du dich in dem Zimmer überhaupt nicht auskanntest. Zuerst war da nichts, worauf deine Aufmerksamkeit sich hätte fokalisieren können, kein Impuls in deinem Sensorium. Dann kam das Harte, und als du die Hand weiterbewegt hast, noch einmal Hartes. Vielleicht kamen noch mehr harte Momente, aber die interessieren mich jetzt nicht. Nach den ersten zwei hast du folgendes Muster: mindestens zwei nichtfokalisierte Momente und dann zwei fokalisierte. Wenn deine Aufmerksamkeit sich nun auf dieses Muster richtet, dann hast du den Begriff „Anfang" gebaut. Wäre das Muster umgekehrt, also zwei fokalisierte und dann zwei nichtfokalisierte Momente, hättest du den Begriff „Ende". Was für Sinnesimpulse es waren, auf die die Aufmerksamkeitsmomente gefallen sind, spielt bei dem Begriff keine Rolle mehr. Es könnten ebensogut die ersten Sonnenstrahlen gewesen sein oder die ersten Noten einer Sonate – das Muster heißt einfach „Anfang". Es ist eine Abstraktion. – Und weil die Mathematik dir ja nahesteht, noch ein letzter Punkt. Diese Idee von Abstraktion hat Les Steffe und mir sehr geholfen, als wir den Zahlbegriff bei Kindern untersuchten. Das Buch, das wir geschrieben haben, beruht auf der Idee, daß der abstrakte Begriff der Zahl aus dem Zählen erwächst, wenn es als Muster betrachtet wird und die gezählten Gegenstände herausgefallen sind. Und später, auf einer höheren

Ebene der Abstraktion, fallen die Zahlen aus den Operationsmustern heraus, und du bekommst Algebra.

Heinz: Das leuchtet mir ein.

Ernst: Mir hat es von Anfang an gut gefallen. Es ist eine Art und Weise, Begriffe zu handhaben. Man kann sie gut unterscheiden und hat eine Methode, Definitionen zu liefern, die nichts mit Wörtern zu tun haben, weil sie aus Elementen der Erlebenswelt bestehen.

Prof. Lilly und die zwitschernden Delphine

Heinz: Das ist sehr sauber. Ich möchte dir ein interessantes Beispiel geben, vielleicht kannst du das mit dieser Methode interpretieren. Es hat auch mit dem Erkennen von Anfang und Ende zu tun. Du kannst dich an John Lilly erinnern?

Ernst: Ja – der mit Delphinen gearbeitet hat.

Heinz: Er hat sich mit den Delphinen beschäftigt und die Delphinsprache studiert, vor allem, ob die Delphine lernen können. Er hat die interessante Hypothese gehabt, daß die Delphine immer miteinander sprechen, mit Zwitschern und Pfeiftönen. Er hat es geschafft, daß sie Silben wiederholten, die er ihnen à la Delphin vorgezwitschert hat.

Ernst: Wie meinst du das?

Heinz: Er hat einfach versucht, die Vokalisation der Delphine, so gut er konnte, nachzumachen. Nimm die Silbe *do* und sprich sie mit einem hohen Quietschton aus. – Ja, ungefähr so – aber Lilly hat das natürlich einige Zeit geübt. Er verwendete die berühmten Listen der Nonsenssilben von Ebbinghaus, aber in der Form von Delphingezwitscher. Zum Beispiel *ko, bu, mi, to, ef* usw. Also machte er einem Delphin vor: *Do mi pa* – bitte wiederhol mir das!

Ernst: *Do mi pa.*

Heinz: *Di ma po ku,* wiederhol mir das!

Ernst: Di ma po ku.

Heinz: Sehr gut! – Man kann das länger und länger machen. Wenn ich etwa zehn oder zwölf solcher sinnloser Silben sage, kannst du sie nicht mehr erinnern. Du sagst, es wird schwierig. Du vergißt einige.

Ernst: Bis zehn oder zwölf geht das?

Heinz: Also, bei zehn oder zwölf geht es wahrscheinlich nicht. Der gute George Miller würde sagen: *seven plus minus two.* Lilly hat das also mit den Delphinen gemacht. *Do pa mi po ...* bis 20, bis 25 haben die Delphine diese Nonsenssilben wiederholt. Natürlich nicht unsere, sondern die gezwitscherten. Zwischen 25 und 30 haben sie dann die eine oder andere in der Sequenz verloren. Aber, sagt er, das Erstaunliche war folgendes: Wenn ich dir drei solche Silben sage, zum Beispiel *do mi pa,* dann wartest du nach *pa* etwa eine halbe Sekunde, um sicher zu sein, daß es die letzte Silbe ist. Erst wenn du weißt, das ist das Ende, wiederholst du *do mi pa*. Die Delphine wiederholen die Silben, schon bevor du die nächste Silbe sprechen würdest, wenn da eine nächste Silbe käme. Also wenn du *do ma pi* zwitscherst, dann zwitschert der Delphin *do ma pi, do ma pi,* schon bevor du die nächste Silbe sagen könntest. John Lilly hat sich natürlich gefragt, wieso wissen die Delphine, daß ich jetzt aufgehört habe? Sie wiederholen ja schon, *bevor* die nächste Silbe kommen würde. Na, dann hat er versucht, so zu zwitschern, daß es keinen Anhaltspunkt geben konnte, denn gewöhnlich geht die Frequenz des Tones ja am Ende herunter.

Ernst: Genau, das war mein erster Gedanke.

Heinz: Natürlich. Also hat er sich sehr bemüht, so zu zwitschern, daß die Delphine nichts bemerken konnten; hat ganz flach ... und hat immer eine nächste Silbe im Kopf gehabt, ohne sie zu produzieren. Aber er konnte die Delphine nicht irreführen. Dann ist er auf die Idee gekommen, ein Tonband zu benutzen. Er nahm eine lange Silbenserie auf und schnitt dann ein kürzeres Stück heraus. Da mußten nun auch die Delphine warten, bis die nächste Silbe gekommen wäre, und wußten nicht im vorhinein, was die letzte Silbe war.

Ernst: Haben die Delphine ihn gesehen?

Heinz: Das nehme ich an, sie redeten ja miteinander.

Ernst: Da müssen die Delphine irgend etwas entdeckt haben, was ihnen sagte, das ist jetzt die letzte Silbe.

Heinz: Wahrscheinlich, eine Bewegung oder etwas an seinem Ausdruck ...

Ernst: Wie das berühmte Pferd von dem Herrn Pfungst – der kluge Hans.

Heinz: Auf jeden Fall ist da ein Anfang und ein Ende, und das Problem ist, das Ende zu erkennen. Könnte man die Ceccato-Idee mit den Momenten da hineinbringen?

Ernst: Vielleicht ist bei den Delphinen der Rhythmus der Pulsation schneller. Ihre Aufmerksamkeit ist auf jeden Fall auf den Ton der Silben eingestellt, und wenn dann zwei Momente lang kein Ton kommt, bildet das ein Ende. Aber wenn sie das schon vor dem normalen Zwischenraum zwischen den Silben erkennen, dann würde ich sagen, sie haben da irgendeine andere Wahrnehmung.

Heinz: Aber man müßte annehmen, daß der Aufmerksamkeitspuls bei ihnen schneller ist.

Ernst: Ja. Der Rhythmus kann schneller sein. Vielleicht könnte man das auch messen.

Bei Ceccato war das Erstaunliche, daß er sich die Pulsation der Aufmerksamkeit frei erfunden hat. In der Wissenschaft ist das aber vielleicht gar nicht so ungewöhnlich. Er hatte keine Ahnung, daß zu der Zeit bereits Versuche gemacht wurden über *brain waves*. Erst Mitte der sechziger Jahre hat ein Mann namens Harter einen Artikel veröffentlicht, in dem er neurophysiologische Studien über Gehirnrhythmen zusammenfaßte und von *perceptual framing* sprach. Das paßte dann sehr schön mit Ceccatos Idee zusammen, da war auf einmal der Nachweis, daß es im Gehirn rhythmische Schwingungen gibt – ich glaube etwa zwischen neun und elf in der Sekunde.

Heinz: Sag einmal, hast du je mit dem Maturana darüber gesprochen? Der ist doch ein Neurophilosoph, der wüßte vielleicht mehr darüber?

Ernst: Das ist eine gute Frage, Heinz. Ich kann mich nicht erinnern, mit ihm darüber gesprochen zu haben. Aber Francisco Varela hat den Alpharhythmus verwendet, in einem Papier, das er mit Roy John in New York geschrieben hat, über die Konstruktion von Gleichzeitigkeit.

Heinz: Das hätte den Bridgman interessiert! Seine operationellen Definitionen haben ja mit dem Begriff der Gleichzeitigkeit angefangen.

Ernst: Ja, das hätte ihn interessieren sollen – aber er war in der Physik, in der Experimentalphysik noch dazu, und da ist die Neurophysiologie ja meilenweit entfernt.

Heinz: Das ist der Jammer – jeder sitzt in seiner Sparte und findet keine Zeit, sich auswärts umzuschauen.

Wie zerlegt man Begriffe?

Ernst: Und das Umschauen wird noch schwerer, wenn es in andere Sprachen gehen müßte. Einer aus der ursprünglichen Ceccatogruppe, Giuseppe Vaccarino, der arbeitet seit nun schon fast 50 Jahren an einer Begriffsanalyse, die auf dieser Pulsation der Aufmerksamkeit aufgebaut ist und es ihm erlaubt, sämtliche Wortbedeutungen auf Kombinationen von ganz wenigen Grundelementen aufzubauen. Fünf Bücher hat er veröffentlicht, aber natürlich auf italienisch. Außerhalb von Italien hat niemand je von ihm gehört.

Heinz: Die sind nicht übersetzt worden?

Ernst: Das ist unübersetzbar. Die semantischen Analysen der Wörter einer Sprache passen ja fast nie genau auf Wörter anderer Sprachen. Die Grundelemente – kaum ein Dutzend –, nimmt man an, sind die gleichen, aber wie sie in den einzelnen Sprachen kombiniert werden, um die Begriffe zu bilden, das ist verschieden.

Heinz: Hast du da Beispiele?

Ernst: Eine Menge! – Ich gebe dir eines der gröberen, auf das ich vor ein paar Tagen durch Zufall gestoßen bin. Wie würdest du „Unter diesen Umständen ist …" auf englisch sagen?

Heinz: Da würde ich sagen: „Under these circumstances …"

Ernst: Sehr gut. Jetzt übersetze: „Nein, Herr Huber, ich möchte Ihnen keine Umstände machen."

Heinz: Das geht nicht!

Ernst: Da müßte man sagen: „I don't want to trouble you" oder so etwas …

Heinz: Komisch, das sind ganz andere Umstände.

Ernst: Setzten wir uns jetzt hin und untersuchten das Wort „Umstand" und den Plural „Umstände" in 80 oder 100 Kontexten, in denen es in der deutschen Literatur vorkommt, dann kämen wir wahrscheinlich darauf, daß der Begriff etwas enthält, das man Störung oder Hindernis oder Beschränkung nennen könnte – und das wäre das Element, das im englischen Wort „circumstance" nicht enthalten ist.

Ein anderes Beispiel, das ich schon oft verwendet habe, ist das deutsche Wort „isolieren". Wenn du es ins Englische übersetzen willst, mußt du wissen, ob es darum geht, das Innere von der Außenwelt abzuhalten, dann ist es auf englisch „insulate"; oder das Innere vor Einflüssen der Außenwelt zu schützen, dann ist es „isolate". – Und das sind freilich Unterschiede auf einem Niveau, das noch lange nicht die Grundebene der Aufmerksamkeitsmomente ist; aber auch da wären es jeweils verschiedene Muster.

Heinz: Ja, aber könnten dann nicht die Bausteine der anderen Sprache auch andere Bausteine sein?

Ernst: Unsere Annahme ist, daß diese Bausteine, das heißt die elementarsten mentalen Operationen, in allen menschlichen Sprachen die gleichen sind. Auf einem anderen Planeten, wo es denkende Wesen gibt, könnten sie freilich völlig andere sein. Bei dem Homo sapiens sind sie anscheinend gleich, denn sonst könnte man ja nicht einmal annähernd übersetzen.

Heinz: Weil bei uns die Physiologie der Sprecher die gleiche ist und sie auch ähnliche Erlebenswelten haben.

Ernst: Ja, man könnte es so erklären.

Heinz: Aber selbst wenn die Erlebenswelten ähnlich sind, können doch Kulturverschiedenheiten auftauchen?

Ernst: Sicher. Aber die müssen dann durch die Abwesenheit oder Anwesenheit eines Bausteins in den Kombinationen erklärt werden.

Heinz: Bei den Mustern, von denen du da sprichst, ist mir eine andere Frage gekommen. Ich bemerke in meinem Alter sehr merkwürdige *dysfunctions*, Sachen, die nicht funktionieren. Und zwar funktionieren sie nicht etwa deshalb nicht, weil das Zentralmuster nicht funktioniert, sondern weil das Detail, das Detail von einem gewissen Teilmuster, das ich jetzt nur vorübergehend ein Programm nennen will, falsch ist. Das Programm wird durchgeführt, aber ein Einzelwert, der in dem Programm vorkommen soll, ist nicht mehr da. Zum Beispiel passiert es mir wieder und wieder: Ich weiß, ich muß ein Buch dort in das Bücherregal stellen. Ich gehe zu dem Regal, schaue an, was ich in der Hand habe, und es ist eine Taschenlampe. Da sage ich mir: Aha, also das Programm war, zu dem Bücherregal zu gehen, aber ich wußte nicht, es soll ja ein Buch sein und nicht die Taschenlampe. Ohne es zu wissen, habe ich die Taschenlampe in die Hand genommen und dort hingelegt. Das Großprogramm ist erhalten, aber das Ding, mit dem das Programm durchgeführt werden soll, ist vergessen, ignoriert oder nicht bemerkt. Könnten das die Lücken sein, von denen du gesprochen hast? Da gibt es eben Momente, wo man sieht, und Momente, wo man blind ist. Vielleicht sind die blinden Momente im Alter größer?

Ernst: Die werden blind, weil etwas herausfällt und du es unwillkürlich durch unbesehene andere sensorische Momente ersetzt. Das klingt plausibel.

Heinz: Es passiert mir noch und noch.

Ernst: Wahrscheinlich weil du ja auch jemand bist, der gewohnt ist, auf einem höheren Niveau der Abstraktionen zu arbeiten und die unteren sensorischen Einzelheiten vorauszusetzen.

Heinz: Das soll eine Erklärung sein?

Ernst: Nein, nein. Das ist nur ein Modell, wie man sich vorstellen könnte, wieso du eine Taschenlampe zwischen die Bücher zu stellen versuchst. Ein Vorschlag, wie man darüber denken könnte. Das ist doch bei allen Theorien so, und darum auch bei den operationellen Definitionen.

Die haben sich dann bei einigen Anwendungen sehr gut bewährt. Aber das wußte Ceccato damals noch nicht. In den fünfziger Jahren hat er einige Sachen veröffentlicht über seine Theorie und ist auch auf philosophischen Kongressen herumgezogen, hat aber wenig Erfolg gehabt. Seine Ideen waren ungemütlich. In Turin, zum Beispiel, hat er bei einem großen Philosophenkongreß einen Vortrag gehalten, und dann beim Hinausgehen ging er zufällig hinter dem Doyen der italienischen Philosophie. Da hört er, wie der zu seinem Begleiter sagt: Wenn der Ceccato recht hätte, dann wären wir alle ja Trottel.

Heinz: Das ist sehr schön.

Ernst: Das drückt gut aus, warum er so wenig Erfolg gehabt hat. Wenn man einmal die Begriffe als Resultate seiner eigenen Operationen betrachtet, dann muß fast alles, was man vorher gedacht hat, umgebaut werden. Und das ist natürlich unsympathisch. Ideen, mit denen man sein Leben lang gewirtschaftet hat, haben eine Trägheit wie die schweren Massen. Sie zu ändern verlangt riesige Anstrengungen.

Zum Glück hat Ceccato dann jemanden getroffen, der schon durch die Kommunikationstheorie etwas aufgelockert war. Bei einem Kongreß in London lernte er Colin Cherry kennen. Der hörte ihm zu und sagte: Wenn Sie mit diesen Ideen weiterkommen wollen, wenden Sie sie auf die Maschinenübersetzung an. Sie haben eine Methode, um Begriffe zu analysieren, die nicht mehr sprachlich ist, und das könnte der Schlüssel zu dem Problem sein.

Heinz: Der Colin Cherry ist ein guter Mann.

Am Mailänder Kybernetikzentrum findet Ernst seinen zweiten Beruf

Ernst: Sehr gut. Ceccato kam mit dieser Idee der Übersetzung aus London zurück und gründete das *Centro di Cibernetica*. Das waren zwei Zimmer im Hauptgebäude der Universität, außen die schöne Fassade aus dem 17. Jahrhundert, innen alles modern aus Glas und Marmor. Zudem in der *Via Festa del Perdono* – das heißt Straße des Verzeihungsfests! Dann rief er mich an, und fragte: Wir wollen der amerikanischen *Air Force* ein Forschungsprojekt unterbreiten über maschinelle Übersetzung. Kannst du da helfen? Selbstverständlich, habe ich gesagt und bin nach Mailand gefahren. Ich wohnte bei Ceccato und schwitzte Tag und Nacht, um den Text des Forschungsvorschlags ins Englische zu übersetzten. Da wurde mir klar, es wird lange dauern, bis eine Maschine Ceccato-Prosa übersetzen kann. Ein paar Monate später rief Ceccato wieder an. Das Projekt sei angenommen worden, und das *Centro* könne jetzt Mitarbeiter bezahlen – wolle ich da mitmachen und die ausländischen Sprachen betreuen?

Heinz: Da hast du natürlich ja gesagt.

Ernst: Sofort, ohne nachzudenken. Ich war begeistert. Ein Kollege von der Presse, der anderswohin gehen mußte, überließ mir eine nette Wohnung in Mailand, und so packten Isabel und ich Kind, Katze, Hund und alles andere zusammen und siedelten über. *Der Standpunkt* war damals schon tot, aber ich hatte die *Weltwoche* und andere journalistische Verbindungen. Ich war froh, daß ich sie in der ersten Begeisterung nicht gleich aufgegeben hatte, denn als ich die Einzelheiten meiner neuen Stellung entdeckte, wurde mir klar, daß ich von dem Gehalt in Mailand höchstens zwei Wochen im Monat hätte leben können. So hatte nun auch ich, genau wie du in Wien, zwei Berufe.

Heinz: Das ist wirklich lustig.

Ernst: Tagsüber arbeitete ich im *Centro* und abends und an den Wochenenden schrieb ich Artikel für verschiedene Zeitungen. Die *Weltwoche* bezahlte mir für drei oder vier Reportagen im Jahr, aber das war nicht genug. Als freier Journalist war es damals nicht leicht, wenn man nicht über Politik oder Tratsch aus der Kinostadt in Rom schreiben wollte. Politik konnte ich nicht, denn ich stand weiter links als die Redakteure, und Tratsch wollte ich nicht. Also spezialisierte ich mich auf vier Gebiete. Erstens Autorennen und die italienischen Sportwagen, denn da hatte ich durch den Carlo Abarth eine gute Einführung. Zweitens die etruskischen Ausgrabungen, weil mich das seit jeher interessiert hatte. Drittens, mit Isabels Hilfe, die italienische Mode, die ja damals weltberühmt wurde. Und viertens mehr oder weniger regelmäßige Berichte über Kunstausstellungen, Theater und Film.

Heinz: Durch das Ceccato-Projekt hast du natürlich die Rowena Swanson kennengelernt, die uns ja auch einige Male subventioniert hat.

Ernst: Nein, das war später. Ceccato wurde von einem anderen *Air Force Bureau* finanziert. Erst muß ich dir noch vom *Centro di Cibernetica* erzählen. Als ich dort anfing, war ich der einzige, der Englisch konnte, und die Hauptarbeit sollte ja in Englisch und Russisch gemacht werden. Also suchte Ceccato andere Mitarbeiter und schrieb an Margaret Masterman, die Frau des Logikers Braithwaite, die in Cambridge eine Gruppe für maschinelle Übersetzung leitete. Sie schickte uns Jehane Burns, eine junge Studentin, die ein unglaubliches Talent für Begriffsanalyse hatte. Aus Deutschland bekam Ceccato einen jungen gebürtigen Russen, der in beiden Sprachen zu Hause war, und durch eine andere Verbindung bekam er einen russisch-englisch Zweisprachigen, Nicholas Pasternak, den Neffen des Schriftstellers. – Wir waren eine lustige Blase.

Heinz: Und wirklich international.

Ernst: Das Schöne war, daß wir ausgezeichnet zusammenarbeiten konnten. Zum Teil war das auch der Bruna Zonta zu verdanken, der

Leiterin der italienischen Gruppe, die alle Gewitterwolken auflöste, bevor wir sie bemerkten. So arbeiteten wir wie die Wilden und kamen auch ganz schön vorwärts. Mit Sergei, dem deutschen Russen, analysierte ich Verben, um die begrifflichen Unterschiede im Russischen, Englischen und Italienischen herauszutüfteln; mit Jehane zerlegten wir die Funktion der englischen Artikel, die es ja im Russischen nicht gibt; und Nicholas fungierte gewissermaßen als Prüfstein. Ceccato entwickelte die Theorie immer weiter, und zwei Italiener suchten Computerprogramme, um die Theorie in die Praxis umzusetzen.

Heinz: Sag einmal, habt ihr mit Maschinen gearbeitet, mit Rechenmaschinen?

Ernst: Nein, das war 1960, und große Computer gab es in Mailand damals noch kaum. Olivetti hatte eine experimentelle Maschine gebaut, und Ceccatos Mitarbeiter, der Ingenieur Maretti, durfte da manchmal kleine Versuche machen. Sonst gab es eigentlich nur die Sortiermaschinen, die mit Lochkarten arbeiteten. Du kannst dir vorstellen, wie umständlich das war.

Heinz: Das war ja praktisch eigentlich unmöglich.

Ernst: Das kann man sagen. Aber auch ohne Computer wurde uns sehr bald klar, daß die Arbeit unheimlich langwierig war, weil Übersetzung, im Gegensatz zu den Behauptungen der Linguisten, nicht auf Grammatik, sondern auf semantische Analysen gegründet werden muß. Unsere Geldgeber wurden aber von Linguisten beraten und hatten sich vorgestellt, man könne ein Übersetzungsprogramm in zwei Jahre schreiben. Und nach zwei Jahren kündigten sie unseren Kontrakt.

Heinz: Was hast du denn da gemacht?

Ernst: Ich habe mich sehr traurig auf den anderen Beruf konzentriert und mehr Artikel für Zeitungen geschrieben.

Heinz: Aber wie hast du dann die Rowena Swanson von dem *Air Force Bureau* in Washington getroffen?

Ernst: Etwa ein Jahr nach dem Ende des Ceccato-Projekts bekam ich einen Brief von dem Washingtoner *Bureau*, eine Aufforderung, gemeinsam mit Jehane einen Forschungsvorschlag zu machen, ein kleineres Projekt über englische Satzanalyse, ohne Fremdsprachen.

Heinz: So aus dem Blauen? Wieso haben die sich an dich gewendet?

Ernst: Genau weiß ich das nicht. Wie du weißt, wurde das Bureau von Harold Wooster und Rowena Swanson geleitet. Wooster hatte Jehane bei dem ersten Londoner Kongreß über *Machine Translation*, an dem wir alle teilgenommen hatten, kennengelernt und länger mit ihr über unsere Arbeit gesprochen. Vielleicht fand er das interessant. Auf jeden Fall hat das Washingtoner *Bureau* dann den Endbericht des Mailänder Projekts bekommen. Da waren zwei Papiere von mir darin, und es war klar, daß Jehane und ich die ganze englische Seite gemacht hatten. Ich nehme an, das war der Grund, uns eine Chance zu geben.

Heinz: Da bin ich wirklich beeindruckt. Stell dir vor, was das für eine Welt war, wo diese *Sponsors*, also die Regierungsstellen, die Forschungsrichtungen unterstützten, Papiere gelesen und verstanden haben und sich dann sagten, das ist ein interessantes Feld, mit den Leuten wollen wir arbeiten.

Ernst: Rowena Swanson war ja ein Genie auf diesem Gebiet.

Heinz: Sie hat eine Nase für gute Ideen gehabt!

Ernst: Genau! Sie hat die Sachen manchmal sicher nicht ganz verstanden, aber sie erkannte, daß dies und jenes Möglichkeiten hat.

Heinz: Dieses *Bureau* hat ja die besten Leute finanziert – Warren McCulloch, Gordon Pask usw. und dann eben auch uns.

... und er verpatzt eine Bekanntschaft mit Thomas Kuhn

Ernst: Das wußte ich damals freilich noch nicht. Wir machten den Vorschlag, und er wurde angenommen. Ceccato wollte mit der *Air*

Force nichts mehr zu tun haben. Er war enttäuscht, daß sie sein Projekt so schnell aufgegeben hatten. Ich machte den Kontrakt dann mit einem anderen Institut in Mailand. Dort arbeiteten wir fast drei Jahre, bis wir nach Amerika übersiedelten. Das wäre aber ein neues Kapitel. Jetzt laß mich die Geschichte der Jehane erzählen.

Sie hatte bald nach ihrer Ankunft in Mailand einen englischen Kunsthistoriker geheiratet, der auch in Italien arbeitete. Darum wollte sie nicht nach Amerika übersiedeln. Sie hat aber doch noch mit uns gearbeitet und kam jedes Jahr auf einen Monat zu uns nach Georgia. Dann, ungefähr zur selben Zeit, als unser Projekt beendet wurde, hat sie sich von ihrem Mann getrennt, fuhr nach Kalifornien und wurde Assistentin des Architekten Charles Eames.

Dann habe ich lange nichts mehr von ihr gehört. Doch eines Tages, Isabel war längst gestorben und ich war mit Charlotte zusammen, da ruft sie bei uns in Georgia an und sagt: „Ich bin im Begriff, wieder zu heiraten." – „Ich gratuliere", sage ich, „es freut mich, daß du endlich einen Grund gefunden hast, ein Lebenszeichen von dir zu geben." Darauf sagt sie, es sei ein guter Grund, sie heirate nämlich Thomas Kuhn. Ich war natürlich baff. – „Wenn ihr nach Boston kommt, müßt ihr uns besuchen!" – Ein paar Monate später hat es sich tatsächlich ergeben. Ich freute mich unheimlich darauf, den Kuhn kennenzulernen. Wir kommen zum Abendessen in ihre Wohnung, und wie üblich servieren sie uns einen Drink. Dann entschuldigt sich Kuhn und verschwindet. Jehane erklärt, Tom ist ein leidenschaftlicher Koch, und heute abend will er eine Sauce hollandaise machen. Durch die halboffene Türe sehe ich ihn ganz frenetisch in der Küche herumfuhrwerken. Endlich kommt das Essen. Die Sauce hollandaise und der Fisch sind ausgezeichnet, und wir fangen an zu reden. Sehr bald kommt der Philosoph Jerry Fodor zur Sprache und seine Theorie der Repräsentationen. Ich weiß nicht, was mich biß – vielleicht war es die alte Freundschaft mit Jehane, daß ich mich so zu Hause fühlte –, ich sagte ganz ohne Bedenken, ich fände es unverantwortlich, daß Fodor den Studenten die Idee gibt, Repräsentationen könnten die Welt widerspiegeln. Der Kuhn läßt die Gabel fallen und sagt ganz böse, wie können Sie so etwas sagen! Er steht auf, geht im Zimmer auf und ab. Wir sitzen sprachlos um den Tisch. Als er sich wieder hinsetzt, ist es klar, daß über Philosophie nicht mehr gesprochen wird.

Heinz: Das ist unglaublich.

Ernst: Ja, lieber Heinz, das war einer der schlimmsten Fauxpas, die ich in meinem Leben gemacht habe. Es hat mir fürchterlich leid getan, denn ich hätte Jehane gern öfters gesehen, und mit Thomas Kuhn wäre es ja so interessant gewesen, zu diskutieren. Aber ich hab es mir ein für allemal verpatzt.

Heinz: Das war schon schade.

Ernst: Ich hoffe, ich habe gelernt, etwas vorsichtiger zu sein mit abfälligen Äußerungen.

Drei

Waren es Zufälle? / Sprachen auf dem Dachboden

Heinz: Die Parallelen zwischen deiner Geschichte und meiner Geschichte sind doch ganz erstaunlich. Wie du da durch Zufall in den *Standpunkt* und den Journalismus hineingeschlüpft bist und ich ins österreichische Rot-Weiß-Rot-Radio!

Ernst: Ja, das war schon ziemlich ähnlich!

Heinz: Und dann triffst du den Ceccato und kommst in die Kybernetik, und ich komme durch einen unglaublichen Zufall in die Macy-Gruppe, wo die führenden Geister der Amerikaner saßen, alles eigentlich, wie du sagst, Epistemologen, die die neue Sprache erfunden haben. Bei dir war das 1947, bei mir 1949 – also fast um dieselbe Zeit.

Ernst: Waren das wirklich Zufälle? – Vielleicht. Vielleicht aber auch nicht. Ich glaube nicht an eine Vorsehung. Es beruhte vielleicht einfach darauf, daß du – genauso wie ich –, daß wir beide sehr gut wußten, was wir *nicht* machen wollten.

Heinz: Das stimmt wohl.

Ernst: Und wenn man das weiß, dann bleibt man gewissermaßen frei. Kommt dann eine Gelegenheit, etwas zu tun, das attraktiv erscheint, so ist man bereit, es zu unternehmen. Ich glaube, das ist der Witz. Ich hab meine Studenten immer wieder gewarnt, mit 18 oder 19 Jahren für alle Zukunft festzulegen, was man werden will, und zu sagen, das will ich machen und nichts anderes. Das schien mir immer blödsinnig. Zu diesem Zeitpunkt hat man ja keine Ahnung, was einen 20 Jahre später befriedigen wird.

Heinz: Fünf Jahre später!

Ernst: Im Grunde ist das doch rein kybernetisch. Es geht darum, zwischen den unabänderlichen *constraints*, den Begrenzungen, die das Leben und die Umwelt einem entgegenstellen, den Weg zu findet, der einem paßt. – Apropos passen, wie war das eigentlich, daß du zu der Macy-Gruppe gekommen bist? Du hast die Vorgeschichte erzählt, bevor du nach Amerika gekommen bist, und daß ein Buch von dir da eine Rolle gespielt hat. War das deine Gedächtnistheorie?

Gedächtnis und Geschichtsdaten

Heinz: Das stimmt. Meine Existenz in Amerika verdanke ich einem Artikel, aus dem ich dann ein kleines Büchlein über das Gedächtnis machte. Im Laufe der Jahre bin ich dann allerdings mehr und mehr von meiner ursprünglichen Idee vom Gedächtnis abgekommen. Sie hat sich drastisch verändert, und da kann man natürlich sagen, ja, der Foerster hat eine Idee über das Gedächtnis gehabt, und dann ist er ihr untreu geworden. Das ist wohl gar nicht so ungewöhnlich, wenn man ein Problem zu lösen versucht. Zuerst sagt man sich: So geht's. Dann sieht man, nein, so geht's nicht, ich muß das anders machen. Dann denkt man nach, hat eine neue Idee und sagt sehr stolz, ja, jetzt versteh ich es. Nach fünf Jahren stößt man auf einen begrifflichen Widerspruch und muß sich sagen, ja, um Himmels willen, so geht es auch nicht. Diese Entwicklung ist lustig, gerade bei einem Thema wie dem Gedächtnis.

Ernst: Mich interessiert das sehr. Das Gedächtnis ist doch etwas, das wir dauernd benutzen, wenn wir so von der Vergangenheit reden. Wir holen Erlebnisse aus unserem Gedächtnis. Ich habe keine Ahnung, wie ich mir das vorstellen soll. Was mich am meisten verblüfft, ist die Rolle, die das Gedächtnis bei den Sprachen spielt. Wie funktioniert das? Ich weiß aus eigener Erfahrung, wenn ich morgen nach Italien fliege, brauche ich mindestens drei Tage, bis das Italienisch wieder einigermaßen geläufig ist. Mit meinem Deutsch ist es genauso. Das hast du sicher am Anfang unserer Unterhaltung vor ein paar Tagen auch gemerkt. Da haben mir Wörter gefehlt, und viele Sätze habe ich so angefangen, daß ich sie nicht beenden konnte. Wenn ich eine Sprache lange nicht gesprochen habe, dann habe ich zuerst immer das Gefühl, ich tappe in einem Dachboden herum und weiß, was ich brauche, alles ist da, aber es ist da drüben in einer Ecke, und da ist es dunkel und voller Spinnweben, und im Augenblick komme ich nicht daran. – Vom phänomenologischen Standpunkt aus ist das eine unheimlich deutliche Empfindung. Man wird sie nicht los und fragt, was liegt unter dieser Empfindung? Wie funktioniert das, daß es nach drei, vier Tagen dann wieder ganz gut läuft? Muß das geölt werden, muß man da wirklich den Staub abkratzen?

Heinz: Na, diese Metaphern, diese Metaphern sind ja die Erklärung.

Ernst: Aber man möchte da eben ein technisches Modell haben.

Heinz: Das ist genauso eine Metapher. Ich find die Spinnweben und das Staubabwischen sehr nett – das gefällt mir viel besser.

Ernst: Aber die Wissenschaftler sind damit nicht einverstanden.

Heinz: Dann kann ich ihnen nicht helfen, das ist ihr Problem.

Ernst: Aber du hast dich ja wissenschaftlich mit dem Gedächtnis befaßt, und …

Heinz: Eine Zeitlang …

Ernst: … und das interessiert mich. Du sprichst ja auch mehrere Sprachen

Heinz: Ja, ja.

Ernst: Da möchte ich wissen, wie du das empfindest, dieses Umsteigen. Was mich so erstaunt, ist, daß das Dachbodengefühl nur entsteht, wenn man längere Zeit nur in einer Sprache lebt. Nach dem Krieg, als ich mit meiner ersten Frau, die Engländerin war, in Meran lebte, haben wir zu Hause Englisch gesprochen, auf der Straße

Deutsch, und wenn ich mit den Leuten in Mailand arbeitete, sprach ich Italienisch. Das hat mir eigentlich nie Schwierigkeiten gemacht. Erst, als ich nach Amerika kam und dann jahrelang nur Englisch sprach, sind die anderen Sprachen irgendwie verstaubt.

Heinz: Das ist es. Mir ist das auch deutlich geworden, als ich nach vielen Jahren eingeladen wurde, in Deutschland auf einem kybernetischen Kongreß zu sprechen.

Ernst: Das hat doch mit dem Gedächtnis zu tun – wenn man spricht, benutzt man Wörter und das ganze Netzwerk der syntaktischen Verbindungen, und die erfindet man ja nicht jedesmal, die hat man doch irgendwie im Kopf, nur daß sie eben verstauben, wenn man sie lange nicht benutzt.

Heinz: Es ist wie bei einem Auto: Wenn der Motor kalt ist, dann geht er nicht gut – er stottert.

Ernst: Wieder eine Metapher!

Heinz: Sicher – und sie zeigt, daß man die Sprache nicht vergessen hat.

Ernst: Aber dein Buch über das Gedächtnis – das war doch als wissenschaftliche Theorie geschrieben?

Heinz: Ja, damals war mir das Metaphorische in der Wissenschaft noch nicht so klar. Vor allem, vergiß nicht, daß ich die Theorie, die mir den Weg nach Amerika eröffnete hat, längst aufgegeben habe.

Ernst: Na gut, alle wissenschaftlichen Theorien werden früher oder später aufgegeben, aber deine hat doch eine Zeitlang Erfolg gehabt.

Heinz: Schon, aber gute Theorien haben etwas länger Erfolg.

Ernst: Aber die Entwicklung, sagtest du, war lustig – erzähl die Geschichte!

Heinz: Also, lieber Ernst, mach dich auf eine lange Geschichte gefaßt. Aber bitte unterbrich mich, sooft du willst.

Angefangen hat mein Nachdenken über Gedächtnis damit, daß ich ein sehr schlechtes Gedächtnis habe. Und zwar schlecht in dem üblichen Sinn. Wenn man mich fragt: „Was sind die Hauptstädte Europas?“ Dann sage ich Wien, und dann, hm hm, Berlin, und dann hört's auf. Dann sagt jemand: Und Paris? – Na, selbstverständlich Paris! – Rom? – Ja natürlich! – Auf Fragen wie: „Was sind die Hauptstädte?“, reagiere ich sehr schlecht. Daher ist es für mich unmöglich, mir zum Beispiel in der Anatomie zu merken, wie man diesen Muskel nennt, wie jener Knochen heißt und so weiter. In der Geographie und der Geschichte ist es ebenso. Was war 1425? Keine Ahnung! Wann ist Karl der Kahle gekrönt worden? Keine Idee. Aber als man mir einmal zeigte, wie ein Automobil funktioniert – ich war vielleicht zehn oder zwölf Jahre alt –, da konnte ich es eben schon reparieren oder zumindest so behandeln, daß es wieder fuhr.

Ich habe kein Problem, wenn es sich um Funktionen handelt. Ich habe mir immer schon gedacht, das sollte in irgendeiner Weise mit den Piagetschen Händen zu tun haben. Was ich machen kann – manipulieren, aufschrauben, zuschrauben, hineinstecken, auseinandernehmen, zusammensetzen –, bereitet mir kein Problem.

Ernst: Das ist im Grunde ähnlich wie der Unterschied zwischen dem Operativen – das ist das, was du das Funktionale nennst – und dem Figurativen, das ist das, was man direkt aus der Wahrnehmung nimmt. Das stimmt aber nicht genau, denn ich nehme an, daß du als alter Kletterer, wenn du heute an einen Berg kommst, den du vor, was weiß ich, 40 Jahren erklettert hast, dann weißt du immer noch, wie man da hinaufkommen könnte.

Heinz: Ja, genau!

Ernst: Da hast du also das Sensomotorische. Du kannst dir den Weg vorstellen, und bei Piaget ist das eben figurativ.

Heinz: Jedenfalls habe ich den Gedächtnismangel in der Schule sehr empfunden. Ich war ein elender Geschichtsschüler. Daten konnte ich mir einfach nicht merken. Wenn es sich um eine Geschichte im Sinne von *story* handelte, dann war es leicht; aber *history* – nein, das war schwierig. Da muß man sich lauter einzelne Dinge merken.

Ernst: Es ist ja auch unsinnig, wie Geschichte gelehrt wird. Das wenige, das ich heute weiß, habe ich nur aus Büchern gelernt – Biographien, Memoiren, den Briefen der Prinzessin Lieven und Metternichs –, in denen das Historische aus den Geschichten von einzelnen Menschen, aus ihren Liebesgeschichten und Streitigkeiten, erwächst.

Heinz: Das ist bei mir auch so. Aber in der Schule hab ich mir natürlich den Kopf zerbrochen: Wie kann ich mir diese ganzen Geschichtsdaten merken?

Ernst: Das ist ja der Jammer, in der Schule werden einem die eigentlich wichtigen Geschichten nie erzählt.

Heinz: Darum habe ich eine andere Methode benutzt. Wenn man ein bißchen tabellenorientiert ist, macht man sich eine Tabelle. So schrieb ich mir an einer langen horizontalen Linie Jahreszahlen auf, und darunter schrieb ich, was ich lernen sollte. Ich mußte vor der Gründung Roms anfangen, und so ließ ich meine Linie mit minus 700 beginnen. Dann kam das Jahr 0, das Jahr 1000, und ganz am Ende kam das Jahr 2000. Auf dieser Linie trug ich dann Ereignisse ein: Gründung Roms, Geburt Christi, Krönung Karls des Großen, Giordano Bruno verbrannt und so weiter.

Als ich mir diese Tabelle gemacht hatte, ist mir eine merkwürdige Sache aufgefallen. Je länger zurück ich Eintragungen machte, desto dünner besetzt war die Linie. In den jüngsten 50, 100, 200 Jahren hatte ich kaum Platz, alles zu vermerken. Je weiter ich zurückging, desto lichter wurde es. Als ich schließlich bei der Gründung Roms ankam, da waren nur noch ein paar Sachen bis zur Zerstörung Trojas. Die Eintragungen wurden dünner und dünner, und wenn ich dann noch ältere Dinge nahm, wie Ninive und Babylon und die ägyptischen Dynastien, dann wurden die Zwischenräume in der verlängerten Tabelle immer größer. Die Tabelle war also kopfschwer. Gestern war am meisten, vorgestern weniger, und weiter zurück wurde es sehr leer. Das ist ja merkwürdig, dachte ich: Was ist da los? Gehen die Sachen verloren, verschwinden sie, gibt es da keine Aufzeichnungen, keine *records*?

Ernst: Du wirst lachen, ich habe mir vor nicht allzu langer Zeit – also sehr lange nach der Schule – aus dem gleichen Grund auch so

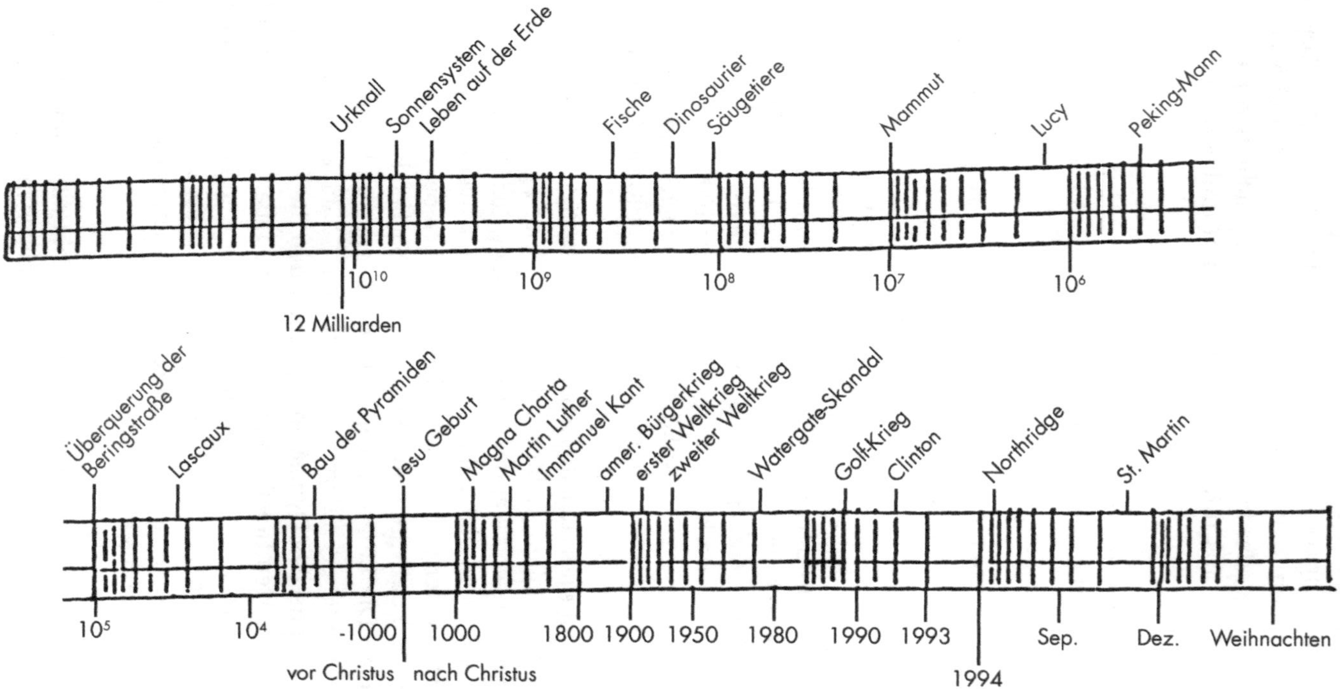

Geschichtliche Ereignisse auf logarithmischer Zeitleiste
$T = \log(t_0 - t)$, wobei T die begriffliche Zeit ist, t_0 der asymptotische Moment und t der geschichtlich belegte Zeitpunkt. Der asymptotische Moment t_0 („heute") ist hier der 31. Dezember 1994, Mitternacht.

eine Tabelle gemacht, aber nicht für die Geschichte, sondern für Philosophen, und die ist um das 5. Jahrhundert vor Christus am dichtesten besetzt. Da waren nämlich mehr als ein Dutzend Vorsokratiker. Die dünnste Zeit ist zwischen 200 Jahren vor und 1200 Jahren nach Christus!

Heinz: Ja, von den Philosophen steht freilich wenig in den Schulbüchern. In der Geschichte wird es rapid dünn, je weiter man zurückgeht. Nun, wer ein bißchen mit Mathematik zu tun gehabt hat, der weiß, daß es Skalen gibt, also Einteilungen, die eben die Eigenschaft haben, enger zu werden, je weiter man zurückgeht. Da kann man dann geschichtliche Sachen einschreiben, mit der gleichen Dichte. Eine von diesen Skalen ist die logarithmische.

Ernst: Das heißt, die Jahresräume kommen näher zusammen?

Heinz: Richtig, die kommen näher zusammen.

Ernst: Deswegen steht dann weniger in der Tabelle, obwohl sie mehr Zeit bedeckt.

Heinz: Ja – ich möchte das so sagen: Wenn du, wie ich, eine lineare Tabelle machst, dann sind zum Beispiel alle Jahrhunderte einen Zentimeter lang. 1000 Jahre sind dann 10 cm, 2000 Jahre 20 cm, und 5000 Jahre sind ein halber Meter. Wenn du jetzt in diese halbmeterlange Tabelle die Geschichte einträgst, dann bleibt die linke Hälfte der Tabelle praktisch leer. Da hab ich mir gedacht, man könnte eine logarithmische Tabelle machen, denn das logarithmische Papier bekommt man ja zu kaufen. Das hat für jede Zehnerpotenz eine gleiche Länge. Das erste Jahr zurück ist dann z. B. 10 cm. Das erste Jahrzehnt ist auch 10 cm, das erste Jahrhundert ebenso und auch das erste Jahrtausend. Und so geht es weiter: 1, 10, 100, 1000, 10 000, 100 000, 1 000 000 sind gleiche Abstände auf dieser Skala. Und wenn man so eine Skala nimmt, dann sind die Eintragungen überall gleich dicht. Ich war noch in der Mittelschule, 17 oder 18 Jahre alt, und fand das sehr interessant. Ich sagte mir, da gehen die geschichtlichen Ereignisse, die in diesem Zeitraum stattgefunden haben, oder besser die Daten über sie, die gehen exponentiell verloren; das heißt, man behält nicht alles. Je weiter man in die Vergangenheit zurückschaut, desto mehr hat man vergessen. Oder ist vergessen worden. Ich hab mir dann Tabellen gemacht, die gingen zurück bis zum Beginn der Welt.

Ich habe dir hier ein Beispiel mitgebracht, das schaut so aus (siehe S. 70):

Links ist der Ursprung des Kosmos. Eine Zehnereinheit ist immer 10cm. Ganz links ist der Beginn des Universums, dann das Auftauchen des Lebens, hier sind die Dinosaurier und der Tyrannosaurus Rex, hier beginnt die Menschheit und schließlich, was wir Geschichte nennen. Alles ist auf der Tabelle, und die Tabelle ist gleichmäßig dicht beschrieben, inklusive des Festes gestern mit Onkel Joseph und Tante Mizzi. Das nimmt ebenso viel Platz ein wie die Dinosaurier, denn die 10 Millionen Jahre, während deren sie lebten, sind in diesem Abschnitt der Skala ein kleiner Strich. Ich war mit dieser schönen Tabelle sehr zufrieden und habe mir gesagt, die habe ich mir gemacht, und nur was man selber macht, gehört einem wirklich.

Das war also Abschnitt 1 der Gedächtnisgeschichte. Viel später ist mir plötzlich die Idee gekommen: Wenn der Zerfall der Information, der geschichtlichen Zeugnisse und Berichte tatsächlich exponentiell abnimmt, wenn man in die Vergangenheit schaut, dann könnte das doch mit dem Gedächtnis zu tun haben. Was man erlebt, wird Vergangenheit, und im Lauf der Jahre wird es dünner. Als man es erlebte, waren da vielleicht 100 Details – nach 50 Jahren aber sind nur noch fünf vorhanden und nach weiteren 20 Jahren vielleicht nur noch eines. Das heißt, die Details von einem Erlebnis verschwinden mit der Zeit, und zwar verschwinden sie exponentiell. Sicher sind gewisse Erlebnisse stärker und zerfallen langsamer, und andere sind weniger stark und verschwinden schon sehr bald.

Ernst: In der Theorie spielt das aber keine Rolle, denn da kommt es auf den Durchschnitt an.

Erste Gedächtnistheorie

Heinz: Richtig – das war jedenfalls meine Analogie. Ich dachte, wenn ich die geschichtlichen Daten auf einer logarithmischen Zeitskala eintrage, dann bleibt die Dichte konstant, und das bedeutet einfach, das Verschwinden dieser Daten ist exponentiell. Zuerst hast du soundso viel, nach einer gewissen Einheit hast du nur noch die Hälfte, nach einer weiteren Zeiteinheit nur noch ein Viertel, dann ein Achtel, ein Sechzehntel etc. etc. Das ist der exponentielle Zerfall. Also, hab ich mir gedacht, man müßte prüfen, ob diese fabelhafte Theorie des Zerfalls auch für das einzelne Gedächtnis aufrechterhalten werden kann. Aber dazu braucht es Experimente, und ich war ja kein Experimentalpsychologe und wußte nicht, welche Experimente da gemacht werden müßten. Es war aber eine Idee, die in meinem Kopf herumgeschwirrt ist.

Jahre sind vergangen, der Krieg ist gekommen, der Krieg ging zu Ende, und ich war zurück in Wien. Wir lebten ganz kümmerlich, nichts hat funktioniert, denn da war keine Elektrizität. Hier und dort haben aber Buchhandlungen aufgemacht, natürlich mit gebrauchten Büchern. Nachdem man so lang überhaupt kein Buch mehr gehabt hatte, mußte man sich ein Buch kaufen. So stöberte ich in jedem Buchladen, an dem ich vorbeikam, in den Stößen und Kisten herum, wo jedes Buch ein oder zwei Schilling kostete. Die Buchhändler selber haben wahrscheinlich überhaupt nicht nachschauen können, ob etwas Wertvolles unter den Büchern war, die sie irgendwo im Ramsch per Kilo gekauft hatten. Da finde ich eines Tages ein kleines Buch über Psychologie, das *Lehrbuch der Psychologie* von einem Herrn Rohracher, Professor der Psychologie an der Universität in Wien. Ich nehme dieses etwas zerfledderte Buch heraus, klappe es auf, und da ist eine Kurve. Was seh ich? Unter dieser Kurve steht: Vergessenskurve, gemessen von Herrn Ebbinghaus. Und als ich die Kurve anschaue, sehe ich, sie fängt oben an und geht herunter, genau wie die Kurve eines exponentiellen Zerfalls. Ich kauf das Buch, 2 Schilling, und laufe nach Hause und fange an zu lesen. Ebbinghaus hat im Jahre 1895 zum erstenmal die Funktion des Gedächtnisses gemessen und die Vergessenskurve von seinen Schülern geprüft. Ich übertrage die ganzen Punkte dieser Kurve auf das richtige Papier, versuche herauszufinden, was für eine Exponentialkurve es ist, um sofort meine Theorie zu bestätigen. In einer halben Stunde hatte ich die ganzen Parameter ausgetüftelt und mich überzeugt, daß es mit meiner Exponentialkurve und meinen Parametern überhaupt nicht übereinstimmte.

Es war ein Trauerspiel. Seit 20 Jahren hatte ich mich darauf gefreut, meine fabelhafte Theorie endlich von einem Experimentator bestätigt zu sehen, und nun kam es zu nichts. Keine Bestätigung. Alle mathematischen Tricks habe ich versucht, aber Übereinstimmung habe ich nicht herausbekommen. Da hab ich mir gedacht, vielleicht spielt nicht nur *ein* Vergessensfaktor eine Rolle, vielleicht sind da mehrere. Wenn ich zwei, vier, zehn nehme, kriege ich vielleicht doch eine Anpassung an diese Kurve. Es hat nichts geholfen. Ich war also sehr traurig. In meiner Verzweiflung fing ich an, das Buch vom Herrn Rohracher zu lesen. Wie hat der Herr Ebbinghaus sein Experiment gemacht? Er hat seinen Versuchspersonen – VPs, wie das so schön heißt –, seinen VPs hat er aufgegeben, eine Reihe von sinnlosen Silben zu lernen. Etwa 50 Silben mußten sie übers Wochenende auswendig lernen. Am Montag hat er sie dann geprüft: Wieviel Silben weiß die VP noch? Sagen wir, sie kommt auf 30. Also erster Tag = 30. Da hat er die VP nach Hause geschickt und nach drei, vier Tagen wieder geprüft. Jetzt konnte sie nur noch 22. Ein paar Tage später hat er sie wieder geprüft, und sie konnte nur noch 15. Und so ging es weiter, bis Ebbinghaus seine Kurve aufstellen konnte. Die berühmte Vergessenskurve. Und die ist nie auf Null heruntergegangen. Die Leute haben nicht alles vergessen. Eine VP hat sich *bum ba bip* gemerkt, die andere *fen fin fong*. Jede VP hat sich etwas gemerkt. Aha, habe ich mir gedacht, das ist ja nicht reines Vergessen! Was der Ebbinghaus mit seinen Leuten gemacht hat, das ist zunächst einmal Vergessen, aber dann prüft er, und das ist ja ein Wiederlernen. Denn in dem Moment, wo die VP geprüft wird, bringt sie ja das, was sie noch weiß, wieder zurück in ihr Gedächtnis und fängt damit wieder von Null an. Bei der ersten Prüfung werden 28 von 50 erinnert, bei der zweiten 15 von 28 und nicht 15 von 50, weil sie diesmal mit 28 angefangen hat. Das nächste Mal fängt es mit 15 an, und so geht es weiter. Bei jeder Prüfung wird das wiedergelernt, woran die VP sich noch erinnert. Ich mußte also einen Lernfaktor einführen für die Wiederholungen.

Als ich die numerische Analyse und dann eine graphische Darstellung mit zwei Parametern machte, konnte ich die Ebbinghaus-Kurve perfekt abbilden. Also war meine ursprüngliche Hypothese, daß da ein exponentieller Zerfall ist, doch richtig. Man brauchte eben eine Funktion des Lernens und eine Funktion des Vergessens, dann konnte man das ganze Phänomen auf zwei Operationen verschiedener Art aufbauen. Als ich das sah, hab ich mich auf die Vergessenskurven beim Tier gestürzt. Da gab es Leute, die hatten Beobachtungen mit dem Oktopus gemacht. Das war eine Art Training. Dem Oktopus wurden zwei Blechstücke in den Tank gehängt, eines rot, das andere blau. Wenn er das rote mit einem seiner Arme berührte, bekam er einen elektrischen Schlag. Da konnte man messen, wie schnell er lernt, das rote Blech zu vermeiden, und wie lange es dann dauert, bis er das Vermeiden wieder vergißt, nachdem man den Strom ausgeschaltet hat. Das Lernen war anders, eine ganz andere Funktion, aber die Vergessenskurve hatte bei dem Oktopus genau dieselbe Zerfallskonstante, die Ebbinghaus bei seinen VPs gefunden hatte. Das hat mich natürlich gefreut.

Der Zerfall war also doch eine universale Konstante. Wie kann man das erklären? Zerfallskonstanten, ist mir eingefallen, mißt man ja auch in der Physik, und zwar bei Molekülen. Und was ist das Gehirn? Das besteht ja auch aus Molekülen! Also habe ich mir gesagt, die ganzen Impressionen, die man bei einem Erlebnis hat, müssen irgendwo in der Masse verteilt sein, die man das Gehirn nennt. Da werden sie gespeichert, und allmählich zerfallen sie. Nach einiger Zeit sind immer weniger und weniger da. Außer, sie werden wiedergelernt und dadurch erneuert. Im Gehirn müssen das aber große Moleküle sein, wahrscheinlich Ketten von Kohlenstoff- und Wasserstoffatomen. Was sind nun die Zerfallskonstanten von Makromolekülen? Viele Leute hatten längst Messungen gemacht bezüglich der Zerfallskonstanten von Makromolekülen. Ich schaue in einem Physikbuch nach – und was finde ich? Diese Zerfallskonstanten sind identisch mit den Vergessenskonstanten, die ich von den Messungen bei Ebbinghaus und bei den Tintenfischen errechnet hatte.

Ernst: Ist das bei allen Molekülen gleich?

Heinz: Nein, nein. Bei den Großmolekülen gibt es schon Unterschiede – ein ganzes Spektrum der Zerfallsmöglichkeiten –, aber in der Kategorie der biologischen Moleküle sind sie praktisch gleich. Dann hab ich noch weitergemessen und gerechnet, wieviel Energie da bei jedem Zerfall frei würde und wie warm das Gehirn wird, wenn es denkt. Schließlich habe ich berechnet, wieviel Energie brauch ich, um diese Maschine in Betrieb zu halten, wenn die Maschine groß genug ist, um alles zu erinnern, was ich erinnern möchte.

Ernst: Meines wird immer wärmer!

Heinz: Wir sind auch am Ende dieser Physik. – Gut, das sah alles ganz vernünftig aus, und eines Tages – damals war ich doch Reporter für den Rot-Weiß-Rot-Sender in Wien – traf ich einen Freund, der war Arzt in einem Spital und kannte sich in der Psychologie gut aus. Ich erzählte ihm von meiner phantastischen Gedächtnistheorie, und als ich fertig war, sagte er:

„Das ist sehr interessant, unheimlich interessant – aber, lieber Heinz, leider weiß ich, daß du ein sehr fauler Mensch bist."

„Warum sagst du das?"

„Du wirst das ja nie aufschreiben."

„Du glaubst also wirklich, es lohnt sich, das aufzuschreiben?"

„Sicher, es würde sich lohnen, es aufzuschreiben, aber leider bist du zu faul, es zu tun."

„Wenn du wirklich glaubst, es ist interessant, dann werde ich es aufschreiben."

„Das sagst du jetzt, aber wenn du nach Haus gehst, bist du zu faul."

„Wetten wir, daß ich es aufschreiben werde!"

„Okay. Wenn du es aufschreibst, zahle ich dir ein Abendessen, wenn du es nicht tust, mußt du mich auf ein Abendessen einladen."

Er war ein guter Psychologe. Ich ging nach Hause und fing an zu schreiben. In der Nacht, denn tagsüber hatte ich damals ja zwei Berufe. Ich fand dann auch noch mehr Material in der Bibliothek, die Details über die Molekularzusammenhänge und andere Einzelheiten. Schließlich hatte ich einen kleinen Essay über das Gedächtnis beisammen. Das habe ich ihm gezeigt, und bei dem Abendessen, zu dem er mich einlud, sagte er: „Das schaut gar nicht schlecht aus, ja, sehr gut sogar. Aber hier mußt du noch etwas dazuschreiben, und diese Formel da braucht eine Erklärung." Er hat sozusagen den Redakteur gespielt. – Ich war damals also bei der Radiostation ...

Ernst: Warte einen Moment! Ich brauche da auch eine Erklärung. Da sind die Großmoleküle, aus denen das Gehirn besteht, und die haben eine Zerfallskonstante. Dieser Zerfall, sagst du, ist das Vergessen. Sehr schön. Aber wie kommt das, woran man sich erinnert, in die Großmoleküle?

Heinz: Hab ich das nicht gesagt? Das hängt mit den Quantenzuständen zusammen. Meine Idee war, daß die Elementareindrücke in den Molekülen dadurch gespeichert werden, daß sie da jeweils einen höheren Quantenzustand hervorrufen.

Ernst: Weil die Eindrücke im Nervensystem elektrische Impulse sind?

Heinz: Vielleicht. Und das Molekül bleibt eben so lange in dem höheren Quantenzustand, wie es die Zerfallszeit erlaubt. Wenn du mit Molekülen arbeitest, hast du den großen Vorteil, daß du sehr viel zahlenmäßig aufstellen kannst. Nicht nur Zeitkonstanten, sondern auch den ganzen Energieverbrauch und die Temperaturabhängigkeit. Wenn sich das heizt, vergißt es schneller, wenn es sich kühlt, erinnert es sich länger. Ich konnte also vorhersagen, daß man zum Beispiel schneller zählen kann, wenn man Fieber hat.

Ernst: Zauberei!

Heinz: Alles rein hypothetische Erwägungen. Mir hat der Essay großen Spaß gemacht, aber dann hatte ich mit meinem Doppelberuf bei der Radiostation und bei der Telefonfabrik so viel zu tun, daß ich einige Zeit lang nicht mehr daran dachte.

Ernst: Also wie geht die Gedächtnisgeschichte weiter?

Heinz sendet bei Rot-Weiss-Rot / Die Theorie wird veröffentlicht

Heinz: Das hat eben mit meiner Radioanstellung zu tun. Das Faszinierende an dem Rot-Weiß-Rot-Sender war, daß es die östlichste Stelle war, von der westliche Ideen nach Osten ausgestrahlt werden konnten; nach Ungarn, Rumänien, Bulgarien, Rußland und noch weiter. Aber in unserem Programm gab es keine Abwechslung. Alles war trocken und im Grunde langweilig. Die meisten Leute in Wien hatten keine eigene Wohnung, zuwenig zu essen, hatten Verwandte und Freunde verloren und waren ziemlich verzweifelt. In den östlichen Ländern war es sicher nicht besser. Da hatte jemand die Idee, eine Sendung zu machen, eben über die Probleme, die so viele Leute bedrängten – eine Art psychotherapeutische Sendung. Das gefiel mir, und ich schlug vor, etwas Ähnliches zu machen wie die Amerikaner, nämlich eine Art *round-table discussion*, eine Diskussion mit mehreren Personen über Probleme, die für die Hörer wichtig waren. Die Leiter des Senders sagten: „Lieber Heinz von Foerster, das ist zwar eine amerikanische Idee, aber hier kann man das nicht machen. Die Leute interessieren sich für Fußball, für Modeschauen und für Geld. Die interessanten Probleme können wir im Radio nicht besprechen."

„Geben Sie mir doch die Chance, ein Experiment zu machen – dann werden wir sehen, was für Zuschriften wir bekommen."

Da sagten sie: „Okay, versuchen Sie es!" Und ich fing eine Sendung an, die hieß: „Es steht zur Debatte." Ich fand auch drei Leute, die wirklich wunderbar waren.

Ernst: Wieder ein Beispiel: Ohne die anderen wäre es nicht gegangen!

Heinz: Das versteht sich, und diese drei waren phänomenal. Als erste eine faszinierende Frau, Grete Bauer-Clumberg. Jahrelang war sie ein sogenanntes Unterseeboot in Ungarn gewesen. Jüdisch, aus Wien geflohen, und als die Nazis dann Ungarn besetzt haben, mußte sie in einem Keller verschwinden. Der Keller, in dem sie saß, war zufällig unmittelbar neben dem Keller, in dem die ungarischen Nazis, die Pfeilkreuzler, ihre Geheimbesprechungen hielten. Sie wurde von Freunden gefüttert, ein bißchen Brot, ein bißchen Zucker, ein bißchen Marmelade. Drei Jahre hat sie da unten gesessen und hat den Nebenkeller belauscht.

Margarete Bauer-Clumberg war eine gelernte Psychologin – Wiener Schule –, eine Charakterologin, wie sie sich dann später genannt hat, denn sie war auch eine unwahrscheinlich gute Graphologin.

Der zweite war der Pater Diego Götz, ein Dominikaner, in wunderschöner weißer Kutte. Er war der Beichtvater von allen Schauspielern, Schauspielerinnen, Kinostars und der gesamten Theater- und Filmwelt. Also bekannt – wie ein Pfaff. Pater Diego Götz war noch dazu unwahrscheinlich schön, so daß er in allen Zeitschriften erschien: Pater Diego Götz sagt über dieses und jenes – und was Pater Diego Götz sagte, war also wichtig. Pater Diego Götz war aber auch unglaublich gescheit und dabei sehr lieb und hat prachtvoll gesprochen. Es war ein Vergnügen, ihm zuzuhören. Er sprach langsam und präzise, und man hatte das Gefühl, da ist eine große Tiefe.

Der dritte, den ich für diese Diskussionen mobilisieren konnte, war Viktor Frankl, den ich schon aus früheren Zeiten kannte, bevor die Nazis einmarschiert waren. Seine Frau und seine Eltern waren im Konzentrationslager umgekommen, er selbst hat es überlebt. Er ist zu Fuß zurückgekommen, von Treblinka, glaube ich, oder aus Auschwitz, und als er in Wien ankam, wog er 45 oder 40 Kilo. Als erstes ging er in sein altes Büro im Allgemeinen Krankenhaus und hat sein Schild aufgehängt: Es gibt mich wieder, ich bin jetzt wieder der Psychiater.

Viktor Frankl war von einer Wichtigkeit, die läßt sich kaum überschätzen. Er war einer der wenigen, die das Konzentrationslager überlebt hatten, und so konnte er sich bewußt mit der KZ-Situation auseinandersetzen. Er konnte zum Beispiel erzählen: „Als ich da in diesen Gräben geschaufelt hab und überhaupt schon nicht mehr wußte, kann ich die nächsten zehn Minuten noch weiterschaufeln, und die SS-Männer sind da oben auf- und abgegangen, um zu schauen, ob wir alle noch schaufeln, da hat mir einer ein Stück Brot runtergeworfen. Kannst du dir vorstellen, was das für den bedeutete? Hätte man ihn erwischt, wäre er tot gewesen. Und für mich hat es Leben bedeutet. – Solche Sachen muß man wissen. Sonst hat man eine falsche Einteilung. Es gibt nicht die Bösen und die Guten, es gibt Gute und Böse, aber keine Kategorien – es ist immer der einzelne Mensch." Na, also gut. Frankl war von meiner Idee begeistert und sagte, das mach ich gern. Er war dann ein wunderbarer Sprecher, klar, deutlich, auch ganz langsam und intensiv.

Mit den dreien habe ich dann die Diskussionssendungen gemacht. Mein Name war Dr. Heinrich, denn die Firma Schrack-Erikson durfte ja nicht wissen, daß Heinz von Foerster, der bei ihnen Gleichrichter zusammenklebt und Drehbänke repariert, auch Radioprogramme macht. Als Dr. Heinrich habe ich die Sendung immer kurz eingeleitet: Heute steht das und das zur Debatte.

Nach unserer ersten Sendung kamen Tausende von begeisterten Briefen – endlich eine Übertragung, der wir zuhören können! Die Rot-Weiß-Rot-Direktion war hoch erfreut: Machen Sie weiter! Also habe ich weitergemacht. Jede Woche war dann ein Thema, das stand zur Debatte, und die drei Diskutanten funktionierten phantastisch.

Bei einer dieser Gelegenheiten erzählte ich dem Viktor Frankl von dem jungen Mann, der mir zugeredet hatte, meine Gedächtnistheorie aufzuschreiben. Das interessiert mich, sagte Frankl, zeige es mir doch. So habe ich es das nächste Mal mitgebracht. Zwei, drei Tage später ruft er mich an: „Das ist genial", sagt er. „Heinz, verstehst du, was ich dir sage?"

„Nein, das ist gar nicht genial, das ist aus einer komischen Idee herausgekommen und …"

„Nein, nein, das mußt du publizieren."

„Ja, wo soll ich denn das publizieren?"

„Ich ruf sofort meinen Verleger an."

Das war der Herr Deuticke in Wien vom Deuticke-Verlag. Der Herr Deuticke hat mein Manuskript offenbar angeschaut und dann Frankl gefragt: Was ist das? Ist das Psychologie, ist das Mathematik, ist das Physik? Frankl hat ihm gesagt, er wisse es auch nicht, aber vielleicht sei es Physik. – Physik? Sehr gut. Ich schicke das dem Schrödinger nach Irland, und der soll es anschauen und mir sagen, ob es Unsinn ist oder ob es etwas taugt. Schrödinger war nämlich einer seiner Autoren. Er schickt es also dem Schrödinger und fragt: Lieber Schrödinger, hier ist eine komische Sache über das Gedächtnis, da sind Makromoleküle und Vergessenskurven usw., lauter Sachen, von denen ich keine Ahnung habe – würden Sie das beurteilen?

Ernst: Verzeih, daß ich unterbreche – hast du den Schrödinger gekannt?

Heinz: Nein, leider nie.

Ernst: Nun, das ist wieder so eine komische Verbindung – ich habe ihn in Irland kennengelernt.

Heinz: Das mußt du mir dann erzählen, ja? Meine Geschichte ist gleich zu Ende. – Schrödinger schrieb zurück: Lieber Deuticke, ich konnte in dem Manuskript keinen Fehler finden, aber ich glaube kein Wort von dem, was darin steht. Darauf sagt der Deuticke, es interessiert mich nicht, was der Schrödinger glaubt, sondern nur das, was er weiß. Und nachdem er sagt, da ist kein Fehler, kann ich es drucken.

Der Verlag hat es dann mit der größten Geschwindigkeit herausgebracht, und ich bekam ein kleines Bändchen: *Das Gedächtnis. Eine quantenphysikalische Untersuchung*. 50 Seiten und bildschön gemacht, tadellos. Es ist im November 1948 herausgekommen, und als ich im Februar 1949 – also drei, vier Monate später – die Einladung von Freunden annahm und mit der Queen Mary nach New York segelte, nahm ich 20 Exemplare von dem Büchlein mit und schickte sie dann an verschiedene Freunde. – Das war mein Entree nach Amerika.

Ernst: Herrlich. Das war die erste Phase deiner Gedächtnistheorie.

Heinz: Ja, die erste Phase, und die ist sozusagen historisch!

Gedächtnis bei Vico / Schrödinger in Dublin

Ernst: Etwas Historisches zu dem Thema habe ich auch, das dich vielleicht interessiert. Vor nicht allzu langer Zeit bin ich beim Lesen von Vico auf etwas gestoßen, was in einer Theorie des Gedächtnisses eine Rolle spielen könnte. Vico teilt das Gedächtnis in drei Arten ein, drei verschiedene Fähigkeiten sozusagen. Die erste nennt er *rimembrare.* Das ist das Sicherinnern, die Erinnerungsfähigkeit. Die zweite ist, was man auf deutsch wohl Vorstellungsvermögen nennen möchte. Vico sagt dafür *fantasia,* das ist aber nicht Phantasie im Sinn der reinen Erfindung, sondern die Fähigkeit, sich Dinge vorzustellen. Für die dritte Fähigkeit, die er nennt, gibt es kein richtiges deutsches Wort. Er nennt sie *ingenio,* und das ist, was ein Ingenieur haben soll, nämlich Erfindungstalent, also das Schöpferische in der Vorstellung. Bei allen drei, scheint mir, müßte das Gedächtnis eine Rolle spielen – und da wir eben über Gedächtnis sprechen, möchte ich wissen, ob dir das etwas sagt.

Heinz: Das ist eine sehr interessante Sache. Ich habe von dieser Unterscheidung nie gehört. Es erinnert mich an Abbildungen aus dem späten Mittelalter und der Renaissance, die darstellen sollten, was die Funktion des Gehirns und des Geistes ist. Da hatte man die „zellulare" Idee, das heißt, daß im Hirn einzelne Zellen vorhanden sind, die eben für gewisse Funktionen verantwortlich sind, z. B. für *rimembrare* oder *ingenio* oder – was war das mittlere?

Ernst: Fantasia.

Heinz: Ja, *fantasia*. Da gibt es eine wunderschöne Abbildung – ich glaube, die habe ich sogar hier, die könnt man vielleicht verwenden, um zu zeigen, was da an verschiedenen ...

Ernst: Ich glaube, die habe ich gesehen – das ist ein Schnitt durch das Gehirn, wo alles in Kästchen eingeteilt ist.

Heinz: Ja, genau. Das war eine ganz frühe Idee der Funktionslokalisierung. Aber ich glaube, das wird sogar noch heute mißverstanden, nicht als Lokalisierung, sondern als Taxonomie, als Kategorisierung der Funktionen. Was kann man denn in diesem riesigen Block, den wir Gehirn nennen, als einzelne Fakultäten identifizieren?

Ernst: Ich kann mich erinnern, vor vielen Jahren hat Richard Gregory gesagt, im Gehirn unterscheiden wir ebensoviel wie in einer Schale Porridge.

Heinz: Na ja, heute hat sich das etwas geändert – aber das war nicht das, was ich meinte. Ich glaube, daß die Erfinder dieser frühen Abbildungen gar nicht die Absicht hatten, die Unterteilung als Lokalisierung zu betrachten; sie wollten nur die Funktionen unterscheiden. Und das Schöne an den drei Fähigkeiten, die Vico unterscheidet, ist, daß sie darauf hindeuten, daß da nichts gespeichert wird. Die Speicheridee taucht bei ihm überhaupt nicht auf. Doch wenn du die heutige Literatur anschaust, ist die Speicherung immer noch das, was die meisten Gedächtnisforscher suchen. Wo ist das gespeichert? Wo sind die Brillen meiner Großmutter, wo find ich die, auf welchem Molekül, in welcher Zelle, in welchem Zellnetz finde ich sie gespeichert? Aber du hast anscheinend schon geahnt oder gewußt, daß meine Ansicht über das Gedächtnis durch eine Reihe von Versionen gegangen ist. Die Versionen sind schon irgendwie verknüpft, aber die Einzelheiten hängen davon ab, wann ich sie mir ausgedacht habe.

Ernst: Das nennt man Entwicklung.

Heinz: Nenn es Entwicklung, wenn du willst. Aber jetzt erzähl mir von deiner Bekanntschaft mit Schrödinger.

Ernst: Ja, meine Eltern waren auch nach Irland gekommen, um uns zu besuchen, und da brach der Krieg aus und sie mußten dort bleiben. Irgendwie, weil sie Österreicher waren, und der Schrödinger …

Heinz: Natürlich, der war auch in Dublin.

Ernst: Ja, an dem *Institute of Advanced Studies*, das gegründet wurde, als De Valera ihn dorthin brachte. Kurz und gut, meine Eltern lernten Schrödinger irgendwo kennen und waren dann einmal zum Tee bei ihm. Meiner Mutter, die ja auch eine emanzipierte Frau war, imponierte er sehr, erstens weil sie sich immer schon für Astronomie interessiert hatte, und zweitens weil er da nicht nur mit seiner Frau lebte, sondern auch mit einer anderen Dame und dem Kind, das er von ihr hatte – alle in einem Haus. Meine Mutter, die immer für das Unkonventionelle war, fand das eine ausgezeichnete Lösung, besonders in Irland, das an der Oberfläche ja sehr katholisch war. So ging sie ihn öfters besuchen.

Alle zwei Jahre veranstaltete Schrödinger in Dublin ein Symposium, zu dem die ganzen europäischen Physiker kamen, die auf der alliierten Seite waren. Da war Dirac und Max Born und etwa ein Dutzend andere große Physiker. Das erste Symposium begann anscheinend sehr erfolgreich, was die Physik betrifft, aber Schrödinger dachte, da solle zumindest ein Nachmittag sein, an dem über andere Sachen geredet wurde als Physik. Darum suchte er nach Leuten, die ihm so etwas organisieren könnten. Er rief meine Mutter an und fragte sie, ob sie da nicht helfen wollte. Sie war hoch erfreut und sagte, ja, mein Sohn und meine Schwiegertochter, die kennen Leute im Theater und Schriftsteller, die könnten da sicher eine nette Gesellschaft mobilisieren. So kamen Isabel, meine Frau, und ich, zwei Schauspielerinnen und ein Schriftsteller und machten den Nachmittag mit. Das war herrlich – nicht nur die großen Physiker kennenzulernen, sondern auch zu sehen, wie froh die waren, einmal nicht über Physik reden müssen. Sie waren wie die Kinder. Nur die eine oder andere Frau Professor versuchte, auf die Physik zurückzukommen – wahrscheinlich weil ihre Männer sich so gut mit den Schauspielerinnen unterhielten.

Dann war ich noch ein, zwei Mal zum Tee bei ihm und bin zu seinen Vorlesungen gegangen, wann immer ich konnte, obwohl ich freilich fast nichts verstand. Was mich enorm beeindruckte, war, daß er über der Türe zu seinem Arbeitszimmer eine rote Lampe angebracht hatte, die er einschaltete, wenn er arbeiten wollte. Ein Stopplicht, sozusagen. Später, viel später habe ich mich dann an einiges erinnert, was er gesagt hat, und habe es nach meiner Art irgendwie auslegen können.

Nobelpreisträger in Oslo / Physiker in Amherst

Heinz: Ja, das Schöne bei Schrödinger war, daß er immer wieder in die Tiefe gehen konnte. Da gibt es diesen herrlichen Band von den drei Ansprachen, die die Nobelpreisträger bekommen haben, als damals Schrödinger, Heisenberg und Dirac in Stockholm waren und ihren kleinen Vortrag hielten, den Nobelvortrag für den König von Schweden. Die drei Aufsätze sind so faszinierend, weil drei ganz verschiedene Menschen über Phänomene sprechen, von denen du glaubst, es seien dieselben. Das sind sie aber keineswegs, weil jeder der drei über *seine* Phänomene in seiner eigenen Weise spricht. Dirac spricht nur von mathematischen Methoden, Heisenberg, der der jüngste war, stürzt sich natürlich mit voller Energie auf den Formalismus, den er eben entwickelt hat, und dann kommt Schrödinger, der zwölf Jahre älter war, und spricht wie ein Weiser: Wenn man die Natur verletzt, sagt er, und die Wunde betrachtet, dann entstehen Metaphern, die hinüberreichen in eine andere Welt. – Es ist unglaublich. Diese drei Persönlichkeiten, grundsätzlich verschiedenen Persönlichkeiten, mit ähnlichen technischen Werkzeugen begabt, beschäftigen sich meisterhaft jeder mit einem Problem, von dem man glaubt, es sei das gleiche. Das hat mich unglaublich beeindruckt. Drei gescheite Menschen sprechen von Sachen, die sie für die gleichen halten, und dabei spricht jeder über etwas anderes – vielleicht wurde ich schon damals ein Konstruktivist.

Ernst: Mein Gegenstück dazu war ein Seminar, das vor ein paar Jahren von Jack Lochhead, dem Direktor meines Instituts, aus persönlichem Interesse organisiert wurde. Das Thema war das berühmte Papier von Einstein, Podolsky und Rosen, das ja ein Meilenstein in der Geschichte der modernen Physik ist. Obschon ich kein Physiker bin, lud Jack mich ein zuzuhören, denn er kennt mein epistemologisches Interesse. Da waren zwei theoretische Physiker und einige

Physiklehrer und Studenten. Am zweiten Nachmittag kam der Begriff der Energie auf, und einer der Studenten fragte: Was ist eigentlich Energie? Der eine Physiker gab eine Antwort, und der andere sagte: Na, ganz so ist das nicht. Und dann stritten die beiden den ganzen Nachmittag darüber, wie man sich Energie vorstellen soll. Zweieinhalb Stunden lang versuchten sie, sich zu einigen, wie man den Begriff der Energie beschreiben könnte, ohne Formeln zu verwenden. Du kannst dir vorstellen, wie mich das amüsiert hat!

Heinz: Herrlich! – An Bridgman haben die nicht gedacht? Der hätte ihnen gleich gesagt: Energie ist das, was Sie in soundso viel *erg* messen!

Ernst: Ja, das wäre die Antwort für den Physiker, der bereits in einem bestimmten Kontext arbeitet. Aber wenn er über diesen Kontext hinausgehen möchte, dann spielt seine Vorstellung von der Energie doch eine große Rolle. Ich bin ja wie gesagt kein Physiker, aber ich bin überzeugt, wenn er begrifflich weiterkommen will, so muß er wieder auf das Sensomotorische zurückkommen, und da sind figurative Bilder unerläßlich, um den nächsten Sprung zu machen. Einstein hat doch auch gesagt, daß er eigentlich in Bildern denke …

Heinz: Den Kontrast siehst du ganz deutlich in den Vorträgen, von denen ich sprach. Für Heisenberg waren die Bilder, also das Sensomotorische, in Schrödingers Nobelvortrag alles Metaphern, und ich glaube, für ihn waren es degenerative Metaphern.

Ernst: Lassen wir die Metaphern, und kommen wir zurück zu deiner Amerikareise. Dein Buch hast du auf der Queen Mary mitgebracht, aber wie hat es dich zur Kybernetik geführt? Ganz von selber kann ein Buch das doch nicht tun?

Das k. u. k. Zölibatsgesetz: Lehrerinnen dürfen nicht

Heinz: Nein – aber auf Umwegen. Ich hatte natürlich Freunde in Amerika, aus meiner Jugendzeit. Menschen, liebe Menschen, die dem Hitler entkommen sind, weil sie rechtzeitig nach Amerika auswanderten. Einige waren nach Mexiko ausgewandert, und die hab ich dann viel später durch Zufall getroffen. Von manchen österreichischen Freunden wußte ich aber, daß sie nun in Amerika lebten und daß sie wissenschaftlich interessiert waren. Denen hab ich eine Kopie von meinem *Das Gedächtnis. Eine quantenphysikalische Untersuchung* geschickt und dazugeschrieben: Liebe X, Y, Z, ich lebe noch, ich hab's geschafft und sogar ein Buch geschrieben. Jetzt bin ich in New York, und hier ist meine Telefonnummer. Da war zum Beispiel eine ganz liebe Freundin, die gehört praktisch in meine Jugend, zusammen mit meinem Vetter Martin, von dem ich ja schon öfters erzählt hab, und meinen zwei Schwestern. Das waren zwei Töchter von einem jener Ehepaare, die meine Großmutter eigens zustande gebracht hat. Erlaube mir, da einen Schritt zurück zu machen, vielleicht sogar mehrere Schritte.

Also, meine Großmutter war eine ganz, ganz wilde Frauenrechtlerin. Die ersten feministischen Großangriffe auf die Männerwelt wurden damals gemacht, und meine Großmutter hatte ihren eigenen Grund, Feministin zu werden. Als junges Mädchen in der Schule hatte ihre ganze Mädchenklasse eine Lehrerin besonders gern. Das war die Lieblingslehrerin. Eines schönen Tages kommt diese Lehrerin nicht.

Es kommt eine Hilfslehrerin, und die kann nicht sagen, ob die Lieblingslehrerin morgen kommen wird oder übermorgen. Sie weiß nicht einmal, ob sie überhaupt wiederkommen wird. Einige Wochen warteten die Mädchen, dann wurden sie ungeduldig und schickten eine Abordnung zum Schuldirektor. „Wo ist unsere Lehrerin?", fragten sie. Der Direktor hat keine Antwort gegeben und nur so gemurmelt und gewisse Ausreden gemacht. Da haben die Mädchen sich gesagt, da stimmt etwas nicht, da steckt etwas Faules dahinter, daß unsere Lehrerin nicht mehr kommt. Wo könnten wir herausfinden, was mit unserer Lehrerin los ist? Da haben sie eine großartige Idee gehabt. Der Mann der Lehrerin war auch ein Lehrer, und zwar in der Bubenschule, die auf der anderen Seite der Straße war. Da haben sie vor der Bubenschule gewartet, bis der Lehrer herauskam. Als er endlich erschien, haben sie ihn umringt, haben ihn gefragt, warum kommt sie nicht – ist sie krank?

„Nein", sagt er, „sie ist nicht krank."

„Ja, was ist denn los? Warum kommt sie nicht?"

„Ja, hm, ja, hmmm ..."

„Ja, aber was ist mit ihr?"
„Sie erwartet ein Kind."
„Und – da darf sie nicht unterrichten?"
„Nein, das geht nicht."

Da haben die Mädeln sich dann erkundigt. In der Tat, das k. u. k., das heißt das kaiserliche und königliche, österreichische Gesetzbuch hat verboten, daß Lehrerinnen ein Kind erwarten, wenn sie lehren wollen. Denn wenn sie da plötzlich mit einer entstellten Figur in die Klasse kämen, könnten die Kinder auf Gedanken kommen und Fragen stellen. Und dann könnten sie vielleicht die Antwort bekommen: Ich erwarte ein Kind. – Das ginge zu weit. Das mußte verboten werden.

Das hat meine Großmutter und ihre Mitschülerinnen in eine solche Wut versetzt, daß sie sagte, da muß man etwas tun. Damals war sie vielleicht 16 oder 17 Jahre alt. Ihre Freunde sagten, wenn du kämpfen willst, mußt du mehr tun, als nur reden. Du mußt eine Zeitschrift herausgeben, die sich mit der Frauensache beschäftigt. Und da hat sie ihr Leben tatsächlich dem Problem gewidmet, dieses Gesetz aus den österreichischen Gesetzbüchern zu streichen. Zunächst hat sie eine Mitarbeiterin gefunden, das war die Frau von einem Wiener Bürgermeister, Herr Maireder. Die beiden, Marie Lang, meine Großmutter, und die Frau Maireder, haben also eine Zeitschrift gegründet, die hieß *Die Dokumente der Frauen*. Die ist zwischen 1880 und 85 zum erstenmal erschienen und war sofort ein europäischer Erfolg.

Ernst: Das war ja zwanzig Jahre vor Mrs. Pankhurst und den Suffragetten!

Heinz: Ja, sicher! Die Frauenbewegung hat ja schon viel früher angefangen. Nun, zunächst ist die Zeitschrift in Deutschland unglaublich gut gegangen und bald darauf auch in den skandinavischen Ländern, wo die Leute ja schon immer frauenrechtlerisch eingestellt waren. Es hat aber dann lang gedauert, bis Marie Lang ihr Ziel erreichte, aber erreicht hat sie es: Als sie 63 Jahre alt war, wurde das Zölibatsgesetz zurückgezogen.

Ernst: Schade, daß die heutigen Feministinnen davon nichts wissen.

Heinz: Sicher – aber wichtiger war, daß die Zeitschrift auf jeden Fall das Leben meiner Großmutter bestimmt hat. Als Herausgeberin kam sie ununterbrochen in Kontakt mit interessanten Menschen aus der europäischen Welt. Wenn Leute nach Wien kamen, Journalisten, Philosophen, Schauspieler, Tänzerinnen, so besuchten sie Marie Lang, die in ihrem Haus eine Art Soiree hatte. Dort wurde gut gekocht und fabelhaft gegessen, und dann wurde philosophiert und diskutiert. Damals gab es überall noch Eltern, die ihre Kinder in die Welt schickten, sozusagen zur Erziehung …

Ernst: Wie *The Grand Tour* der englischen Aristokraten im 17. und 18. Jahrhundert.

Heinz: Richtig. Und die sagten zu ihren Kindern, wenn ihr nach Wien kommt, müßt ihr zu Marie Lang. Ihr müßt euch dort vorstellen, und Marie Lang wird schon etwas anfangen können mit euch.

So kamen auch zwei junge Mädchen aus Stockholm nach Wien, Cissi Molander und Esther Strömberg, und haben sich bei meiner Großmutter vorgestellt, denn meine Großmutter hatte mit den Müttern der beiden korrespondiert und irgendwie zusammengearbeitet. In dem Lang-Zirkel waren damals unter den Journalisten, Schriftstellern und Dichtern zwei interessante Männer, die diese schwedischen Mädchen sahen und gerne ihre weitere Betreuung übernahmen. Und wie das so geht, schließlich haben sie geheiratet. Das eine war der Ludwig von Ficker, ein wichtiger Mensch in der österreichischen Literatur. Er lebte in Innsbruck, war mit dem Fackel-Kraus befreundet und sagte sich eines Tages, wenn der Karl Kraus die *Fackel* herausgibt, dann geb ich den *Brenner* heraus. Das ist für mich symbolisch sogar noch wertvoller als die *Fackel*, denn ich sitz ja am Brenner, und der Brenner ist die Verbindung zwischen dem Süden und dem Norden.

Dieser Ludwig von Ficker ist derselbe Mensch, an den Ludwig Wittgenstein den berühmten 100 Wörter langen Brief schrieb, dessen erste 35 Wörter lauten:

Hochreit
Post Hohenberg
N.Ö.
14. 7. 14

Sehr geehrter Herr,

verzeihen Sie, daß ich Sie mit einer großen Bitte belästige. Ich möchte Ihnen eine Summe von 100 000 Kronen überweisen und Sie bitten, dieselbe an unbemittelte österreichische Künstler nach Ihrem Gutdünken zu verteilen.

...
In vorzüglicher Hochachtung
Ihr sehr ergebener

Ludwig Wittgenstein jun.

Ernst: Deinen Schätzungen nach, wieviel wären heute 100 000 Kronen?

Heinz: Fachleute haben mir gesagt, daß man den Wert der alten österreichischen Krone nicht gut definieren könne, denn die Preisstrukturen von heute und von damals sind so grundverschieden. Die Krone zwischen $ 5 und $ 10 zu bewerten wäre fair. Das heißt, Wittgensteins Spende würde heute einer Summe zwischen einer halben und einer Million Dollar entsprechen.

Orgeln, Autos und Ernsts Leber als nichttriviale Maschinen

Heinz: ... Ludwig von Ficker hat sich also in dieses herzige schwedische Mädchen, die Cissi Molander, verliebt, heiratete sie und zog mit ihr nach Innsbruck. Cissi Molander war für mich eine ganz besonders interessante Person. Sie war die Tochter von dem berühmten Molander, der damals die größten Orgeln der Welt baute. Und die Mechanik von Instrumenten, besonders der ganz großen, hat mich unheimlich fasziniert. Jedesmal, wenn ich nach Innsbruck kam, auf dem Weg zu meinen Skitouren, hab ich bei den Fickers Station gemacht und übernachtet. Es war sozusagen der erste Hafen, in dem man zu essen bekam. Da konnte ich dann die Cissi überreden, Geschichten von ihrem Papa zu erzählen, von den großen Orgeln, die manchmal funktionierten und manchmal nicht.

Ernst: Am meisten hat es dich wahrscheinlich interessiert, wenn sie nicht funktionierten.

Heinz: Natürlich!

Ernst: Jetzt versteh ich endlich, wie du auf die Idee mit den „trivialen" Maschinen gekommen bist! Solange die Orgel genau die Töne produziert, die der Organist haben will, ist sie ein triviales Instrument; kompliziert, aber vorhersehbar und darum eigentlich trivial. Erst wenn sie Mucken macht, wird sie interessant.

Das erinnert mich an das alte Auto, das meine Mutter mir überlassen hat, als wir nach dem Krieg aus Irland zurückkamen. Das war ein Fiat 1500, einer der ersten Sechszylinder, die Fiat gebaut hat – ein braves Auto, geräumig genug für unsere ganze Zeltausrüstung, aber völlig uninteressant.

Eines Tages, als wir am Ende des Sommers meine Eltern in der Schweiz besuchen fuhren, ist in dem Sechszylindermotor ein Lager, wie man so sagt, „ausgelaufen". Zum Glück waren wir schon ganz oben auf dem Simplonpaß. Wahrscheinlich war ich etwas zu lang mit Übertouren gefahren. Das hat das alte Lager überanstrengt. Als es passierte, machte der Motor einen ganz untrivialen Lärm, etwa als schüttele man einen Blechkübel voller großer Kieselsteine. Vom Simplon nach Chateau d'Oex zu meinen Eltern ging es aber hauptsächlich bergab, bis auf die letzten Kilometer, und die haben wir im Schrittempo im ersten Gang mit Höllenspektakel bewältigt.

In Chateau d'Oex kannte ich einen jungen italienischen Mechaniker, und der war bereit, in seiner Freizeit den scheppernden Motor gemächlich auseinanderzunehmen. Das Wetter war schön, und wir machten zu Fuß Ausflüge mit meinen Eltern, bis ich eines Morgens mit hohem Fieber aufwachte. Ich fühlte mich elend, und als es nach ein paar Tagen nicht besser wurde, riefen meine Eltern ihren Doktor. Das war ein würdevoller, älterer Herr, dem man ansah, daß er nur selten etwas als Grund zum Lachen betrachtete. Doch als er mich untersucht hatte, lachte er: „Ha, ha, das ist die Gelbsucht!"

Heinz: Gelbsucht?

Ernst: Ja – und er fand das komisch. Ich fand es gar nicht komisch, denn ich hatte keine Ahnung, was es bedeutete und wie lang es dauern würde. Auf meine Frage antwortete er nur ausweichend, es könne drei Wochen dauern, aber manchmal auch sechs oder sieben. Vor allem sei Ruhe nötig, keine Anstrengungen, und darum müsse ich im Bett bleiben, dürfe keinerlei Fett essen und vor allem nicht rauchen. Offenbar war auch ich nun keine triviale Maschine mehr.

So saß ich also im Bett, mit meiner kleinen Schreibmaschine und dem großen Wörterbuch, machte Übersetzungen für Silvio Ceccatos Zeitschrift, und einmal in der Woche wurden Blutanalysen gemacht. Die Resultate der Analysen änderten sich nicht. Schließlich schneite es ein paar Tage, und ich sah draußen Leute, die zum Skifahren gingen. Da kam der Doktor wieder, schaute hinaus und sagte in seinem fröhlichsten Tonfall: „Ja, das ist doch ein Jammer, bei diesem schönen Wetter im Bett bleiben zu müssen!" – Nach zweieinhalb Monaten schickte er mich zu einem Spezialisten nach Lausanne. Der studierte die ganze Sammlung meiner Analyseergebnisse und untersuchte mich von Kopf bis Fuß. Als er fertig war, gab er mir einen Klaps auf den Bauch und sagte, wie mir schien, mit ganz vergnügter Miene: „Mehr als die Hälfte Ihrer Leber ist zerstört. Sterben werden Sie deswegen nicht, aber Kaffee und Alkohol sind für Sie ausgeschlossen – und mit dem Essen müssen Sie sehr, sehr vorsichtig sein, die Diät schreibe ich Ihnen noch auf." In meiner Verblüffung fragte ich nur, wie man so etwas denn bekommt. In den Bergdörfern, erklärte er, werden die Gemüsegärten mit Jauche gedüngt, und da seien diese Formen der Leberinfektion endemisch. Ausländer seien da eben nicht immun. – Ich kaufte mir ein Paket Zigaretten und fuhr zurück nach Chateau d'Oex, fest entschlossen, die saubere Schweiz so schnell wie möglich zu verlassen, um nach Italien zurückzukommen zu den Bakterien, an die mein System gewöhnt war.

Heinz: Inzwischen hatte der Italiener dein Auto repariert?

Ernst: Repariert nicht, aber den Motor hatte er schön zerlegt und geputzt, und das zerbröckelte Pleuellager lag auf der Arbeitsbank Er hatte herumtelefoniert, aber nirgends eine neue Lagerschale für einen so alten Motor auftreiben können. Da dachte ich mir, wir nehmen einfach den Kolben heraus, und dann fahre ich auf fünf Zylindern nach Hause. Den Kolben konnte man aber nur herausnehmen, wenn man zuvor die Kurbelwelle und die fünf anderen Pleuel abmontiert hatte. Das hätte viel zu lang gedauert. Ich wollte raus aus der Jauche – und da kam mir eine Idee. Wissen Sie was, sagte ich, wir schneiden ein Stück Leder aus einem alten Riemen und passen es statt der Lagerschale in das Pleuellager. Dann nehme ich einfach die Zündkerze heraus, so daß der Zylinder leer läuft, und mit den fünf anderen fahre ich nach Hause.

Heinz: Da hast du das Lederlager erfunden!

Ernst: Das gab's sicher schon im Mittelalter bei den Ziehbrücken oder den Windmühlen, eben wo etwas sich glatt und ohne Klappern drehen sollte. Auf jeden Fall hat es funktioniert. Der alte Fiat war nun auf seine Art eine nichttriviale Maschine, denn wir waren keineswegs sicher, wie er sich benehmen würde. Aber er hat uns trotzdem langsam, aber sicher nach Meran gebracht.

Heinz: Und deine Leber?

Ernst: Ja, die war auch nicht trivial. Das war eine langwierige Geschichte, die gut zwei Jahre gedauert hat. Das einzige Interessante war, daß meine infektiöse Hepatitis kuriert und meine Leber wiederhergestellt wurde, und zwar von Norbert Galatzer, einem alten Österreicher, den ich durch die *Standpunkt*-Leute kennengelernt hatte. Der war zwanzig Jahre vor dem Krieg als Chirurg nach China ausgewandert und war nun in Italien berühmt, weil er mit chinesischer Medizin und Homöopathie Leute behandelte, die von den gewöhnlichen Ärzten aufgegeben wurden.

Aber ich unterbrach dich wegen den trivialen Maschinen – jetzt erzähl bitte weiter von den schwedischen Mädchen und dem Buch, das zur Kybernetik führte.

Heinz erobert Amerika mit gebrochenem Englisch

Heinz: Ja, das geht nun weit zurück in meiner Weltgeschichte. Von der Cissi Molander und den großen Orgeln hab ich bereits berichtet. Die zweite junge Schwedin, die Esther Strömberg, hat einen Journalisten geheiratet. Das war Stefan Grossmann, der später Herausgeber vom *Berliner Tagblatt* wurde. Vor dem Ersten Weltkrieg lebten sie in Wien und hatten im Lauf der Jahre zwei Mädchen, Birgit und Maja. Die Birgit war ein bißchen jünger, die Maja ein bißchen älter als ich und mein Cousin Martin. Unzähligemal haben wir mit meiner Großmutter im Kinderzimmer Eisenbahnen hin- und hergefahren oder Schlösser gebaut. Birgit und Maja kannte ich also schon als Kind sehr gut, sie gehörten sozusagen zur Familie.

Als 1933 die Nazis kamen, war Stefan Grossmann natürlich unter den ersten, die aus Berlin fliehen mußten. Nach 1945, in Wien, hörte ich dann, daß seine Tochter Maja einen Pharmakologen geheiratet hatte und mit ihm rechtzeitig nach Amerika ausgewandert war. Dort mußte dieser Mann natürlich einen Platz finden, wo er Pharmakologie betreiben konnte, und den fand er in der medizinischen Schule der Universität von Illinois. So zogen er und Maja nach Chicago. Als ich nun in New York war, schickte ich ihr ein Exemplar von *Das Gedächtnis. Eine quantenphysikalische Untersuchung*. Nach wenigen Tagen bekam ich ein Telegramm von ihr: Heinz, komm sofort nach Chicago. Ein Mensch möchte mit dir über das Gedächtnis sprechen. Nun, andere Pläne hatte ich ohnedies keine, also setzte ich mich sofort in ein Flugzeug – der berühmte *nightflight* einer komischen Linie –, ich weiß nicht mehr, wie sie hieß. Da flog man um ein Uhr nachts weg und war um acht Uhr früh in Chicago, für 18 Dollar. Im Bus wäre man zwei Tage gefahren, und es hätte 19,50 Dollar gekostet, und die Eisenbahn brauchte vier Tage und kostete 23 Dollar. Die billigste Verbindung war der Nachtflug.

Da bin ich also nach Chicago geflogen, und der Flug ging noch schneller, als vorgesehen, und ich kam schon um 6 Uhr 30 an. Um die Zeit konnte ich nicht in die *Medical School* fahren, es war einfach viel zu früh. Da hab ich mich also auf einer Bank im Flughafen ausgestreckt und noch ein bißchen geschlafen. Bis ein Polizist mich aufweckte. Ich dürfe da nicht schlafen, sagte er. Mein Englisch war noch nicht sehr gut, doch ich versuchte, ihm zu erklären, daß da weit und breit kein Mensch war, der die Bank benutzen wollte. Nein, sagte er, man darf da nicht liegen. Da war ich sehr beeindruckt, daß man in Chicago auf einer Bank nur sitzend schlafen durfte. Okay, hab ich also sitzend geschlafen, bis die ersten Straßenbahnen oder was immer in die *Medical School* gefahren sind. Dort fand ich meine Maja, meine liebe Maja, die ich 20 Jahre lang nicht gesehen hatte. Wir begrüßten uns, und ich lernte ihren Mann kennen. Dann führten sie mich zu dem Menschen, der mit mir reden wollte. Das war ein langer, hagerer Mann mit einem komischen Ziegenbart, ganz schlaksig und dünn: Warren McCulloch, der damals der Direktor des Department für Neuropsychiatrie war – dieselbe Stellung praktisch, die mein Freund Viktor Frankl in Wien gehabt hat.

McCulloch sprach das unerhörteste Englisch, das man sich überhaupt vorstellen kann. Ein Shakespearisches Englisch mit einem Vokabular mit so vielen Wörtern, daß selbst die Leute, die gut Englisch konnten, ihn oft fragen mußten: „Was heißt das?" Und dann sagt er: „King Lear, 3. Akt, 2. Szene."

So hab ich also den McCulloch getroffen. Mein Englisch war zu der Zeit also wirklich fast Null – etwa 25 Wörter: *How are you, well, fine, okay* und noch ein paar. Wir setzten uns hin, und da begann das unglaublichste Erlebnis. Anscheinend braucht man eine Sprache gar nicht zu kennen, wenn man weiß, wovon man spricht. McCulloch hat sich sofort für die ganzen numerischen Konsequenzen interessiert, die ich aus meiner Grundidee gezogen hatte.

„Was wir jetzt messen", sagte er, „und was wir in den letzten zwei, drei Jahren gemessen haben, sind genau diese Zahlen. Energieverbrauch, Anzahl der soundso Zellen usw. – Wieso, woher kriegen Sie das? Wie kommen Sie zu genau diesen Zahlen?"

„Die Fundamentalidee ist dies und das und so weiter", erklärte ich, „die Zahlen ergeben sich ganz von selbst."

So haben wir die ganze Sache besprochen. Es war wie ein Wunder.

Der McCulloch stellte Fragen, und ich antwortete in meinem Kauderwelsch. Währenddem das so ging in seinem Büro, hör ich über die Lautsprecheranlage etwas, das so klingt wie mein Name. Aber ich verstand es nicht ganz. Nach einiger Zeit, als es zum fünften Mal kam, frage ich die Maja, was wird denn da gesagt?

„Ach, das interessiert dich nicht", sagt sie, „das ist ganz unwichtiger Kram."

Dann hör ich's wieder und dann noch einmal. „Sagt das nicht ‚van Forrster'", frage ich, „reden die von mir?"

„Ja, ja, das bist schon du, aber du brauchst da gar nichts tun."

„Hmm."

Dann kommt es noch einmal, und ich höre ganz deutlich, „van Forrster".

„Jetzt sag mir aber bitte doch, wieso die von mir reden!"

„Ach, die sagen nur, daß heute nachmittag um zwei ein Seminar stattfinden wird, ein Vortrag mit zwei Ärzten im großen Auditorium, und da wirst du über dein Gedächtnis sprechen." Und sie lacht.

„Wer – ich?"

„Ja, ja, natürlich du. – Da ist ja dein Buch, du sprichst, hältst einen Vortrag."

Mein Gott, denk ich – zwei Uhr. Die Nacht bin ich durchgeflogen, am Bahnhof durfte ich nur sitzend schlafen, dann mit dem McCulloch vier Stunden reden über das Gedächtnis, Mittagessen, wo man ununterbrochen mit anderen Leuten reden muß, und dann um zwei einen Vortrag über das Gedächtnis halten auf Englisch, das ist – das kann man nicht machen.

Aber dann macht man es, und es ist gar kein Problem! Um zwei wird man dorthin gestellt, ins große Auditorium. 300 Leute sitzen da im Amphitheater, und – Gott sei Dank – 60 Prozent sind entweder Wiener oder Berliner Juden. Da war's überhaupt kein Problem, weil die sich schiefgelacht haben über mein Englisch und dann sagten: Sag's doch auf deutsch, wir werden es übersetzen.

Ernst: Phantastisch! Genau das gleiche ist mir in dem *Space Center* in Huntsville in Alabama passiert – das muß ich dir nachher erzählen.

Heinz: So hab ich also in meinem Kauderwelsch über mein Gedächtnis geredet, und die haben es in rührender Weise übersetzt und einen Riesenspaß gehabt. Nach dem Ende kam McCulloch und sagte, das war etwas zu gut. Das mußt du einer Gruppe vortragen, die mit mir in New York arbeitet. Da ist eine Stiftung, die heißt die Josaiah-Macy-Junior-Stiftung und organisiert jedes Jahr ein Treffen über Rückkopplung und zirkuläre Kausalität und so ähnliche Probleme. Das sind so 20, 25 Leute, die zusammenkommen, und manchmal werden Gäste eingeladen. Ich lade dich als Gast ein. Die Sitzung ist in ungefähr 14 Tagen. In der Zwischenzeit kannst du ja noch dieses Manuskript lesen. Und da gibt er mir ein Paket, das hieß: *Cybernetics, Communication and Control in the Animal and the Machine*, von Norbert Wiener.

„Das soll ich lesen? Dieses dicke Manuskript auf englisch?"

„Ja, das ist nur Mathematik. Das Englische brauchst du ja nicht zu lesen, lies die Mathematik. Du wirst schon sehen, worum es geht." Da hab ich das Paket nach New York mitgenommen, und sehr bald kam dann die Einladung zu diesem *Macy-Meeting.*

Ernst: Da hat die Kybernetik eigentlich angefangen?

Heinz: Da hat sie angefangen. Es war einfach unwahrscheinlich. Die *Crème de la crème of american science* war da versammelt. Warren McCulloch, John von Neumann, Gregory Bateson, Margaret Mead, Larry Frank, der Präsident der *National Academy of Science,* dann Larry Kuby, der Psychoanalytiker, der auch eine Idee vom Gedächtnis gehabt hat. Dann auch ein unglaublicher Mensch, der die gesamte Literatur kannte, das war der Heinrich Klüwer, der berühmte Physiologe aus Chicago. Also die waren da alle beisammen, und da hat der kleine Heinz mit seinen 50 Wörtern Englisch einen Vortrag gehalten, ohne die Hilfe von so vielen Übersetzern wie in Chicago.

Als ich dann schweißgebadet endete, wollten die Mitglieder über meinen Vortrag diskutieren, und da ich ja nur ein Gast war, baten sie mich, draußen zu warten. Nach ein paar Minuten wurde ich wieder zurückgerufen, und der Vorsitzende verkündete mir ihren Vorschlag mit den folgenden Worten: „Lieber Heinz von Foerster, *was* Sie da gesagt haben, war sehr interessant; aber *wie* Sie es gesagt haben, war miserabel! Wir haben uns überlegt, auf welche Weise Sie aufs schnellste Englisch lernen könnten. Wir haben beschlossen, Sie zum Herausgeber unserer Konferenzberichte zu machen. Wir sind überzeugt, daß diese Methode für Sie nicht nur amüsant, sondern auch erfolgreich sein wird."

Ich war natürlich sprachlos. Wie kann ich die Sprache von Leuten wie Bateson, Mead, Klüver, McCulloch etc. edieren, verbessern, korrigieren? Aber dann dachte ich, versuchen könnte ich es ja, aber zunächst müßten wir einen anderen Titel für die Konferenz haben, denn den, der diese Konferenz ankündigte, *Circular Causal and Feedback Mechanisms in Biological and Social Systems,* also „zirkulär-kausale und Rückkopplungsmechanismen in biologischen und sozialen Systemen", konnte ich ja kaum aussprechen. Nun hatte ich doch gerade zuvor Norbert Wieners Manuskript über Kybernetik gelesen, und so schlug ich vor, die Konferenz einfach *Cybernetics* zu nennen, mit dem jetzigen Titel als Untertitel.

Alles stimmte zu mit Lachen und Applaus. Norbert Wiener, der neben mir saß, war von der Einmütigkeit, mit der seine Kollegen seine Worterfindung adoptierten, so ergriffen, daß er aufstand und den Raum verließ, um zu verbergen, daß ihm Tränen in die Augen gekommen waren.

So kam es, daß die *transactions* von dem Macy-Treffen als *Cybernetics* veröffentlicht wurden, mit dem Untertitel *Circular Causal and Feedback Mechanisms in Biological and Social Systems*.

Ernst: Da hast du wirklich Englisch gelernt?

Heinz: Nicht nur Englisch, sondern auch einiges andere. Diese *transactions* wurden tatsächlich gedruckt, und da war mein Vortrag drin, und das Englisch war fast so gut wie das Deutsch in meinem Buch. Zwei Leute haben mir da natürlich sehr geholfen. Gerhard von Bonin, ein Mitarbeiter von McCulloch an der *University Medical School*, und Heinrich Klüwer, der sich in der Nomenklatur hervorragend auskannte und zudem immer wieder auch mein Deutsch verbesserte.

Ernst: Ich hab das immer schon gesagt: Die eigene Sprache lernt man erst richtig, wenn man in eine andere hineinkommt!

Heinz: Dabei hab ich auch viel über das Veröffentlichen gelernt. Ich war damals noch sehr ungeübt und hatte kaum eine Ahnung davon, wie man Hinweise und bibliographische Angaben macht. Heinrich Klüwer war da ein guter Lehrer. Dennoch sind Fehler durchgerutscht, besonders was die Bezugnahme auf die amerikanischen Publikationen betraf, und mein Englisch blieb eben doch noch etwas zu primitiv, um die Artikel der anderen in allen Nuancen zu redigieren.

Ernst: Das ist immer schwer. Ich kenne das aus meiner Zeit beim *Standpunkt* – da rennt man oft in völlig unlösbare Probleme, weil man den Autoren ihre Artikel ja nicht ganz umschreiben kann. Ich hab das am Anfang ab und zu gemacht, und einige der Autoren waren dann ziemlich beleidigt.

Heinz: Mit der Zeit lernt man, es besser zu machen. Da ich nun aber der Editor, das heißt eigentlich der Redakteur und Herausgeber der Sitzungsberichte der Macy-Gruppe war, hat man mir automatisch die ganzen Publikationen von der Macy-Stiftung geschickt. Die waren alle verschieden, eines groß, eines klein, eines dünn, eines dick, einige *paperbound*, andere *hardbound*. Da hab ich den Macy-Leuten vorgeschlagen, also wenn ihr eine Stiftung seid, dann solltet ihr einen Stil haben, der in euren Veröffentlichungen beibehalten wird und an dem man die Stiftung erkennt. Ich würde vorschlagen, daß sich die ganzen Editoren einmal treffen und ein einheitliches Format für die Macy-Publikationen entwickeln. Das wurde mit großem Interesse entgegengenommen, und im Lauf des nächsten Jahres haben wir eine Sitzung gehabt mit den Herausgebern vieler anderer von der Macy-Stiftung organisierten Konferenzen, die nichts mit Kybernetik zu tun hatten. Da gab es doch Konferenzen über das Gerinnen von Blut, über Probleme des Alterns, über Nervenimpulse, über das Bewußtsein, über Leberverletzungen und so weiter und so weiter.

Ernst: Schade, da hätte ich zuhören sollen – das muß ja ungefähr zur Zeit meiner Lebergeschichte gewesen sein!

Heinz: Ein, zwei Jahre früher wahrscheinlich, denn das war 1945, und mit deiner Schweizer Hepatitis haben die sich vielleicht gar nicht befaßt. Aber Leberleute waren da und Spezialisten für Glaucoma, für Bewußtsein und alle möglichen anderen Sachen. Kurz, ich hab ihnen gesagt, meine lieben Damen und Herren, warum einigen wir uns nicht auf ein gewisses Format, auf einen typographischen Stil, Textstruktur, Einband usw.? Alle waren sofort einverstanden, denn anscheinend hatte das noch niemand vorgeschlagen.

Ernst: Da sieht man, wie recht die Margaret Mead gehabt hat, dich als Herausgeber zu wählen.

Heinz: Das weiß ich nicht, denn mit dem Englisch habe ich immer noch Schwierigkeiten gehabt.

Ernst: Das Englisch war nicht das Wichtigste, sondern die Methodik.

Heinz: Die Methodik? *Common sense*, meinst du. – Na, jedenfalls haben sie sich alle geeinigt, und ich habe die ganzen anderen Konferenzberichte bekommen. Unter denen war ein Band der Tagung über Bewußtsein. Da sehe ich einen Artikel von einem bedeutenden Experimentalbiologen namens Hudson Hoagland mit dem Titel: *Bewußtsein und die Chemie der Zeit*. Er wollte herausfinden, ob und inwieweit die Körpertemperatur von Gesunden und Fieberkranken ihr Zeitgefühl beeinflußt. Er ließ seine Patienten irgendwelche bekannten Lieder singen oder pfeifen, maß ihre Temperatur und nahm das alles auf Tonbändern auf. Nachher bestimmte er die mittlere Länge der Takte und verglich diese Länge mit der Körpertemperatur der Singenden und Pfeifenden.

Er stellte fest, daß bei Fieberkranken die Zeit viel schneller läuft, die Takte viel, viel kürzer waren als bei Gesunden, und stellte dieses Ergebnis in einer Kurve dar.

Als ich diese Kurve sah, konnte ich es kaum glauben: Die Kurve ist identisch mit der, die sich ergibt, wenn man über die Quantentheorie eine Beschleunigung der Hirntätigkeit bei Personen mit erhöhter Temperatur ausrechnet.

Ich hab das natürlich Hoagland geschrieben, und er hat dann bei der nächsten Tagung über Bewußtsein meinen Brief vorgelesen. Er betonte, daß es gerade solche multidisziplinäre Konferenzen wie die *Macy Meetings* sind, wo so verschiedene Ansätze über das Zeitgefühl wie quantenmechanische Überlegungen und klinische Beobachtungen in Übereinstimmung gebracht werden können.

Ernst: Und da haben dann alle geglaubt, daß das wirklich so ist und daß ihr ein Stück Wahrheit gefunden habt.

Heinz: Das haben die anderen geglaubt!

Ernst: Alle, bis auf dich.

Heinz: Nein, so denke ich ja nicht. Aber die Idee, daß das Gedächtnis ein Molekularspeicher ist, wurde daraufhin weiter verbreitet und von vielen verfolgt. Sogar ein ganz wichtiger Forscher, ein Schwede namens Holgar Hyden, hat die ganze Molekulartheorie übernommen. Es war eben eine sehr attraktive Theorie, nicht nur, weil die gemessenen Zahlen übereinstimmten, sondern auch weil man da endlich genug Platz hatte, um alles, woran man sich erinnern kann, unterzubringen.

Ernst: Da sind genug Moleküle vorhanden?

Heinz: Ja, die Moleküle im Kopf sind eine Menge von so vielen, daß man einen gigantischen Bereich hätte, in dem man speichern könnte, was immer man weiß oder erlebt hat. Wenn du die Moleküle in Bits umrechnest und jedes ein Bit aufbewahrt, dann hast du den idealen Speicher. Da wäre Platz für die Sprache, für die Menschen, die du kennst, für die Geschichten und Bücher, die man gelesen hat, kurz, für jede beliebige Menge von Erinnerungen.

Ernst: Das wäre doch wunderbar! Endlich wüßte man, wie das funktioniert.

Heinz: Ja, das ist die Versuchung.

Ernst: Die Versuchung zu glauben, daß man etwas nicht, wie du sagst, erfunden, sondern „erkannt" hat.

Heinz: Ja, und daß das Gedächtnis ein Speicher ist, in dem die Erinnerungen aufbewahrt werden wie in einer Kartei, daran hat damals niemand gezweifelt. – Gut, das war die erste Phase der Gedächtnistheorie. – Und jetzt erzähl, was in Alabama passiert ist.

Im *Space Center* in Alabama muss Ernst Deutsch sprechen

Ernst: Das war ähnlich wie bei deinem ersten englischen Vortrag in Chicago, wo deine Zuhörer ohnedies Deutsch sprachen. Als ich mit meiner Gruppe nach Amerika kam – wie das zustande kam, kann ich vielleicht später erzählen –, da arbeiteten wir an Sprachanalyse. Wir wollten es einem Computer möglich machen, nicht nur Wörter zu erkennen, sondern auch den Sinn von Aussagen und Sätzen. Eine Methode, Bedeutungen zu registrieren, hatten wir aufgrund von Ceccatos Einsichten ausgearbeitet. Das Hauptproblem aber war damals, daß im Computer nie annähernd genug Platz war. Die semantischen Einzelheiten, das heißt die Beschreibungen der Bedeutungen, die man braucht, um eine Aussage zu verstehen, sind unheimlich viele, und solange der Computer da bei jedem Wort in Magnetbändern, die außerhalb arbeiten, herumsuchen muß, ist die ganze Prozedur so langsam, daß sie praktisch unbrauchbar ist. Da hatten wir nun eine Idee, die das ganze Programmieren umkrempelte. Meine langjährige Mitarbeiterin in Mailand, Jehane Burns, und ich hatten das theoretisch skizziert und veröffentlicht. Nun, in Athens, im Süden der Vereinigten Staaten, hatten wir zum erstenmal Zugang zu dem größten Computer, den es damals gab, dem IBM 360 (ein Riesenzimmer voll Maschine, die kaum einen Bruchteil von dem bewältigte, was heute mein Laptop-Computer macht!). Piero Pisani, der Computerzauberer in unserem Team, programmierte nun unsere Idee, die darin bestand, die semantischen Daten im inneren Arbeitsraum der Maschine so anzuordnen, daß die Adressen der einzelnen Bits jeweils die Haupteigenschaften der gespeicherten Wörter symbolisierten. Um einen Satz zu analysieren, brauchte der Computer nun nicht mehr unzählige Daten von außen zu holen, sondern konnte einfach die Adressen der Wörter vergleichen und herausfinden, ob eine sinnvolle Verbindung möglich war oder nicht. Damit war der Datentransport enorm reduziert und eines unserer Hauptprobleme gelöst.

Heinz: Da haben schon die wenigen Bits der Adressen in der Maschine das geliefert, was sie sonst auf den Magnetbändern außerhalb hätte suchen müssen.

Ernst: Genau. Das Programm war unheimlich kompliziert, es bestand hauptsächlich aus sogenannten binären Masken, die wie kleine Wegweiser bestimmten, ob die Analyse in der jeweiligen Richtung weitergehen durfte oder nicht. Das ging erheblich viel schneller als vorher. Statt mehrere Minuten brauchte die Verarbeitung eines Satzes von zehn oder zwölf Wörtern nur wenige Sekunden. Wir waren begeistert und sagten uns, dieses System ist nicht nur für die Sprachanalyse gut, sondern überall, wo die Verbindungen von sehr vielen Elementen durch Regeln bestimmt werden, die so ähnlich sind wie Syntax und Semantik in der Sprache. Wir dachten, das sei vielleicht eine Gelegenheit, unsere Zukunft ein bißchen zu sichern und von einer zweiten Stelle einen Forschungskontrakt zu bekommen.

Heinz: Und da habt ihr an das *Space*-Programm gedacht!

Ernst: Nein, nein, wir dachten viel prosaischer, nämlich an Fluggesellschaften und Reisebüros. Die bekommen ja täglich unzählige Anfragen, wie man von A nach B fliegen kann, was der schnellste Weg ist oder der billigste – und mit unserer Methode hätten sie das viel schneller herausfinden können. Aber damals, das war 1968, machte man das noch gemütlich ohne Computer, und niemand zeigte das geringste Interesse für unser System. Piero und ich nahmen dann an einem Kurs für Polizisten teil, in dem Fachleute vom FBI erklärten, wie man Fingerabdrücke erkennt. Das schien uns auch ein mögliches Gebiet, aber wir gaben es auf, denn die Computergeräte zum Erkennen von grafischen Mustern waren damals noch so umständlich und teuer, daß wir sie uns nie hätten leisten können, um damit zu experimentieren.

Heinz: Dann also die Raumforschung.

Ernst: Auf Umwegen. Ich hatte mir das nie vorgestellt, denn ich sah da kein riesiges Feld von Daten, die nur nach bestimmten Regeln verbunden werden dürfen. Aber ein Freund von mir hatte zufällig einem Ingenieur bei Wernher von Braun in Huntsville, Alabama, geschrieben, daß wir ein originelles Programmierungssystem entwickelt hätten. Eines Tages rief mich dieser Herr an, hörte meinen Erklärungen mit großem Interesse zu und fragte schließlich, ob wir bereit wären, an dem und dem Tag im Raumforschungszentrum über unsere Computerprogramme zu berichten. Unsere Begeisterung kannst du dir vorstellen.

Piero und ich haben uns ins Auto gesetzt und sind nach Huntsville gefahren. Von Georgia aus war das eine schöne Fahrt, 250 Meilen, die man damals in etwa vier Stunden fahren konnte, weil niemand die Geschwindigkeitsbegrenzungen ernst nahm. Gewundert hat uns nur, daß kurz vor Huntsville auf einmal andere Straßenschilder waren, mit deutschen Aufschriften und den Distanzen in Kilometern. Am nächsten Morgen gingen wir wie verabredet um 9 Uhr zu dem Direktionsgebäude. Das war leicht zu finden, denn man hatte mir erklärt, es sei der einzige Wolkenkratzer. Später hörten wir dann, daß die gewöhnlichen Einwohner von Huntsville es das *von Braun Hilton* nannten. Ein Herr begrüßte uns und führte uns in ein schönes Konferenzzimmer. Ein Riesentisch und darum herum 18 Leute. Wir wurden vorgestellt, und ich begann meine Einführung. Nach wenigen Sätzen unterbricht mich einer der Herren und sagt:

„Sie sprechen doch Deutsch?"

„Ja, ja, früher hab ich Deutsch gesprochen, aber die Computerausdrücke kenne ich nur auf Englisch."

„Macht nichts", sagt er, „reden Sie Deutsch mit uns, das ist einfacher."

Heinz: Das waren alle Deutsche?

Ernst: Unter den 18 war ein einziger Amerikaner.

Heinz: Wenigstens einer, das ist doch gut.

Ernst: Es war sehr komisch. Was ich erzählte, wurde diesem einen zumindest stückweise von seinem Nachbarn übersetzt. Mein Freund Piero war ziemlich verstört. Sein Englisch war damals noch nicht sehr gut, aber er hatte sich mühsam zusammengestellt, was er über die Programmiertechnik sagen wollte, aber auf deutsch verstand er kein Wort. Ich wandte mich öfters an ihn, und er hat dann einiges auf englisch erklärt, aber da haben die Leute kaum zugehört. Es schien jedoch ganz gut zu gehen, und nach anderthalb Stunden wurde die Sitzung beendet. Wir wurden zum Essen eingeladen und aufgefordert, genauere Unterlagen zu schicken.

Heinz: Also doch ein Erfolg.

Ernst: Fast ein Erfolg. Die Unterlagen schickte ich, und dann hatten wir einige Korrespondenz über Einzelheiten der Zusammenarbeit und waren knapp daran, einen Kontrakt zu bekommen. Aber dann, ja, dann kam die erste große Einschränkung der Raumforschung, und in Huntsville wurden eine Menge Leute entlassen. Da gab es für Außenseiter wie uns keine Chancen mehr.

Ernst: Wie schade! Das wäre doch ein tolles Abenteuer gewesen.

Ernst: Ja, es hat uns schon leid getan – aber wir haben auch noch lange darüber gelacht. Das Mittagessen mit den Raumforschern war unglaublich. Die haben die ganze Zeit deutsch geredet und Erinnerungen aufgewärmt – weißt du noch, damals in Peenemünde, da war das so, und dann ist das passiert … – Es war wie ein Theaterstück, in dem man den Akt mit Hitler einfach ausgelassen hat.

Heinz: Ja, Theaterstück! Das ist eine gute Metapher: Auf der Bühne wird Wissenschaft betrieben, und wenn sich die Schauspieler dann nach der Vorstellung im Kaffeehaus treffen, da entsteht dann die Welt hinter der Welt, die Menschen hinter dem Stück! Dank dir, daß du mich diese zwei Welten nicht hast vergessen lassen.

Vier

Bei Ceccato und bei Piaget

Heinz: Ich hab nun eine Frage. Du hast lange mit Ceccato gearbeitet und dann die Anwendung seiner Ideen auf die Sprachanalyse mit Computern entwickelt. Dann bist du auf Piagets Arbeiten gestoßen. Wie paßt Ceccatos Theorie der Aufmerksamkeitsmomente eigentlich mit den Piagetschen Ideen zusammen?

Ernst: Bei Piaget gibt es nichts in der Richtung.

Heinz: Mit der Aufmerksamkeit hat er sich doch nie befaßt?

Ernst: Ich weiß nichts, was er darüber gesagt hätte. Aber eine Verbindung liegt meiner Ansicht nach darin, daß Piaget darauf besteht, daß alle Begriffe das Resultat von mentalen Operationen sind. Aber als Grundoperationen hat er Reflexion und Abstraktion angenommen, ohne ein Modell vorzuschlagen, wie man sich den Mechanismus dieser sehr allgemeinen Operationen vorstellen sollte. Als ich Piaget zu lesen anfing, was ja lange nach meiner Lehrzeit mit Ceccato war, hatte ich immer wieder die Idee, Ceccato passe unter die Piagetsche Konstruktion und darum hätten sie sehr gut zusammenarbeiten können. Aber dazu ist es nie gekommen. Sie haben sich zwar ein oder zweimal getroffen, aber es hat nicht funktioniert. Obwohl Ceccato als Redaktionsmitglied der *Bibliothèque d'Épistémologie Génétique* in all den Bänden steht, die sie herausgebracht hat, haben die beiden sich nicht gemocht. Ich kann mich erinnern, als ich bei Ceccato arbeitete, fand ich eine Referenz zu Piaget und fragte, wer das sei. Da sagte Ceccato, den brauchst du nicht zu lesen, das ist ein Kinderfänger.

Heinz: Das war sicher schade. Aber du hast den Piaget persönlich doch gekannt?

Ernst: Nein. Ich hab ihn einmal getroffen, in Amerika. Aber nur die Hand geschüttelt. Leider Gottes, ich hätt gern mit ihm geredet.

Heinz: Ich hab das Glück gehabt. Das war sehr, sehr schön. Ich weiß nicht, wieso sie auf mich gekommen sind, aber die Leute in Genf haben mich eingeladen, zum 80. Geburtstag von Piaget eine Rede zu halten.

Ernst: Ich weiß – da wurde dann ein schönes kleines Buch veröffentlicht.

Heinz: Ja. Da habe ich meine rekursiven Funktionen zum erstenmal vorgebracht ...

Ernst: Objekte als Eigenwerte.

Heinz: Ja. Ich war in einer so guten Stimmung, ich hab mich sehr wohl gefühlt. Ich kam hin, diese Menschen haben mich so gefreut, der Piaget in seiner bäuerlichen Strenge. Es war gerade eine Hitzewelle, wie man sie in Genf überhaupt noch nie erlebt hatte. Es müssen 45° im Schatten gewesen sein. Alle waren in Hemdsärmeln und schwitzten, niemand hatte eine Krawatte. Und der Piaget erschien mit einer Weste, mit einem schwarzen Sakko, mit dicken Hosen, einem Leinenhemd und hatte hohe Stiefel an, mit Hakenverschnürung die halbe Wade hinauf. So ist er dagesessen und hat den Gentleman gespielt.

Ernst: Und hat die Pfeife geraucht.

Heinz: Und die Pfeife geraucht. Kam ein Moment, da hab ich gesagt: „Ist es nicht wahnsinnig warm heute?“ – Sagt er: „Was ist es?“ – „Warm, hot, chaud“, sag ich. – „Ach so, hmhm. Nächster Sprecher bitte!“ – Das konnte ihn überhaupt nicht interessieren. Es ist halt warm, na ja, so what.

Ernst: Das Sensomotorische hat er ausgeschlossen.

Heinz: Völlig ausgeschlossen. Ich war irgendwie in einer sehr lustigen Stimmung und hab meinen Vortrag gehalten. Sehr viele Mathematiker waren auch da, auch der Herr Wermus – ich weiß nicht, ob du dich an den erinnerst.

Ernst: Den kenn ich recht gut.

Heinz: Also der und ein, zwei andere haben sich wie Godzilla und King Kong gemeinsam auf meine Formeln gestürzt. Das ist ja ein Wahnsinn, was der Foerster da vorträgt! – Ich fand das sehr lustig und gab irgendwie komische Antworten, daß alles nur gelacht hat und die Mathematiker selber auch lachen mußten. Dann kam der nächste Einwurf – jetzt werden wir ihn vernichten, dachten sie. Aber ich habe wieder eine komische Ausrede gefunden. So ist das also gutgegangen, und Piaget und ich, wir hielten von Anfang an zusammen und haben viel Spaß miteinander gehabt. Auch die Bärbel und die anderen Leute um Piaget haben das sehr lustig gefunden.

Ernst: Du hast auch einen enormen Einfluß auf die Genfer gehabt, Heinz. Die lieben dich heiß.

Heinz: Das weiß ich nicht.

Ernst: Doch, doch. Die Edith Ackermann, die dich ja dort zum erstenmal erlebte, hat mir erzählt, die ganze Gruppe hätte monatelang über deinen Vortrag diskutiert.

Heinz: Ja? Mir hat die Gruppe auf jeden Fall Eindruck gemacht.

Ernst: Das war gegenseitig. Piaget hat in dem Buch, das von der Geburtstagsfeier veröffentlicht wurde, geschrieben, deine Ausführungen seien ein schönes Geschenk für ihn gewesen, denn sie hätten ihm bestätigt, daß die physischen Gegenstände nichts seien als Hindernisse, an die der Organismus sich anpassen muß.

Heinz: Das hat er geschrieben?

Ernst: Ja. Das steht in seinem Kommentar zu deinem Vortrag.

Heinz: Das habe ich offenbar vergessen.

Ernst: Was er da schrieb, ist enorm wichtig. Obwohl er unzählige Male erklärt hat, Wissen habe nicht eine abbildende, sondern eine adaptive Funktion, wird er ja fast immer mißverstanden.

Heinz: Wie ist das möglich? Er sagt es doch immer wieder.

Ernst: Aber die Leute kritisieren ihn immer, als sei er ein Realist, als ginge es um eine Beschreibung der Realität.

Royaumont: Die Kunst des Aneinandervorbeiredens

Heinz: Piaget hat Schwierigkeiten gehabt – nein, die anderen haben riesige Schwierigkeiten gehabt, den Piaget zu verstehen. Anscheinend haben nur wenig Leute kapiert, was er eigentlich sagen wollte und was er auch wirklich gezeigt hat. Für mich war das überhaupt kein Problem. Ich habe mich mit den Piagetschen Ideen wie zu Hause gefühlt – und du ja auch. – Kennst du dieses gewaltige Buch, das der Piattelli-Palmarini herausgegeben hat?

Ernst: Ja, über das Treffen in Royaumont.

Heinz: Piaget und Chomsky und andere Koryphäen sollten über Kognition diskutieren – und was herauskam, waren Monologe.

Ernst: Das Buch ist eines der tragischsten Produkte der abendländischen Welt. Da waren 25 oder 30 Intellektuelle, die gescheitesten Leute, und sie reden mit wenigen Ausnahmen dauernd aneinander vorbei.

Heinz: Lieber Ernst, mein Herz schlägt höher! Was du in deinen ersten drei Worten über dieses Buch gesagt hast, ist genau das, was ich mir dachte, als ich es in die Hand bekam. Du bist der erste, von dem ich das gleiche Urteil höre. Auch für mich war dieses Buch entsetzlich. Wenn man das liest, dann fragt man sich, soll ich jemals wieder etwas schreiben – es wird ja unbedingt mißverstanden.

Ernst: Es ist das schauerlichste Beispiel der Nichtkommunikation.

Heinz: Dabei waren es alles Leute, die sich mit Kommunikation befassen.

Das Thema der Konferenz war *Language and Learning*, und nichts wurde besprochen, nichts gelernt. Die Bärbel Inhelder hat verzweifelt versucht: „Hört doch einen Moment zu, was wir hier sagen!"

Ernst: Gregory Bateson war ja auch dort, hat aber fast nichts gesagt in der ganzen Konferenz.

Heinz: Das ist direkt unheimlich. Der Gregory Bateson, der doch keine Scheu gehabt hat – er war ja körperlich sehr groß, hatte eine wunderbare Stimme, war sich seines Seins völlig sicher –, selbst der Gregory Bateson wurde zum Schweigen gebracht von dem unglaublichen Vakuum, das diese Menschen in Royaumont erzeugt haben. Es war unheimlich.

Ernst: Die waren unfähig zuzuhören. Alles wurde sofort an die eigenen Begriffe assimiliert, und dann stimmte es natürlich nicht. Nicht der geringste Versuch, den anderen zu begreifen.

Heinz: Absolut nicht, und was man nicht begreift, ist eben falsch.

Ernst: Für mich ist das ein wirklich deprimierendes Buch.

Heinz: Wieso sind diese Leute nicht imstande gewesen, dem Piaget zuzuhören? Er hat ja auch nicht wirklich zugehört und hat eigentlich nicht gemerkt, daß man da dauernd aneinander vorbeiredete. Was war da los?

Ernst: Ich glaube, jeder hat sich an seine Grundbegriffe geklammert, und die sind so eingefleischt, daß es schwer ist, eine andere Perspektive zu erfassen.

Heinz: Eingefleischt ist richtig. Aber es ist erschütternd, denn was Piaget auf diesem Symposium gesagt hat, ist das Klarste, das er je von sich gegeben hat.

Ernst: Es hat nichts geholfen. Die haben sich alle angegriffen gefühlt. Da wird dann alles von der eigenen Grundsituation aus betrachtet, und dann gibt es keine Verständigung. Das ist schon Vico und Berkeley so gegangen, und Kant geht es immer noch so. Piaget ist da keine Ausnahme.

Heinz: Ich glaub aber doch, bei Piaget lockert sich die Sache auf. Nicht, was die Wissenschaftler betrifft und die Praktiker – aber in den Schulen, also unter den Lehrern, und den Erziehungstheoretikern.

Ernst: Ja, du hast das früher schon gesagt. Es gibt Leute, die selbst schon irgendwie in dieser Richtung gedacht haben. Die verstehen dann. Das heißt, sie nehmen an, was sie selber schon vorbereitet haben …

Heinz: ... aber vielleicht noch nicht sagen konnten.

Zahlen als Wahrnehmungsmuster / Heinz' „Numarete"-Maschine

Heinz: Da fällt mir etwas ein, das ich nicht ganz verstanden habe. In deinem Artikel über den Zahlbegriff der Kinder kommt ein Wort vor – etwas wie *subi …, subi …*

Ernst: *Subitizing.*

Heinz: Was heißt das? Kommt das von *subito,* dem italienischen „schnell"?

Ernst: Wahrscheinlich direkt von dem lateinischen *subitus,* und das heißt, glaube ich, „unvermittelt", „sofort". – Das wurde von einem Psychologen in Amerika eingeführt, und es ist ein gutes Wort. Es bezieht sich auf visuelle Konstellationen, die man erkennt und dann mit einem Zahlwort bezeichnet, ohne gezählt zu haben.

Heinz: Ohne gezählt zu haben – also nur durch das Sehen! Im *Biological Computer Lab* haben wir es das Sehen einer N-heit genannt. N ist eine beliebige Zahl.

Ernst: Darüber gibt's natürlich auch andere Ansichten, ich habe …

Heinz: Nein, nein, ich will das von dir hören.

Ernst: Ich habe mich oft mit Leuten darüber gestritten, denn für mich beruht das *Subitizing* auf dem Erkennen eines *visual pattern,* eines visuellen Musters, und hat an und für sich mit der Zahl als arithmetischem Begriff überhaupt nichts zu tun. Es wird aber von kleinen Kindern mit einem Zahlwort verbunden, weil sie das Zahlwort als Namen einer Spielkarte oder eines Dominosteins kennenlernen. Sie erkennen zum Beispiel eine Karte als eine Fünf, kommen aber erst später durch Zählen darauf, daß die Karte fünf einzelne Herzen oder Karos aufweist und die „Fünf" also auch ein Zahlwort ist.

Heinz: Wenn ich das als Fünfheit bezeichne, dann ist es die Konfiguration, die fünf heißt.

Ernst: Richtig. Aber solange du es als Konfiguration denkst, hat es mit Zahl nichts zu tun.

Heinz: Nein, aber es ist eine N-heit, die man sieht.

Ernst: Wenn du N-heit sagst, erscheint das, was ich *Numerosity* nenne, also die Numerosität, die Menge, wenn du willst, und der Begriff ist bei dem kleinen Kind eben meiner Ansicht nach noch nicht vorhanden.

Heinz: Nein, nein, das mein ich ja auch gar nicht. Vielleicht ist es irreführend, daß man der Konfiguration ein Zahlwort als Namen gibt.

Ernst: Für die Kinder ist es aber nützlich. Irreführend ist es nur für Psychologen, denn die kommen dann und sagen, das Kind erkennt das als fünf, es hat schon den Begriff „fünf" als Zahl – und den hat das Kind zu der Zeit keineswegs.

Heinz: Nein, absolut nicht. Aber mich interessiert das sehr. Wir haben doch eine Maschine gebaut, die nannten wir *Numarete*. Ich weiß nicht, ob du dich erinnerst?

Ernst: Ich hab wohl öfters Referenzen dazu gesehen, aber habe keine Ahnung, wie diese Maschine funktionierte.

Heinz: Wir waren ja die ersten Leute, die parallele Rechenmaschinen gebaut haben, weil wir gesagt haben, biologische Computer arbeiten ja bestimmt nicht linear, indem sie Sequenzen der Reihe nach durchrechnen, sondern da läuft vieles gleichzeitig. Das heißt, du siehst keinen Vorgang, aber du siehst das Resultat – es ist auf einmal da! Wir haben behauptet, ebenso sieht man eine N-heit. Daher haben wir das Wort N-heit erfunden. Nicht weil du von eins, zwei, drei bis n gezählt hast und dann ein Ergebnis bekommst, sondern dadurch, daß die Konfiguration, die Totalität des Gesehenen, eben mit einem Namen N bezeichnet wird. Und N kann ein Zählmensch dann mit 5, 7, 500 oder 10 000 benennen.

Ernst: Genau – der Name von N fällt für den Zählmenschen mit einem Zahlwort zusammen. Wie bei den Kindern, wenn sie vom *Subitizing* zum Zählen übergehen.

Die Konstruktion von Einheiten

Heinz: Eben, erst dann. Darum haben wir gesagt, man sieht nicht Sequenzen, man sieht eine Ein-heit, und die Ein-heit ist eben eine N-heit. Sie besteht aus Stücken, die ich dann durch Nachzählen zum Beispiel als sieben Ein-heiten auffassen kann. Laß mich das mit zwei Zeichnungen erklären, die die Organisation in einem Nervennetz vereinfacht skizzieren. Die oberste Schicht in Abbildung 1a soll eine Reihe lichtempfindlicher Zellen, also „Sensoren“, darstellen. Im Auge wären das die Stäbchen und Zäpfchen der Retina. Jede dieser Zellen sendet vier Fasern aus – Axone heißen sie in der Anatomie –, deren Signale auf die „Rechenzellen“ der zweiten Schicht einwirken.

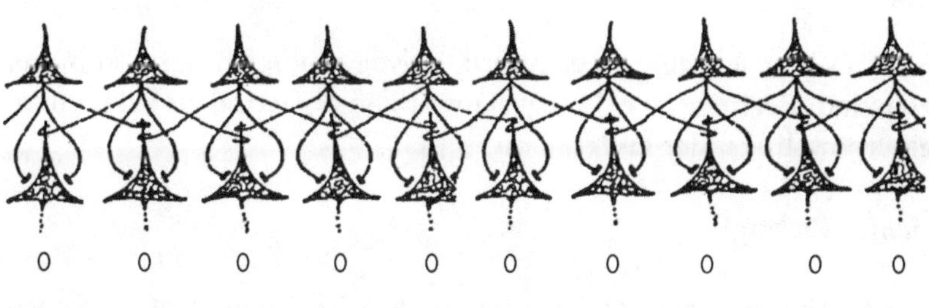

Abb. 1a

Ernst: Was sind das für Signale?

Heinz: In Tieren mit einem Nervensystem sind das Folgen von kurzen elektrischen Impulsen, deren Frequenz von der Intensität des Reizes abhängt. Wir haben auf dieses biologische Raffinement verzichten können; aber ich will später darauf zurückkommen. Jetzt bitte beachte die vier Verbindungen, die je zu zweien in zwei verschiedenen Weisen auf die Rechner wirken. Die zwei Verbindungen, die von den Sensoren direkt die unter ihnen liegenden Rechner mit Knöpfen berühren, „erregen" diese Zellen jeweils mit der Signalstärke „1", also zusammen mit der Signalstärke „2". Erregung heißt, daß nun der Rechner selbst ein Signal aussendet.

Ernst: Und was bedeutet diese „1"?

Heinz: „1" bedeutet hier, daß nur *eine* Verbindung aktiv werden kann. Im Nervensystem ist die Signalstärke etwa 80 Millivolt, also ungefähr ein Zehntel Volt; bei uns waren es 6 Volt, die übliche Spannung, die man für Transistoren braucht.

Wie du siehst, enden die zwei anderen Verbindungen mit je einer Schleife auf den Knöpfen der beiden unmittelbar links und rechts liegenden Rechner. Eine Schleife bedeutet hier eine „Hemmung" von Stärke „1".

Ernst: Was soll da gehemmt werden?

Heinz: Eine Hemmung „-1" kann eine Erregung „+1" annullieren, etwa wie „1 - 1 = 0". Aber eine Erregung „+2" kann eine Hemmung „-1" überstimmen; wie „2 - 1 = 1". Der Rechner würde dann ein Signal von der Stärke „1" aussenden.

Ernst: Wenn ich deine Zeichnung richtig verstehe, dann kommen zu jedem Rechner zwei Erreger direkt von oben und zwei Hemmer, einer von links, der andere von rechts.

Heinz: Richtig!

Ernst: Aber was soll das? Ich nehme an, du beleuchtest die Sensoren von oben, erwartest dann, daß die Rechner irgendwie darauf reagieren. Aber die können das nicht, denn jeder deiner Rechner wird von zwei Erregern gereizt und von zwei Hemmern gehemmt. Dein Rechner rechnet dann: „2 - 2 = 0“. Das heißt doch, daß nichts passiert?

Heinz: Das Netz hat ja auch noch nichts zu sehen! Das kommt erst jetzt in Abbildung 1b:

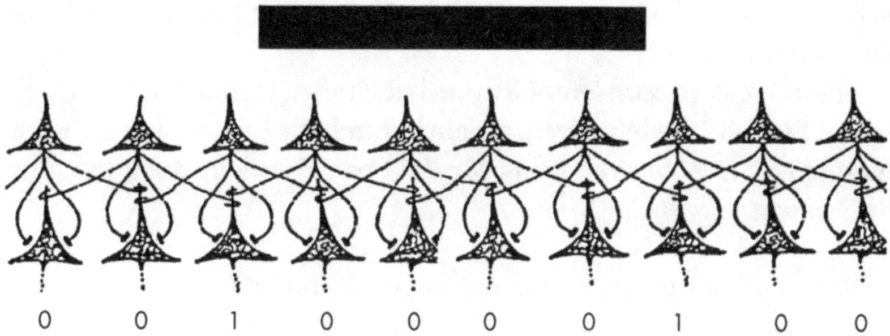

Abb. 1b

Heinz: Hier ist dasselbe Netz wie in 1a, aber ein Gegenstand wirft einen Schatten auf die Sensoren. So wie vorher zeigen alle Rechner unter den Sensoren in vollem Licht keine Reaktion und die im vollen Schatten auch nicht. Aber da sind auch die zwei Rechner, die gerade außerhalb der Schattenzone liegen: Sie bekommen Erregung „2“ von den über ihnen im Licht liegenden Sensoren, aber nur je eine Hemmung von den beleuchteten Zellen und keine Hemmung von den beschatteten Nachbarzellen. Also rechnen die beiden Randzellen „2 - 1 = 1“ und signalisieren je „1“, was zusammen genommen „2“ gibt. Hast du N Objekte, so hast du N Schatten mit je zwei Rändern, daher ist der Gesamtoutput dieses Netzes das Zweifache der Anzahl der beschattenden Objekte. Man muß nur den Output durch 2 dividieren und erhält die Anzahl der Objekte im „Gesichtsfeld“ dieser eindimensionalen Retina, unabhängig von deren Lage und deren Größe.

Ernst: Das erinnert mich an die sogenannten *Edge-Detectors*, von denen uns Maturana und seine Kollegen in dem schönen Papier *What the Frog's Eye Tells the Frog's Brain* erzählt haben.

Heinz: Genau! Wie Maturana mir erklärte, liegt diesem Prinzip eine neuronale Organisation zugrunde, die man wieder und wieder im Nervensystem findet: *Lateral Inhibition*, also „seitweise Hemmung", ist der zugehörige Terminus technicus.

Die Grundidee hier ist, daß man eine Einheit durch ihre Grenzen definiert. Was ich hier mit einer eindimensionalen „Retina" vorgeführt habe, läßt sich auf zwei Dimensionen – also ein flaches Sensorium – übertragen. Man muß aber dann die Projektionen der Schatten sowohl auf eine vertikale wie auf eine horizontale Achse auswerten.

Paul Weston in unserer Gruppe hat eine viel amüsantere Idee gehabt, „Einheit" zu definieren, nämlich durch die Eigenschaft „Zusammenhang". Das war die Basis für die erste Parallelrechenmaschine, die *Numarete*.

Ernst: Erzähle mir doch, wie hat die funktioniert?

Heinz: 400 Fotozellen wurden zu einer quadratischen „Retina" von 20 x 20 Zellen angeordnet und mit korrespondierenden Rechnern in einer tieferen Schicht so verbunden, daß für jeden Schatten seine Einheit durch den Zusammenhang aller inaktiven Nachbarn bestimmt wurde. Jede solche „Insel von Inaktivität" produzierte das Signal „1", N Inseln das Signal „N", ein Resultat, das digital von Leuchtziffern abgelesen werden konnte.

Ernst: Also deine Maschine hat eigentlich nicht „N-heit", sondern „Ein-heit" errechnet.

Heinz: Korrekt! Aber mit der Errechnung von „Ein-heit" ist das qualitative Problem der Dualität und der Vielheit in ein Problem der Quantität einer Einheit transformiert worden. Zehn 1-Gramm-Gewichte auf die Wage gelegt zeigen „10", unabhängig von der Form und dem Material der einzelnen Gewichte – und sie zeigen es, ohne daß gezählt wird!

Ernst: Wie habt ihr die Maschine vorgeführt?

Heinz: Die ganze *Numarete* war eine flache Schachtel, etwa 30 cm im Quadrat und etwa 10 cm hoch. Die Fotozellen waren unter einer

Glasplatte, auf die man verschiedene Gegenstände legen konnte, zum Beispiel zwei Münzen, ein Lineal und drei Radiergummis. Am Ende eines Drahtes, der mit der *Numarete* verbunden war, war, wie bei einem Lichtschalter, ein Knopf. Wenn man den drückte, zeigten die Leuchtziffern die Anzahl der Gegenstände auf der Glasplatte, also in diesem Fall „6".

Eines Tages kam John von Neumann vorbei, der uns öfters besuchte. Er hat sich sofort in die *Numarete*-Maschine verliebt. Er wollte sie ununterbrochen betrügen. Er nahm eine Brezel, legte eine Münze in eine der Brezelschleifen und drückte auf den Knopf. Die Maschine sagte: „2". – Das gibt's doch nicht! – Dann legte er auch in die andere Schleife eine Münze, und die Maschine sagte: „3". Er nahm zwei Brezeln, machte sie aneinander, und die Maschine sagte: „1". Also, der von Neumann war von der *Numarete* entzückt.

Ernst: Also, alles, was geschlossen ist, wird als 1 genommen.

Heinz: Ja, das ist dann *eine* Sache für die Maschine.

Ernst: Das ist wieder die Ceccatosche Idee des Anfangs und des Endes.

Heinz: Genau.

Ernst: Das erklärt aber nur, wie Ein-heiten erkannt werden. Wenn es mehrere sind und die Anzahl erkannt werden soll, wird es komplizierter. Die Kinder zumindest erkennen eine Drei in verschiedenen Konstellationen. Sagen mir, drei Punkte in einer Linie; aber es können eben auch drei Punkte in einem rechten Winkel sein oder in einem Dreieck. Für sie ist das immer eine Drei. Sie erkennen das entweder an dem *scan path*, dem Wahrnehmungspfad, oder an einem bestimmten Rhythmus.

Heinz: Bei meiner Maschine war das auch so! Ich habe deine Frage vorhin nicht verstanden. Unter der Oberfläche waren ja die lichtempfindlichen Rezeptoren. Bei dem ersten Beispiel, als du gesagt hast, die Punkte bilden eine Linie, da werden drei solcher Rezeptoren berührt.

Ernst: Und die werden dann gleichzeitig aktiv oder hintereinander?

Heinz: Gleichzeitig, und wenn du da ein Stäbchen hinlegst, dann wird es als „1" gezählt. Zwei Stäbchen als „2". Wenn du die Stäbchen miteinander verbindest, ist es wieder „1".

Ernst: Heinz! Das Tonband ist abgelaufen!

Heinz: Schon lang?

Ernst: Ich hab keine Ahnung. Hören wir uns das Ende an, und dann nehmen wir ein neues.

Heinz: Wir waren in der Mitte der Diskussion über *N-ness* und das Sehen von Mehrheiten, das heißt von mehreren Ein-heiten, die in einer Konfiguration wieder als eine Ein-heit gesehen oder interpretiert werden können, die ich *N-ness* genannt habe. Du hast das richtige Argument vorgebracht, daß man es nicht N-ness nennen sollte, wenn man nicht weißt, wie groß N ist. Da müßte man zuerst zählen, um festzustellen, daß N zum Beispiel „7" ist. Das war nicht das Problem, das uns beschäftigte. Wir wollten zeigen, daß es fundamental andere Methoden des Rechnens gibt, wenn man parallel rechnet statt in einer Sequenz.

Ernst: Was ich da nicht ganz verstehe, ist das. So wie du das erklärt hast, scheint mir das eine sehr gute – wie soll man sagen –, eine Verkörperung der Konstruktion von Ein-heiten zu sein, und zwar Ein-heiten, die aus einer Pluralität bestehen. Aber mir ist noch nicht klar, wie eben die *N-ness* da bestimmt wird. Ohne bestimmte N seh ich nicht, wie man rechnen kann. Wenn die *N-ness* von einer Konstellation nur ein *pattern* ist, wie kann man da rechnen?

Heinz: Vielleicht ist das Wort rechnen da falsch.

Ernst: Ich meine zum Beispiel addieren oder subtrahieren.

Heinz: Nein. Diese Maschine war nicht dazu gedacht – weder zum Addieren noch zum Subtrahieren noch anderen arithmetischen Operationen. Die Maschine war ein Plan, zu zeigen, was gemeint ist, wenn man von *parallel computation* spricht. Das Wort *computation* ist hier ein sehr allgemeiner Begriff. *Computation* heißt einfach, gewisse Operationen durchzuführen. Ob die jetzt numerisch sind oder konfigurationell oder ob die auf irgendeine andere Weise vollzogen werden, in unserer Sprache wurde es *computation* genannt. Das ist anders als im Deutschen, wo rechnen sich immer auf Zahlen bezieht. *Computation* bezieht sich eigentlich nicht auf Zahlen. Es kommt doch von *con*, das ist „zusammen", und *putare*, das heißt „betrachten", „bedenken". Also Dinge in ihrer Zusammen-heit betrachten.

Ernst: Also *patterns* – Muster als Ein-heit; und dann Muster von Mustern als Ein-heit.

Heinz: Genau. Und *computation* war für uns dieses Zusammensehen. Das ganz anders ist als bei der von-Neumann-Maschine, die ja ein Seriencomputer ist, wo jeder Schritt eine Vorbereitung zu einem nächsten Schritt ist und wo eine einzige Programmstruktur in einem *central operator* sitzt und gemäß einem Programm das Resultat hervorbringt. Wir wollten zeigen, daß es eine andere Methode gibt, Sachen zu sehen. Wir glaubten, diese andere Methode, zu sehen, sei einem biologischen System ähnlich, wo das gesamte Nervensystem der Oberfläche gleichzeitig von einem Ereignis berührt wird, weil die Sensoren ja parallel funktionieren. Das ist auf der Retina im Auge so, auf der Haut, im Ohr, in der ganzen Sinneswahrnehmung. – Wir haben uns gefragt, was hat man da für Vorteile oder Nachteile, und was für Möglichkeiten hat man, wenn man diesen Parallelismus benutzt. Und dann haben wir gesehen, daß der Parallelismus unglaublich wertvoll ist, weil gewisse komplizierte Operationen, wenn man sie sequentiell ausführt – auch wenn die Einzelschritte nur Mikrosekunden brauchen –, sehr lange dauern. Macht man sie aber alle gleichzeitig, dann geht es sehr schnell. Darum dachten wir, diese *Numarete* sei ein gutes Beispiel für die Vorteile des parallelen Operierens. Und, wie du richtig sagst, zuerst stellt sie die Ein-heiten fest, und dann gibt sie der Menge von Ein-heiten – im Sinn der Mengenlehre – einen Namen, zum Beispiel „5" oder „7". Und diese Namen müssen natürlich schon vorher festgesetzt werden.

Ernst: Ich glaube, das verstehe ich. Unverständlich ist mir aber noch, wie die Maschine die verschiedenen N-heiten unterscheiden kann. Für sie sind das doch alles Ein-heiten? Erst hat sie eine Brezel als Ein-heit, dann hat sie zwei Brezeln als Ein-heit – wie sieht sie da den Unterschied in der N-heit? Da muß sie doch irgendwie zählen?

Heinz: Nein, zu zählen braucht sie nicht. Das ist sehr einfach. Von den lichtempfindlichen Zellen unter der Oberfläche führten Drähte zu einem Voltmeter. Jedes zusammenhängende Ding sieht die Maschine als Ein-heit, und jede Ein-heit produziert eine Spannung von einem Volt. Kommen mehrere aus den Drähten zu dem Voltmeter, so zeigt er eben zwei, drei usw. Volt an.

Ernst: Wenn du das gleich gesagt hättest, wäre es bei mir schneller gegangen! – Der Voltmeter wird dann von jemandem gelesen, der zählen kann und der weiß, diese Stelle auf dem Zifferblatt des Voltmeters bedeutet soundso viele Ein-heiten.

Heinz: Richtig. Uns lag ja daran zu zeigen, daß eine Maschine, die zuerst digital funktioniert und Ein-heiten schafft, dann aber, statt zu zählen, analog funktioniert, mit einer großen Menge von Ein-heiten fertig werden kann.

Ernst: Das ist sehr schön.

Heinz: Ich muß aber dazusagen, das hatte nichts damit zu tun, daß wir geglaubt hätten, Kinder sehen Ein-heiten auch so.

Thompsons Katzen und die Ski-Kinder von St. Anton

Ernst: Es war ja auch nicht als Kinderspiel gedacht! Aber da ist trotzdem eine Analogie. Eure „Ein-heiten" sind im Grunde topologisch und nicht numerisch – und, wie du ja sicher weißt, Piaget hat schon immer behauptet, die Kinder dächten zuerst topologisch und die euklidische Geometrie und die Arithmetik kämen erst später. Hast du übrigens von einem Mann gehört, der hieß Thompson, der mit Katzen gearbeitet hat?

Heinz: Nein. Mit was hat er gearbeitet?

Ernst: Mit Katzen. Seine Experimente waren etwas umstritten, und ich weiß nicht, ob sie je bestätigt worden sind. Aber er hat behauptet, im Katzenhirn Neuronen gefunden zu haben, die ebenso auf drei plötzliche Geräusche reagieren wie auf drei Lichtblitze. Und andere reagieren auf vier, auf fünf und so weiter, bis sieben. Das hat mich sehr interessiert, weil ich immer nach etwas suchte, womit man erklären könnte, daß wir fähig sind, ein Muster aus einer Wahrnehmungsform in eine andere zu übersetzen.

Heinz: Das ist ja eine wunderschöne Anwendung des Prinzips, das der Johannes Müller um 1830 publiziert hat. Das sagt folgendes: Ein Nerv antwortet immer gleich, ob er angeregt worden ist von einem Schuß, einem Knall, von einem Lichtblitz, von einem Kitzeln, von einem Geruch, von einer chemischen Substanz oder was immer. Er antwortet immer gleich. Aber wenn es sich um einen Nerv handelt, der von der Retina kommt, dann wird das als Licht gesehen, wenn er von der Nase kommt, wird es als Geruch empfunden, wenn es vom Ohr kommt, als ein Ton. Aber die Ursache kann nicht deduziert werden.

Ernst: Das ist das Prinzip der undifferenzierten Kodierung – das habe ich erst viel später von dir gelernt.

Heinz: Das ist die Grundlage für die Übersetzung von Wahrnehmungsmodalitäten.

Ernst: Ja, ich wollte aber mehr. Ich wollte mir erklären, wie zum Beispiel Kinder etwas sehen und es dann in eigene Bewegungen umsetzen.

Heinz: Da brauchst du eine andere Operation, die gewissermaßen die Umkehrung ist.

Ernst: Sicher – aber das ist etwas, das Kinder hervorragend machen. Sie sehen etwas und können es dann im eigenen motorischen System wiederholen, obschon sie ja kein visuelles Bild von ihren eigenen Bewegungen haben. Mich hat das interessiert, weil ich über diese Fähigkeit schon als Teenager gestaunt hab. Ich war da viel in St. Anton am Arlberg und war dort sozusagen in der Lehre, um Skilehrer zu werden. Eine unserer Aufgaben war es da, am Samstagnachmittag mit den Schulkindern Ski fahren zu gehen. Wir waren drei oder vier Lehrlinge und hatten jeder etwa ein halbes Dutzend sechs- oder siebenjährige Knirpse.

Heinz: Wie alt wart ihr?

Ernst: Ich war 17 oder 18. Da hat man schnell gemerkt, es hat überhaupt keinen Sinn, den Kindern etwas zu erklären. Man hat einfach gesagt, kommt hinter mir her, fahrt mir nach, macht, was ich mache. Die haben sehr schnell gelernt, und nach zwei, drei Samstagen fuhren die schon ganz nett; nach zwei Monaten fuhren sie ausgezeichnet. Das ist freilich kein Wunder – aber es hatte einen erstaunlichen Aspekt. In St. Anton sah man die Übungswiese von der Dorfstraße aus. Und da sahen wir manchmal unter der Woche, wie zwei oder drei von diesen ganz kleinen Knirpsen herunterfuhren – und an ihrer Stellung sah man sofort, von wem sie es gelernt hatten. Die Art und Weise, wie sie die Arme hielten, die Handstellungen, alle die kleinen Bewegungen, die beim Skifahren eigentlich keine Rolle spielen, die aber persönlicher Stil sind, die hatten sie genau von dem Hans, dem Sepp oder dem Ernst abgeschaut. Sie waren wie Miniaturkopien von dem, der es ihnen an den Samstagen vorgemacht hatte.

Heinz: Das ist lustig …

Ernst: Es hat alle Leute überrascht. Als ich dann später in die Psychologie kam, habe ich mich gefragt, wie wird das gemacht. Wie werden unbewußte visuelle Eindrücke in eigene motorische Programme übersetzt? In der Psychologie wird das als Imitation abgetan, als sei es kein Problem. Als ich von Thompsons Katzen las, habe ich eben gedacht, da muß es im Nervensystem Muster geben, die sowohl in der Wahrnehmung als auch im motorischen Netzwerk funktionieren können.

Heinz: Das ist sicher möglich, aber hier werden wir das nicht studieren und belegen können.

Johannes Müller, Piaget, Byzantiner: Realität ist unerkennbar

Ernst: Auch wenn man es belegt, sprechen solche empirische Beobachtungen doch dafür, daß die Begriffe nicht in den beobachteten Dingen liegen, sondern durch die Wahrnehmung, durch das Messen und eben durch das Begreifen hineingebracht werden. Aber auf die herkömmliche Denkweise hat das selten einen Effekt. Das war ja bei dem Prinzip von Müller, das du zum Glück wiederentdeckt hast, auch so.

Heinz: Das war 150 Jahre lang vergessen.

Ernst: Dabei zeigt es doch gerade den Leuten, die an empirische Verifikation glauben, daß Vorstellungen nur von dem Beobachter gemacht werden können. Ich hab in Georgia 18 Jahre in dem *Department of Psychology* gearbeitet, einer Abteilung von 50 Psychologen, ein halbes Dutzend hat sich speziell mit Wahrnehmung beschäftigt, aber den Johannes Müller hat da niemand erwähnt.

Heinz: Und Piaget haben sie wahrscheinlich ebenso mißverstanden wie die Chomsky-Leute bei dem Symposium in Royaumont.

Ernst: Alle bis auf den Charlie Smock, der mir Piaget zu lesen gegeben hat.

Heinz: Was Piaget in Royaumont gesagt hat, das ist so schön, so klar, ich lese es immer wieder. Hast du das im Gedächtnis?

Ernst: Heinz, das ist ein sehr dickes Buch. Kannst du mir genauer sagen, was du meinst?

Heinz: Hier ist das Buch – ich lese dir den Anfang von Piagets Eröffnungsrede vor:

> *Fifty years of experience have taught us that knowledge does not result from a mere recording of observations without a structuring activity on the part of the subject. Nor do any a priori or innate cognitive structures exist in man; the functioning of intelligence alone is hereditary and creates structures only through an organization of successive actions performed on objects. Consequently, an epistemology conforming to the data of psychogenesis could be neither empiricist nor preformatist, but could consist only of a constructivism, with continual elaboration of new operations and structures. The central problem, then, is to understand how such operations come about, and why, even though they result from nonpredetermined constructions, they eventually become logically necessary.*

Ist das nicht schön?

Ernst: Das ist herrlich, aber die Zuhörer damals haben nicht einen Moment versucht, sich bewußtzumachen, was er sagte. – Eine kleine Fußnote: Wenn Piaget *intelligence* sagt, meint er etwas wie *mind.* Im Französischen gibt es ja kein Wort dafür.

Heinz: Beim Lesen des Buches habe ich mich öfters gefragt, konnten die anderen Piaget nicht verstehen oder wollten sie nicht?

Ernst: Ich glaube, daß da beides mitspielt. Piaget hat ja immer wiederholt, daß das Wissen kein Abbild der Welt ist. Die meisten verstehen da statt *kein* Abbild kein *genaues* Abbild. Daß es *nichts* abbilden soll, das können sie nicht schlucken. Das ist oft wahrscheinlich ganz unbewußt. Sie können aus den vorgefaßten Begriffen nicht aussteigen.

Heinz: Das ist eigentlich nichts Neues.

Gott hat die Realität geschaffen, wir schaffen Wirklichkeiten

Ernst: Das geht durch die ganze Geschichte unserer Philosophie. – Da waren Theologen in Byzanz, Ende des 2. Jahrhunderts, die ein Argument formulierten, das die Ansicht der Skeptiker besser begründet als das Mißtrauen gegenüber den Sinnen. Wenn Gott allmächtig, allgegenwärtig und allwissend ist, meinten sie, dann gehört er nicht in die Kategorie unserer Erlebnisse. Wir erleben nichts, das diese Eigenschaften hätte. Doch wir schaffen alle unsere Vernunftbegriffe aufgrund unserer Erlebnisse – darum ist es unmöglich, Gott mit diesen Begriffen zu erfassen. Freilich hat der Papst der römischen Kirche – ich glaube, es war der erste oder der zweite – diese Theologen als Ketzer verdammt, denn er wollte doch das Verbindungsglied von Gott zu den Gläubigen sein.

Heinz: Das hat den Luther dazu geführt, diese Einbahn-Befehlslinie von Gott zu Papst zu Mensch in einen Kreis zu schließen, wo der Mensch wieder durch das Gebet an den Gott herankommen und sich beschweren kann. Daher wurden die ersten Protestanten soweit wie möglich verbrannt, denn diese Informationsschleife war gefährlich und mußte unterbrochen werden.

Ernst: Die Byzantiner haben freilich auch gebetet, denn sie bestritten keineswegs die Eingebung. Aber sie sagten, daß Vernunft und rationale Begriffe da nicht zuständig sind. Da hatten sie völlig recht, und ich finde das sehr interessant, weil es ebenso für unser Wissen von der Realität gilt, die außerhalb des Erfahrungsbereichs liegen soll. In unserer Philosophiegeschichte hat es lange gedauert, bis diese Einsicht aufgetaucht ist. Erst zu Beginn der Renaissance, als zum erstenmal eine Wissenschaft entstand, die mit dem kirchlichen Dogma nicht vereinbar war, also mit Kopernikus und Kepler, riet der Kardinal Bellarmin dem Galileo, er solle seine Wissenschaft doch nicht gegen die Überlieferung der Kirche ausspielen. Der Vorschlag, das rationale Wissen vom Mystischen, von der mystischen Eingebung, zu trennen, war und ist für mich maßgebend. Viele, auch unter den Konstruktivisten, sind damit nicht einverstanden, aber für mich ist diese Trennung unbedingt.

Heinz: Ich bin entzückt, Ernst, daß auch du diese Trennung siehst, denn das mystische oder das magische Denken, wie ich es nenne, hat eine fundamental andere Struktur als das rationale Denken.

Vico, Berkeley und der Begriff der „Black Box"

Ernst: Vico hat das sehr schön herausgebracht. Er spricht vom rationalen Wissen und von der poetischen Eingebung. Und er ist, soweit ich weiß, der erste, der das auch formal begründet. Er hat ein Modell der Sprache, und das ist eigentlich sehr einfach. Im Rationalen, sagt er, muß das Symbol oder das Wort zur gleichen Zeit vorhanden sein wie das, was es bedeutet. Die Bedeutung und das Wort müssen beide erreichbar sein.

Heinz: Sie fallen zusammen?

Ernst: Nein, sie fallen nicht zusammen, aber sie müssen beide dasein in der Erlebenswelt, damit man die Verbindung machen kann.

Heinz: Ja, das ist klar.

Ernst: Die Verbindung ist der semantische Nexus. Das nennt er freilich nicht so, aber wie ich ihn interpretiere, ist das genau das, was er meint. Die Dichter und die Mystiker, erklärt er, verwenden Metaphern so, wie die Künstler Bilder malen und nicht in Worten ausdrücken können, was das Bild bedeutet. Die Bedeutung muß vom Beschauer gebaut werden.

Heinz: Das ist sehr schön.

Ernst: Mir hat das sehr gefallen, denn jeder, der sich mit Malerei befaßt, weiß es. Der Kunstkritiker kann ihm sehr viel erklären über die Farbtöne und die Kontraste, die Komposition, die Geometrie usw., aber das alles erklärt nicht, wieso das Bild auf seine Gefühle wirkt. Das sind also zwei verschiedene Domänen, die voneinander praktisch unabhängig sind. Vico hat es meiner Ansicht nach richtig gesagt: Bei den Metaphern und den sprachlichen Ausdrücken der Mystiker ist die Bedeutung nie handgreiflich zu haben. Und was mich betrifft, gilt das auch für die Metaphysik.

Heinz: Diese übertragene Handgreiflichkeit, nämlich das Tun, das Bewegen mit den Händen, das Manipulieren mit Gegenständen, das erzählst du ja sehr schön in diesem Artikel hier. Da sagst du, Vico bricht mit der philosophischen Tradition, indem er die Aktion als eine wesentliche Sache voranstellt; und da schreibst du sehr schön im zweiten Abschnitt: als Vico erklärte, Menschen könnten nur das wissen, was sie selbst gemacht hätten, wohingegen Gott die Welt kenne, weil er sie selbst geschaffen habe. – Da würde ich das Prinzip des Schaffens und Wissens generalisieren. Gleichgültig, ob du Gott bist oder Mensch, du verstehst nur, was du geschaffen hast.

Ernst: Genau.

Heinz: In manchen Fällen, heißt das, wird der Mensch zu Gott, weil er das und das schafft.

Ernst: Vico sagt das auf lateinisch: *Deus naturae artifex, homo artificiorum deus* – Gott ist Schöpfer der Welt, der Mensch Gott der Artefakte.

Heinz: Die Computerleute, die sagen doch, wir konstruieren das Programm, wir spielen den lieben Gott bezüglich der Programmgestaltung.

Ernst: Und Programme sind ja zweifellos Artefakte. Und unser ganzes rationales Wissen ist auch ein Artefakt – das war das Revolutionäre in Vico. Er hat das 1710 in Neapel veröffentlicht, und das ist genau das Jahr, in dem Berkeley sein epistemologisches Hauptwerke in Dublin publizierte. Das hat mich immer frappiert. Berkeleys Philosophie ist ja in vielen Beziehungen parallel zu Vicos. Vico hat fast niemand gelesen, und Berkeley haben meiner Ansicht nach die meisten mißverstanden.

Heinz: Sag mir, was da mißverstanden wurde.

Ernst: Berkeley hat doch dieses Motto formuliert: *Esse est percipi* – Sein ist wahrgenommen werden. Fast alle haben das als ontologische Aussage aufgefaßt. Ich interpretiere es einfach als eine Definition des Wortes „sein" oder „existieren", das Berkeley für sich und seine Leser klarstellt. Er sagt ausdrücklich, wenn ich das Wort *esse* oder „sein" oder „existieren" verwende, dann heißt das für mich, da ist etwas, das ich sinnlich erfahren habe, etwas, das ich sehen, hören, riechen usw. kann. Er sagt ja wörtlich, er wüßte nicht, was das Wort „existieren" sonst bedeuten sollte. Wenn man das dann immer so auslegt, dann wird Berkeleys Philosophie verständlich, und es ist gar nichts Unsinniges daran. Sein System wird dann in gewissem Sinn konstruktiv. Was man sich durch die Wahrnehmung aufgebaut hat, das existiert für einen.

Vico geht weiter und gibt schon Hinweise, wie dieses Aufbauen vor sich geht. Berkeley aber wurde Bischof, denn er betont das Mystisch-Metaphysische. Gott, sagt er, nimmt die Welt dauernd wahr, und deswegen existiert sie für ihn. Und weil wir die Geschöpfe Gottes sind, haben wir teil an dieser Dauerhaftigkeit der Existenz. So kommt er zu einer metaphysischen Ontologie. Aber er hat das ganz klar von dem rationalen Modell der Wissenstheorie getrennt.

Heinz: Du hast schon öfters das Wort „Modell" benutzt. Gerade jetzt hast du „Modell der Wissenstheorie" gesagt. Da ist also Modell sozusagen eine Art Anweisung des Verstehens. Man könnte Modell mit Programm übersetzen.

Ernst: Ja. „Programm" geht sehr gut.

Heinz: Du hast aber „Modell“ auch anders verwendet – wenigstens habe ich es so empfunden –, nämlich als wäre es ein Modell *von* etwas, was in vielen Fällen …

Ernst: Ich hoffe nicht! Das heißt, ich habe es nicht so gemeint.

Heinz: … in den meisten Fällen, wenn ich höre, es macht jemand ein Modell, dann frag ich, von was, von einer Eisenbahn, von einem Schiff, von einem Düsenjet. Ich denke also, es ist ein Modell von etwas. Aber das ist also nicht, was du meinst.

Ernst: Nein. Ich meine Modell so wie in …

Heinz: Wie eine Anweisung

Ernst: „Anweisung“ geht manchmal, „Programm“ auch – aber nicht immer. Eigentlich meine ich es so, wie es, glaube ich, in der Kybernetik erster Ordnung verwendet wurde. Da nannte man etwas eine black box, weil man nicht hineinschauen konnte, um die Funktion zu beobachten. Also sagte man sich, ja, wenn der Mechanismus so und so wäre, dann käme bei gleichem Input ebendieser Output heraus, den ich hier an der *black box* beobachte. Das Modell war also ein hypothetischer oder tatsächlich konstruierter Mechanismus für etwas, an das man nicht herankam.

Heinz: Gut.

Ernst: In dem Sinn ist ein Modell ein hypothetisches Konstrukt. Und mir ist wichtig, daß man, wenn man ein Modell gebaut hat, das gut funktioniert, nicht glauben darf, die *black box* müßte deswegen auch so sein.

Heinz: Sehr gut. Aber in vielen Fällen kann durch das Wort „Modell“ ein Mißverständnis entstehen. Viele denken, wenn ich ein Modell von einer Lokomotive mache, dann ist das Modell wahrscheinlich kleiner, aber sonst doch wie die Lokomotive.

Ernst: Ja, das Wort „Modell“ wird sehr vielfach verwendet. Die Modezeichner kreieren ja auch Modelle – und das ist auch zweideutig, denn was sie da konstruieren, muß auf schlanke, junge Damen passen, und die nennt man auch Modelle! – Und wenn wir von Puch-Motorrädern sprechen oder von Ferraris, dann ist ein Modell weder ein hypothetisches Konstrukt noch ein Programm, das man einer *black box* zuschreibt, sondern eine Nachgestaltung, von der man erwartet, daß sie die tatsächliche Maschine angemessen darstellt.

Heinz: Eben. „Modell" ist ein Wort, mit dem man vorsichtig umgehen muß.

Ernst: Da hast du recht. Jetzt, da wir es geklärt haben, werde ich versuchen, es umsichtiger zu benutzen.

Heinz: Vor diesem Ausflug in die Semantik hast du von Vico und Berkeley erzählt, und ich erinnere mich, daß du auf dem Piaget-Kongreß in Bergamo die beiden irgendwie mit Piaget zusammengebracht hast. Da war aber die Lautsprecheranlage so verheerend, daß ich fast nichts gehört habe. Könntest du das kurz zusammenfassen?

Ernst: Das ist sehr einfach. Berkeley sagte, daß die Welt, die wir uns vorstellen, und unser Wissen nur aus der Erfahrung erwachsen können. Vico hat erklärt, daß wir etwas nur dann wissen, wenn uns klar ist, wie und aus welchen Bestandteilen wir es zusammengesetzt haben. Ich bin sicher, daß Piaget nie von Vico gehört hat, und Berkeley hat er wahrscheinlich nicht gelesen, weil der in der Philosophiegeschichte ja fast immer als Spinner oder als Bischof abgetan wird. Piaget ist aber von sich aus zu dem Schluß gekommen, daß die Welt, die wir kennenlernen, unmöglich ein Abbild der Realität sein kann, sondern von uns konstruiert wird. Und dann hat er etwas hinzugefügt, das im 18. Jahrhundert buchstäblich undenkbar war. Er hat aus Darwins Evolutionstheorie den Begriff der Anpassung geborgt und die gesamte kognitive Aktivität als Instrument der Anpassung betrachtet. Dadurch hat er eine Lücke gefüllt, die meiner Ansicht nach der tiefere Grund war, weswegen weder Berkeley noch Vico sich durchsetzen konnten. Bei ihnen hing das Wissen sozusagen in der Luft, denn sie hatten die Verbindung zur Realität glatt abgeschnitten. Die Anpassung stellt da wieder eine Beziehung her – keine abbildende Verbindung, sondern das Verhältnis des Passens. Das Schlimme ist, das Wort „Passen" sagt zuviel. Es kommt nur aufs Durchkommen an.

Heinz: Du hast doch auch die Schlüsselmetapher verwendet und vom Erschließen gesprochen. Das finde ich sehr gut.

Ernst: Das habe ich von dem Xenophanes. Mir hat es gefallen, weil der Schüssel wohl die Türe aufsperrt, aber nichts über das Schloß sagt oder was dahinter liegt.

Heinz: Er erschließt Möglichkeiten.

Ernst: Genau, Möglichkeiten. Da gibt es doch die Geschichte von dem blinden Mann – ich glaube, die ist von Bateson.

Heinz: Die kenne ich nicht.

Was die Blinden sehen (Kant hat es schon gewusst)

Ernst: Die ist sehr hübsch. Ein Blinder wird in ein neues Dorf gebracht. Da geht er herum mit seinem weißen Stock, und nach einigen Tagen oder Wochen kennt er sich recht gut aus in dem Dorf und kann zuversichtlich spazierengehen. Die Frage ist nun, was hat er gelernt? Man würde sagen, jetzt kennt er das Dorf. Aber das Dorf kennt er nicht, er weiß nur, wo er gehen kann, ohne an Hindernisse anzustoßen.

Heinz: Dieses Beispiel vom Bateson hab ich nicht gekannt.

Ernst: Ich glaube, es stammt vom ihm.

Heinz: Das ist durchaus möglich. Es erinnert mich an ein ähnliches Erlebnis. Ich hatte einen Schüler, einen jungen Mann, der wußte, daß ich mathematisch interessiert bin, und wußte auch, daß man in unserem Laboratorium große Freiheit für Ideen hatte. Er hieß Peter Durant, konnte Deutsch und Englisch und hatte die Absicht, ein ganz wichtiges Werk, nämlich David Hilberts *Grundlagen der Ma-*

thematik, vom Deutschen ins Englische zu übersetzen. Er hatte es im MIT versucht, dort aber nicht die richtigen Leute gefunden oder vielleicht kein großes Interesse. Darum kam er zu mir nach Illinois. Jede Woche saß er ein, zwei Stunden bei mir im Büro, erzählte von seiner Arbeit und fragte, ob er dies oder jenes richtig übersetzt habe.

Ernst: Wenn er blind war, wie hat er das Original gelesen? Gibt's Hilbert denn in Braille?

Heinz: Nein; da muß ich wieder einmal weiter zurückgreifen. Die Universität von Illinois ist berühmt wegen ihrer Bemühung, einen idealen Studienplatz für Körperbehinderte einzurichten. Alle Gebäude sind über Rampen für Studenten in Rollstühlen zugänglich; für Blinde hat das ganze Universitätsgelände ein elektronisches Pilotensystem, das dem Studenten überall sagt, wo er sich befindet; eine hervorragende Abteilung für Physiotherapie kann frei benutzt werden und steht auch für therapeutische Ausbildung zur Verfügung; Freiwillige, auch wieder Studenten, sind „Leser", die für Blinde lesen, usw.

Ernst: Das ist ja unwahrscheinlich!

Heinz: Ja, ich war auch sehr beeindruckt. Zum Beispiel mußte ich lernen, einem jungen Menschen im Rollstuhl nicht zu helfen, Türen aufzumachen oder andere Hindernisse zu überwinden. Das Gefühl der Selbständigkeit ist für diese Menschen sehr wichtig und soll nicht von einem falschgewickelten *do-gooder* kompromittiert werden.

Aber laß mich jetzt weiter von Peter Durant erzählen! Mein Büro war ein kleines Zimmer mit einem Schreibtisch, und hinter meinem Schreibtisch war mein Sessel und dahinter eine Tafel an der Wand. Peter Durant saß also vor meinem Schreibtisch und erzählte mir von seiner Übersetzung. Ab und zu, wenn er bestimmte Papiere oder Bücher erwähnte, stand er auf, zeigte über meinen Schreibtisch hinweg auf etwas und sagte, das steht übrigens da drin. Da hab ich mich natürlich umgedreht, um zu sehen, worauf er zeigt. Da war die Tafel und die Wand. Dann hat er sich hingesetzt und bald darauf wieder auf etwas gezeigt. Ich hab ich mich wieder umgedreht und war vollkommen verwirrt. Endlich fragte ich: „Peter, auf was zeigst du denn?"

„Na, ich zeig doch auf das Buch."

„Aber da ist doch kein Buch?"

„Doch", sagt er, „da ist doch mein Schreibtisch!"

Sein Schreibtisch war auf der anderen Seite der Wand im nächsten Zimmer. Und weil er blind war, hat er die Wand nicht gesehen. Er konnte durch die Wand durchschauen. Da hab ich gefragt: „Ja, aber wieso weißt du, wo dieses Buch ist?" – Sagt er: „Ganz einfach, wenn ich aufstehe von meinem Schreibtisch, dann dreh ich nicht *mich* herum, sondern ich drehe das *Biological Research Lab* um 90°. Dann schiebe ich es rückwärts, weil ich nach vorne gehe, durch die Tür; dann dreh ich's wieder um 90°, geh den Korridor entlang, drehe das *Lab* wieder, komme bei deiner Tür herein und dann, wenn ich mich auf den Stuhl hier setze, dreh ich das *Lab* noch einmal. Daher weiß ich genau, wo ich bin."

Ernst: Ganz nahe an seinem Buch – der Luftlinie nach!

Heinz: Und die Wand gab es für ihn nur in seiner Bewegungswelt, in der Orientierung gab es sie nicht.

Ernst: Heinz, das ist herrlich.

Heinz: Ja, ich war auch vollkommen hingerissen.

Ernst: Es gab sogar eine didaktische Anwendung von dieser Fähigkeit. Ich hab ja schon erzählt, nachdem das Ceccato-Projekt beendet wurde, arbeitete ich in dem Informationsinstitut in Mailand. Paulo Terzi, der Direktor des Instituts, das war ein guter Freund. Seine Schwester Ada befaßte sich mit den Kindern in der Mailänder Blindenanstalt. Ganz von selbst arbeitete sie eine Methode aus, um den Blinden Geometrie beizubringen – und zwar durch das Gehen. Sie zeigte ihnen, wie man ein Dreieck geht, ein Quadrat, einen Kreis und so weiter.

Heinz: Genau wie bei meinem Studenten.

Ernst: Offenbar ist sie selbst auf diese Idee gekommen. Und das war unglaublich erfolgreich. Es ist ihr sogar gelungen, den blinden Schulkindern den pythagoräischen Lehrsatz verständlich zu machen, als Muster, das man auf dem Fußboden durch das eigene Gehen konstruiert.

Heinz: Wunderbar. Aber ist es nicht seltsam – sobald jemand so etwas gemacht hat, fragt man sich, wieso Leute nicht schon viel früher darauf gekommen sind. Im Grunde ist dies doch sehr naheliegend?

Ernst: Freilich, man muß nur erkennen, daß eine Zeichnung – in diesem Fall ein Dreieck und die Quadrate seiner Seiten – nur dadurch zustande kommt, daß man den Bleistift bewegt. Und die Bewegung kann man natürlich auch mit den Füßen machen. Kant hat ja schon gesagt, daß eine Linie nur dadurch entsteht, daß man sie zieht.

Heinz: Das hat er gesagt?

Ernst: Wörtlich – aber in allem, was ich über Kant gelesen habe, wurde das nicht erwähnt. Und heute können wir da hinzufügen, daß man dieses „Ziehen" auch ohne Bleistift durch die Bewegung der Aufmerksamkeit machen kann.

Der Wiener Kreis lehrt Heinz, was Zahlen sind

Heinz: Vielleicht könnten wir jetzt auch über die verschiedenen Einstellungen der Mathematiker reden und über das Lernen der Mathematik. Wir haben vorhin von der *Numarete* und dem *subitizing* gesprochen und von den Mustern, die auch als Zahlen bezeichnet werden und dann durch Zählen mit dem eigentlichen Zahlbegriff zusammenfallen. Das hat mich an meine frühe Mathematikerperiode erinnert, das heißt an meine Lernperiode auf der Universität. Da habe ich das Glück gehabt, die Denker des *Wiener Kreises* kennenzulernen, und die haben mich unerhört beeindruckt.

Ich war ein begeisterter Zuhörer von Philosophen wie Carnap und Reichenbach, Waismann und Wittgenstein, den führenden Geistern im *Wiener Kreis*. Die haben mein philosophisches Weltbild umgeknetet und gewisse Annahmen, die ich vorher geglaubt hatte, unterhöhlt. Ihre Stellung gegenüber Zahlen und Mathematik war sehr verschieden von der orthodoxen. Die herkömmliche Ansicht war, daß man die mathematische Welt entdeckt, das heißt, die sitzt irgendwo, und da zieht man dann einen Schleier, eine „Decke", weg. Dem gesegneten Schauer wird plötzlich Addition gezeigt, das heißt, er ent-deckt jetzt, wie man addiert, wie man die Zahlen sieht, wie man mit ihnen umgeht. Als würden da die mathematischen Geheimnisse enthüllt, die vorerst unter einer Hülle versteckt waren. Der *Wiener Kreis* hat gesagt, das ist alles verfehlt. Die Mathematik wird immer wieder erfunden. Die Zahlen sind eine Erfindung, die Mathematik ist eine Erfindung. Es ging sogar so weit, daß sie sagten, das sei alles ein Spiel. Wir erfinden uns die Regeln, und dann folgen wir den Regeln. Wenn sie auf diesem und jenem Gebiet nicht anwendbar sind, dann erfinden wir uns neue Regeln. Fragte man zum Beispiel: Wieso entstehen die negativen Zahlen? Dann sagten sie, die negativen Zahlen entstehen nicht, weil wir sie entdecken, sondern weil wir eine Rechnung machen wollen, die eine Lösung hat, nämlich 2 weniger 3. Solange du nur positive Zahlen hast, kriegst du da keine Lösung. Also erfindet man etwas, um aus 2 weniger 3 eine Lösung zu bekommen. Da entsteht dann -1. Das heißt nicht, -1 hat schon darauf gewartet, daß ich es aus der Versenkung hervorziehe. Es heißt, ich habe den Wunsch, diese Gleichung zu lösen und eine Antwort zu bekommen, also erfinde ich mir die Zahl -1. Wenn man das einmal sieht, dann sieht man auch viele andere Sachen. In der Physik zum Beispiel, wo man immer glaubt, es handelt sich um Teilchen, die gefunden werden. Die Teilchen werden nicht *ge*funden, sie werden *er*funden, um eine Ungleichung in eine Gleichung zu verwandeln. Das Energieprinzip sagt, Energie soll erhalten bleiben. Jetzt macht man ein Experiment, und auf einmal bleibt die Energie nicht erhalten, auf einmal fehlt da etwas. Ja, was fehlt denn? Ach so, das muß ein Teilchen sein. Also wird ein Teilchen in das Loch gestopft. Ein Teilchen wird erfunden, und die schöne Energiegleichung geht wieder auf. Später, als ich über das Lernen und Lehren von Mathematik nachzudenken anfing, hat mich dieses Problem wieder berührt. In den meisten Fällen wird Mathematik so gelehrt, als wäre sie zu entdecken, als sei sie eine autoritäre Wissenschaft, wo der Lehrer den Schülern sagt, wie die Mathematik geht. Nimmst du aber die Erfindungsposition ein, dann sagst du, wir wollen da etwas erfinden, so daß dieses oder jenes funktioniert. Und wenn man den Kindern sagt, jetzt müßt ihr eine Mathematik erfinden, dann sind sie ganz begeistert. – Ich wollte das vorbringen, denn du hast dich ja wirklich professionell mit diesem Problem beschäftigt. Was sagst du dazu, wie findest du diese Idee?

Ernst: Du hast das sehr schön erklärt. Das ist genau, was ich auch glaube. Die Mathematik ist freilich eine freie Erfindung, nur wird das sehr oft mißverstanden, weil die Leute sagen, ja wenn es so frei ist, warum ist dann 2 x 2 immer 4?

Heinz: Ja, und da sagen die Leute, das wird eben entdeckt.

Ernst: Die freie Erfindung heißt freilich nicht, daß du, wenn du einmal gewisse Regeln angenommen hast, diese Regeln willkürlich brechen darfst. Das ist genau wie beim Schachspielen, da nimmst du an, daß die Schachfiguren sich auf bestimmte Art und Weisen bewegen. Die Situationen, die du dann konstruierst, und die Züge, die dann möglich sind, erwachsen als Konsequenzen der Anwendung der akzeptierten Regeln. Wie ich es sehe, ist das in der Mathematik genau gleich. Da macht man gewisse Regeln, und die ersten Regeln betreffen das Zählen. Das Zählen beruht auf komplizierteren Regeln, als die meisten Leute bewußt erfassen. Sie können wohl zählen, sind sich aber nicht immer darüber im klaren, was sie da alles machen. Da spielt die Sache, die du mit deiner *Numarete* gezeigt hast, eine große Rolle. Um zu zählen, mußt du zunächst einmal den Begriff der Ein-heit haben. Dann mußt du Ein-heiten wahrnehmen, das heißt wahrnehmungsmäßig konstruieren können. Du mußt sie sehen oder darauf zeigen oder sie auf einem Tisch verrükken oder in einem Abakus auf der Stange verschieben. Und mit jeder Ein-heit, die du verschiebst, mußt du ein Zahlwort aus einer festgelegten Serie von Zahlwörtern sagen. Die Serie darfst du nicht verändern. Folgst du diesen Regeln, dann ist es gar kein Wunder, daß 2 und 2 immer 4 ergeben. Ein anderes Resultat könntest du nur bekommen, wenn du auf einmal anfingst, statt in der normalen Reihenfolge 1, 2, 7, 6 zu zählen und dadurch eine angenommene Regel zu brechen. Dann wäre 2 + 2 nämlich 6.

Heinz: Das ist, wie wenn du im Schach deinen bedrängten König zwei Quadrate weit schiebst statt nur eines. Dann trittst du aus dem Spiel aus.

Ernst: Ja – und wenn mein Gegner mir erklärt, warum das so ist, dann *entdecke* ich, daß ich eine Regel gebrochen habe. Das zeigt auch, daß es die Regeln sind, die es bestimmen, wann mein König schachmatt ist. Das erfindet man nicht während des Spiels, man entdeckt es – und bekommt einen Riesenschreck.

Heinz: In der Mathematik ist das freilich auch so, da bedingen die Regeln eine Menge Sachen, die man nicht ohne weiteres vorhersehen kann.

Ernst: Piaget gibt das schöne Beispiel, wie ein Kind zum erstenmal darauf kommt, daß es ganz gleich ist, ob es die acht Marbeln, die es im Kreis angeordnet hat, rechts herum oder links herum zählt. Es kommt immer auf 8. Und Piaget sagt sehr schön, diese 8 ist ja nicht eine wahrgenommene Tatsache, sondern das Resultat geregelter Handlungen. Solange man diese Handlungen den Regeln nach durchführt, kommt man zu dem regelbestimmten Resultat. Und bei der Handlung des Zählens spielt die Richtung keine Rolle, aber laut einer Regel darf man jede Einheit nur einmal zählen. Das ist die *number constancy* – die Zahlkonstanz.

Heinz: Zuerst erfindet man, und dann entdeckt man, was die Erfindungen alles mit sich bringen.

Caramuel erzählt einen Traum / Die Mittelschule in Illinois

Ernst: Da fällt mir noch eine Geschichte ein, die paßt zu deiner *Numarete* und zur Erfindung der Ein-heit. Ich habe das schon mehr als einmal geschrieben, aber ich glaube, es ist wert, wiederholt zu werden. Im 17. Jahrhundert, etwa 60 Jahre, bevor Leibniz seine binäre Mathematik konstruierte, hat Juan Caramuel, der damals Bischof von Vigevano, der kleinen Stadt bei Mailand, war, nicht nur das binäre System, sondern die ganzen Zahlsysteme bis zur Basis Zwölf ausgearbeitet und veröffentlicht. Der Caramuel war ein unwahrscheinlicher Mensch. Er war Spanier, hatte in Rom am Vatikan als Philosoph, Mathematiker und Architekt gearbeitet und sich dort durch seine Ideen unbeliebt gemacht. Also wurde er als Bischof nach Vigevano verbannt, wo er ruhig und zufrieden weiterarbeitete und schließlich ein ungeheures Werk veröffentlichte, das er *Mathesis princeps* nannte. Das war lateinisch, aber ein Freund von mir hat zumindest die Einführung ins Italienische übersetzt. Gleich am Anfang spricht Caramuel vom Zahlbegriff und erzählt diese Geschichte: Da war ein Mann, der hatte die Gewohnheit, im Traum zu sprechen. Eines Tages schläft er, und die Uhr in seinem Wohnzimmer fängt an zu schlagen. Der Mann zählt laut: 1, 1, 1, 1 und sagt, die Uhr ist verrückt, die schlägt viermal eins. Da erklärt der Caramuel, das zeigt einem, daß die 4 von dem Hörer gemacht werden muß. Wenn er annimmt, daß es eine Uhr ist, die viermal schlägt, dann muß er die vier Schläge zusammennehmen, um eine 4 zu machen. Und dieses Zusammennehmen, das die Zahl 4 ergibt, ist eine mentale Konstruktion des Zuhörers.

Heinz: Das ist wunderschön, Ernst.

Ernst: Das ist eben die Ein-heit, die deine Maschine aus den Stäbchen macht und aus den Brezeln. Die Caramuel-Geschichte macht die Idee zunichte, daß die Zahl eine gottgegebene Angelegenheit ist. Die Geschichte macht auch klar, daß du noch keine Zahl hast, solange du 1, 2, 3, 4, 5 und so weiter zählst. Eine Zahl kommt erst in dem Moment zustande, wo du die ganze Zählreihe zusammennimmst und eine Ein-heit daraus machst.

Heinz: Ja, genau.

Ernst: Das ist natürlich nicht neu. In gewissem Sinn hat schon Euklid es in einem seiner ersten Sätze gesagt: Die Zahl ist eine Ein-heit von Mehrheiten.

Heinz: Nur sagt er dir nicht, wie du diese Mehrheiten bekommst oder wer sie zur Ein-heit macht. Das ist bei den ganzen Axiomen der Zahlentheorie, die von Peano und dann zur Zeit der *Wiener-Kreis*-Leute entwickelt worden sind, ja auch so. Die Ein-heit muß dasein. Man beginnt mit dem schönen Satz: Null ist eine Zahl. Und der zweite Satz sagt: N + 1. Diese 1 ist eine Zahl, und N + 1 ist auch eine Zahl. Damit ist die Sache erledigt. Man zählt eben immer + 1, und das ist genau wie bei dem Mann im Schlaf, der 1, 1, 1, 1 sagt. Es muß auf die mentale Operation zurückgeführt werden. Wenn du beweisen willst, daß 2 und 2 gleich 4 ist, dann mußt du sagen, ich hab da eine 2 – das sind 2 Einser – und eine andere 2 – auch 2 Einser; jetzt lege ich sie nebeneinander und zähle 1, 2, 3, 4 – das ist die Vier-heit.

Ernst: Aber die Mathematiker, soweit ich sie kenne, sagen einem nie, was dieses Plus bedeutet. Es bedeutet ja nicht nur, daß man eine neue Zahl nimmt, sondern auch, daß man sie mit den vorhergehenden zusammen nimmt und zu einer Ein-heit macht.

Von Peano habe ich einen schönen Aufsatz gelesen, über den Begriff der Zahl. Ich fand, er ist der einzige Ehrliche. Er sagt da ganz am Anfang: Im Mathematikunterricht soll man um Gottes willen nicht versuchen, den Kindern die Zahl zu definieren. Denn wenn sie in die Schule kommen, wissen sie schon, was das ist, und man würde sie nur verwirren. Das ist sehr ehrlich, denn die Definitionen, die du sonst bekommst, in der Mengenlehre zum Beispiel, die sind ja alle unsinnig. Die beschreiben, was da ist, aber nicht, wie du es bekommst.

Heinz: Die Idee von Peano wurde ja von den *Wiener-Kreis*-Leuten übernommen. Auch von Wittgenstein und einem anderen – der hieß Dinckel oder so ähnlich. Ich hab das Buch unten, aber das ist ja gleich. – Da ist aber etwas anderes. Ich glaube, ich hab dir schon gesagt, die Universität von Illinois hatte eine faszinierende Schule, eine *High School*, also eine Mittelschule, die gehörte zu dem Erziehungsdepartment. Das war eine experimentelle Schule, in der sie Erziehungs- oder Lehrtheorien anwenden und ausprobieren konnten. Diese Schule war also nicht in das allgemeine staatliche Schulsystem eingebaut, sondern eben mit einem Laboratorium verbunden. Meine drei Buben sind durch diese *High School* gegangen. Als ich erst kurz in Illinois war, haben die Leiter der Mathematikkurse in dieser Schule durch meinem Sohn Johannes von mir gehört, daß ich aus Wien kam und mich für Mathematik interessierte. Sie kamen mich besuchen – der eine hieß Beberman und war Mathematiker, der andere hieß Page und war Erziehungspsychologe. Kaum waren sie da, fragten sie: „Sie kommen doch aus Wien, hatten Sie je etwas mit dem *Wiener Kreis* zu tun?"

„Ja, als Student war ich mittendrin. Und die großen Professoren vom *Wiener Kreis* hab ich sehr verehrt und viel von ihnen gelernt."

„Also, das ist wunderbar. Wir wollen ein Unterrichtssystem erfinden, das sich eigentlich auf diese Peanoschen Ideen und die Ideen vom *Wiener Kreis* gründet. Auf die Grundidee, daß Mathematik erfunden wird. Wir wollen jetzt den Kindern einen Stimulus geben, Mathematik zu erfinden oder was immer sie da erfinden. Wir wollen das ausprobieren."

Da habe ich gesagt, das sei großartig.

„Ja, aber wir bekommen von der Universität einfach kein grünes Licht, um das anzufangen. Alle sträuben sich und sagen, das kann man nicht tun, das ist ein Unsinn. Wir brauchen also Leute, die uns ein Gutachten schreiben. Würden Sie das tun?"

Mit größtem Vergnügen, hab ich gesagt und habe einen langen Essay geschrieben und ihn ihnen gegeben. Zwei oder drei andere Leute haben dasselbe gemacht, und so bekamen sie tatsächlich die Bewilligung, ihr Mathematikprojekt durchzuführen. Es wurde dann verschrien als *new math*, die neue Mathematik, wo Booles Theorie natürlich auch darin war. Aber die Hauptidee war doch, daß man die Regeln, mit denen man operiert, erfindet und dann den Regeln folgen muß. Kurz und gut, die haben dann ein kleines Lehrbuch geschrieben, und die Einleitung von diesem Lehrbuch war einer der entzückendsten kleinen Essays, die ich kenne.

Ernst: Das war von dem Herrn Beberman. Das Buch habe ich gesehen.

Heinz: Ja, kannst du dich an diese Geschichte erinnern, wo erzählt wird von einem kleinen Buben aus der Stadt, der während der Ferien auf dem Land einen anderen Buben kennenlernt? Sie reden miteinander, spielen miteinander, haben großen Spaß, und dann, am Ende des Sommers, müssen sie sich natürlich trennen. Der Stadtbub geht zurück in die Stadt, aber er hat dem Landbuben versprochen, er wird ihm Mathematik beibringen, und der hat gesagt, sehr gut, schreib mir, wie das geht. Der Stadtbub stellt in seinem ersten Brief unter anderen die Frage: Was ist die Hälfte von 8? Der Landbub schreibt zurück: 3. Da fragt der erste: Wieso kommst du auf 3? – Ja, da schneide ich die Ziffer 8 in der Mitte durch, da steht dann ein Dreier zur Rechten und ein Dreier zur Linken, und zwei Dreier machen 8. – So ging das weiter in dem Buch, ein Beispiel nach dem anderen. Das war so lustig. Der Stadtbub hat dann plötzlich gesehen, daß es mit der Hälfte von 8 nicht so einfach ist. Da muß man nämlich noch viel mehr sagen, um 4 herauszubekommen. Da ist es klargeworden, daß die gewohnte Antwort auf so eine Frage nie die einzig mögliche ist und daß man bei jeder Frage die dazugehörenden Regeln kennen und den Zusammenhang oder Bereich kennen muß, in dem die Frage gestellt wird. Leider habe ich das Buch verloren.

Ernst: Ich werde zu Hause nachschauen. Ich kann mich erinnern, mit Beberman hat auch eine Frau gearbeitet, die hieß Hendrix …

Heinz: Ja, freilich …

Ernst: Von der habe ich vor kurzer Zeit einige Papiere gelesen und mir gesagt, die hat vor fast 30 Jahren beschrieben, was wir heute machen wollen. Daraufhin hab ich jemanden an der Universität in Illinois angerufen und habe erfahren, daß die Bücher und Papiere von dem Schulprojekt irgendwo in den Magazinen der Bibliothek von Illinois liegen, aber niemand wisse, wo. – Verstaubt, vergilbt und vergessen – deswegen sind die Ideen von Beberman auch heute noch zu revolutionär.

Fünf

McCulloch schickt Heinz nach Urbana

Heinz: Nach der ersten Phase meiner Gedächtnistheorie habe ich mich viele Jahre nicht mehr explizit mit Problemen wie Gedächtnis beschäftigt. Dank der Empfehlung von Warren McCulloch kam ich auf die *Engineering School* der *University of Illinois* und sollte dort eine Stellung bekommen in ihrem Forschungslaboratorium *Vacuum* 2, also Vakuumröhren, Senderöhren usw. Wie das zustande kam, ist nicht nur eine Geschichte, sondern mehrere. Eine, wieso mir die Stellung angeboten wurde; dann, wieso die Stellung frei war – und das ist die Geschichte des Mannes, der das Vakuumlaboratorium gegründet hatte; und schließlich die unglaublichen Zusammenhänge, die es mir möglich machten, die Arbeitsbewilligung zu bekommen, ohne die ich die Stellung nicht hätte annehmen können.

Ernst: Komisch, mir scheint, das ist bei allen unseren Geschichten so, da sind immer zwei oder drei verflochten, nichts ist geradlinig, und vieles hängt mit den Geschichten anderer zusammen. Wenn ich zurückdenke, muß ich mir oft sagen, es sind lauter Zufälle, die unsere Leben bestimmt haben. Hätte ich unser Zelt nicht im Val di Sogno aufgestellt, dann hätte ich den Silvio Ceccato nicht getroffen und wäre wohl nie in die Kybernetik gekommen. Und nun sehe ich, daß es bei dir ähnlich war: Hättest du als Kind nicht mit der Maja Stromberg gespielt, dann hätte McCulloch wohl kaum von deinem deutschen Gedächtnisbuch gehört – und wer weiß, was du dann gemacht hättest. Mich hat es immer gestört, daß Sartre gesagt hat, „die anderen sind die Hölle"; was mich betrifft, waren es immer andere, die meinen Weg bereiteten.

Heinz: Genau – aber dann muß man eben bereit sein, den Weg zu gehen. Bei meiner Anstellung bei der Universität von Illinois hat das einiges gebraucht. Die Gründung des Laboratoriums an der *University of Illinois* – und das ist ein Roman für sich, eine tolle Geschichte, deren Anfang lange vor dem Krieg liegt. Soll ich ...?

Ernst: Freilich, wir reden ja dauernd von Erinnerungen, und die lassen sich nicht in eine chronologische Vergangenheit zwängen.

Heinz: Also gut. Da sind also drei Kapitel. Das erste, wie mir eine Stellung angeboten wurde, die ich nicht annehmen konnte, weil ich keine Arbeitsbewilligung hatte. Das zweite, wie das Laboratorium entstanden war und wieso da eine Stelle frei war. Und das dritte, wie ich die Arbeitsbewilligung bekam.

Kapitel 1: Nach dem Treffen mit der Macy-Gruppe sagte McCulloch, der damals der Chef der Neuropsychiatrischen Abteilung des großen Spitals der Universität von Illinois in Chicago war – alle großen Spitäler sitzen eben in großen Städten: „Ja, lieber Heinz von Foerster, was sind sie eigentlich? Psychologe, Historiker oder was?"

„Ich bin Physiker", hab ich gesagt.

„Ein Physiker? Ja, da gibt's für Sie bei uns hier überhaupt nichts zu tun. Sie müssen zu der eigentlichen Universität von Illinois gehen, die ist ungefähr 200 Meilen südlich von Chicago. Hier haben wir nur die Medizinische Fakultät, weil wir ja die Patienten brauchen; aber südlich von Chicago, in der Doppelstadt Champaign-Urbana, da ist der Hauptcampus der Universität von Illinois. Die hat etwa 40 000 Studenten, eine der größten Bibliotheken und ist also eine ganz führende Universität in Amerika."

So hat er mich in einen Zug gesetzt, und ich bin nach Champaign-Urbana gefahren. Es war eine aufregende Reise, meine erste Reise mit amerikanischen Zügen. Von Zeit zu Zeit ist ein Schaffner gekommen und hat einen unverständlichen Ausruf gemacht. Das war die Ankündigung der nächsten Station, aber die Namen hab ich nie verstanden. Wenn ich da hinausgeschaut hab, was für eine Station es war, konnte ich nichts lesen. An den Bahnhöfen war nichts angeschrieben. Man mußte verstehen, was der Schaffner ausrief, fünf Minuten bevor man in die Station einfuhr, aber mir waren seine Schreie unverständlich. Ich war also sehr nervös. Wie werde ich in Champaign-Urbana wissen, daß es Champaign-Urbana ist? Ich stand also am Fenster und versuchte jedesmal zu sehen, ob der Ort, in den wir gerade einfuhren, Champaign-Urbana heißen könnte. Endlich kommen wir in eine Station, und was seh ich – da steht ein alter Freund von mir und winkt mir zu. Es war der Willi Jentschke, der Physiker, den ich damals auf meiner Motorradfahrt über den Paß Thurn halberfroren besuchte.

Er war genau so alt wie ich. Um sich nach Kriegsende dem Zugriff der Russen zu entziehen, die alle Physiker aufschnappten und nach Rußland transportierten, verschrieb er sich dem anderen Teufel und ging mit den Amerikanern nach Amerika. Da gab es ein riesiges physikalisches Lager in der *Wright Patterson Air Force Base,* und da saßen alle die großen Physiker, haben Daumen gedreht und Schach und Poker gespielt. Aber auf die Dauer hat sie das Spielen gelangweilt. Wir würden gerne etwas arbeiten, haben sie gesagt, und wir hätten gerne Bücher. Da war die erste Antwort: „Ihr seid doch Wissenschaftler!"

„Jawohl, deswegen wollen wir Bücher haben."

„Aber ihr braucht doch keine Bücher, ihr wißt doch schon alles, deswegen seid ihr doch Wissenschaftler."

Irgendwie ist es ihnen dann doch gelungen, Bücher zu kriegen. Willi Jentschke kam dann nach Illinois. Später hat er die erste Beschleunigungsanlage in Deutschland gebaut, das DESY-Atom-Projekt, die ganz großen Atomanlagen in Hamburg; noch später war er Direktor von CERN, dem Zentrum der Kernforschung in Europa.

Nun stand dieser Willi auf dem Bahnsteig und winkte mir zu. Er hat schon gewußt, daß der Heinz von Foerster eben jetzt aus Chicago kommen wird. Wieso? Weil McCulloch die Physiker in Champaign-Urbana angerufen und ihnen gesagt hatte, es kommt ein Wiener euch besuchen, und der heißt Heinz von Foerster. Die haben natürlich den Wiener, den sie schon dort hatten, gefragt, ob er einen Heinz von Foerster kennt. „Na selbstverständlich", sagt der Willi, „das ist ein alter Kumpan von mir." – „Ja, der kommt jetzt in einer halben Stunde mit dem Zug hier in Champaign-Urbana an."

So stand Willi auf dem Bahnsteig, und ich brauchte nicht mehr herausfinden, wie die Station hieß. Dann sind wir zum Campus gefahren, ich wurde den ganzen Professoren vorgestellt. Sie führten mich durch die riesige Physikabteilung, und schließlich kamen wir in das *Departement of Electrical Engineering,* also die Abteilung für Elektroingenieure. Das war ein großes, wunderschönes Laboratorium, herrliche Tische, fabelhafte Instrumente usw., aber kein Mensch war zu sehen. Man erklärte mir, das ist das Laboratorium für Kurzwellenforschung, Millimeterforschung, Vakuumröhren und so weiter. Das hat mich natürlich ganz besonders interessiert, und darum fragte ich, welche Art von Forschung da gemacht wurde, verwendeten sie diese Methode oder jene? Offensichtlich hat sie das erstaunt.

„Ja, verstehen sie denn etwas von diesen Sachen?"?

„Einiges schon", sag ich, „damit hab ich ja jahrelang gelebt."

„Die Probleme der Kurzwellenübertragung und Signaltheorie?"

„Ja, ja, das ist mein tägliches Brot gewesen."

„Bei uns steht das zur Zeit still. Unser Direktor ist nicht mehr da, das Labor hat keine Führung. Würden sie das eventuell übernehmen?"

„Mit dem größtem Vergnügen", sag ich.

„Na also kommen sie herein, erzählen sie uns, was sie gemacht haben."

Wir gehen in einen Seminarraum, da war eine Tafel, und ich erzähl ihnen, was ich gemacht hab, und erkläre die Probleme, die mich beschäftigt haben. Und auf einmal sagt jemand: „Ausgezeichnet. Sie sind der Mann, den wir brauchen. Wir würden sie gern auf der Fakultät der Universität von Illinois als Direktor des *Electron Tube Research Laboratory* anstellen, das heißt für elektronische Röhrenforschung."

„Wunderbar. Hier ist meine Adresse, schicken sie mir einen Vorschlag."

Der Brief wurde geschrieben und erreichte mich dann in New York. Bewaffnet mit diesem offiziellen Angebot, ging ich dann zu den verschiedensten Immigrationsstellen in New York und sagte, ich möchte gerne die Arbeitserlaubnis haben, um diese Stellung anzunehmen. Kein Mensch in diesen Büros wußte, worum es da ging, und es schien, ich solle die Bewilligung nie bekommen.

Das ist die erste Geschichte.

Erste Geschichte des Vorgängers: Drama der russischen Flotte

Heinz: Kapitel 2: Was war das für ein Laboratorium? Wieso hat man sich an der Universität von Illinois mit Zentimeterwellen und Millimeterwellen befaßt? Alles ganz neue Sachen. Wer steckte da dahinter? Wer war der Direktor, der nicht mehr da war? – Es stellt sich heraus, dieser Direktor war ein faszinierender Mensch, ein Genie mit der unwahrscheinlichsten Karriere, die man sich vorstellen kann.

Als ich meinen Freund Willi Jentschke in Champaign-Urbana traf, war der ursprüngliche Gründer des Mikrowellenlaboratoriums schon seit zwei oder drei Jahren in Pension. Er war wohl schon an die 70 Jahre alt, und ein anderer hatte das Laboratorium übernommen. Der blieb aber nur ein halbes Jahr und wurde zu einem industriellen Institut abberufen. So blieb das Labor ohne Führung. Der Mann, der es gegründet hatte, trug den seltsamen Namen Josef Tykocinski Tykociner. Er war ursprünglich Pole, aber aus jener östlichen polnischen Gegend, die um die Wende des Jahrhunderts auf der russischen Seite lag. Also war er eigentlich ein russischer Staatsbürger polnischen Ursprungs und sprach sowohl Polnisch als auch Russisch. Schon früh interessierte er sich für Physik, für drahtlose Telegrafie, wurde ein Freund von Guglielmo Marconi, der ungefähr dasselbe Alter hatte. Tykociner hat dann in Polen und in Deutschland studiert. Seinen Doktor hat er in Berlin auf der Technischen Hochschule gemacht und ist sofort zu Siemens gegangen und hat in dem Siemens-Forschungslaboratorium in Berlin über drahtlose Telegrafie gearbeitet.

1904 oder 1905 hat der russische Zar sich entschlossen, drahtlose Telegrafie für seine Flotte und seine Armee einzuführen. Er wandte sich an Siemens, ob sie diese Entwicklung in Rußland durchführen könnten, und Siemens hat gesagt, natürlich, ist uns ein Vergnügen, können wir machen, wir haben einen Spezialisten hier, der kann Russisch, der kann Polnisch, der kann drahtlose Telegrafie, das ist Josef Tykocinski Tykociner. So fuhr Tykociner nach Rußland und hat den Russen eine ungeheure drahtlose Telegrafie gebaut. Das erste Signal hat er von St. Petersburg nach der Krim geschickt, wo der Zar gerade auf Sommerferien war. Der Zar war entzückt, hat ihn zu sich eingeladen und ihm eine goldene Uhr geschenkt, eine ganz wunderschöne goldene Uhr. Ich hab sie gesehen. Es war eine große, sehr dicke goldene Uhr. Vielleicht 6 cm Durchmesser, und sie ging immer noch, als ich ihn 60 Jahre später traf.

Nachdem er die Flotte ausgerüstet hatte und alles in bester Ordnung war, hat Tykociner gesagt, so, jetzt habe ich zwei Jahre gearbeitet, und nun gehe ich wieder zurück nach Berlin.

Da haben die Militärs gesagt, wunderbar, natürlich, wir fahren sie jetzt zurück nach Berlin – aber vielleicht machen sie noch eine letzte Prüfung der ganzen Signalanlage auf den Schiffen, die jetzt gerade in der Ostsee liegen. Eine Generalprobe, um ganz sicher zu sein, daß alles so funktioniert, wie Sie es geplant haben.

Also hat Tykociner die großen Schiffe besichtigt, vor allem das Flaggschiff, in dem die Zentrale der drahtlosen Telegrafie aufgebaut war. Er hat kontrolliert und gemessen, ganz unten, wo die Maschinen arbeiteten, denn damals wurde die Frequenz ja noch mit Generatoren erzeugt und nicht mit Oszillatoren. Und neben den Dampfmaschinen liefen da sehr schnelle Generatoren, die eben diese neuen Langwellen erzeugten.

Er sitzt also da unten, mißt dieses, mißt jenes und kontrolliert, ob alles funktioniert. Während er das macht, bemerkt er so ein merkwürdiges Schaukeln in dem Schiff. Er hat sich aber nichts Besonderes dabei gedacht und sich gesagt, das wird wohl ein Wind sein, der plötzlich aufgekommen ist. Ein Politiker war er nicht, und darum schien ihm das Schaukeln auch nicht verdächtig. Als er alles geprüft hatte, ging er hinauf auf die Kommandobrücke und wollte berichten, daß alles in Ordnung ist. Wie er auf die Brücke kommt, schaut er hinaus, und da war weit und breit kein Land mehr zu sehen. Das Schiff war hinausgefahren in die Ostsee, Richtung Westen, Richtung Skagerrak. Das war die berühmte historische Ausfahrt der russischen Flotte gegen Japan. Die Japaner waren irgendwo im russischen Osten nördlich von Korea gelandet, und die russisch-japanischen Spannungen hatten sich so verschärft, daß die russische Flotte zum Angriff auf Japan dampfte.

Tykociner war entsetzt. Was mach ich jetzt? Ich muß ja wieder zurück, muß nach Haus. – Nein, nein, hat man ihm erklärt, wir wollen Sie mit uns haben, denn sie sind ja der einzige, der die drahtlose Telegrafie reparieren könnte, wenn da irgend etwas nicht mehr funktioniert. Da spiel ich nicht mit, hat er sich gesagt, und ist wieder hinuntergegangen zu den Generatoren und hat angefangen, drahtlos in den Rest der Welt zu telegrafieren: „Ich, Josef Tykocinski Tykociner, ein Angestellter von Siemens in Berlin, bin von den Russen gekidnappt worden, und sie fahren mich jetzt mit dem Flaggschiff in Richtung Skagerrak in den Atlantischen Ozean."

Innerhalb von 20 Minuten waren die Dänen, die Schweden, die Norweger, die Deutschen mit ihren Schiffen da, haben gesagt, wo ist der Josef Tykocinski Tykociner? – So mußten die Russen ihn freilassen.

Die Flotte wollte dann durch das Mittelmeer, durch den Suezkanal in den Indischen Ozean segeln und in die Chinesische See. Das haben die Engländer ihr verweigert. Also mußte die russische Flotte um Afrika unten herumfahren. Spezialtransporte von Kohle mußten immer wieder nachgeschickt werden, damit die Flotte weiterfahren konnte. Zwei Jahre später ist sie endlich in Japan angekommen. Inzwischen hatten die Japaner herausgefunden, wie weit die russischen Kanonen trugen – sagen wir einen Kilometer –, und da stellten die Japaner Kanonen auf ihre Schiffe, die 50 m weiter schießen konnten. Und so haben sie die russische Flotte zerstört. Keiner von den armen russischen Matrosen hat das überlebt, Tsushima. Das war die berühmte Seeschlacht bei Tsushima, wo die russische Flotte innerhalb von wenigen Stunden vernichtet worden ist. Eine schreckliche Geschichte. Die Russen konnten nichts machen, sie schossen immer nur ins Wasser, denn die japanischen Schiffe waren immer 50 m zu weit weg.

Die Erfindung des Tonfilms / Kurzwellen und Kühe

Heinz: Tykociner ist später nach Amerika ausgewandert und ist – wieso, weiß ich nicht – an die Universität von Illinois gekommen. Dort hat er eine Unmenge von Sachen gemacht, viele neue Ideen und Forschungsrichtungen entwickelt und so ein hervorragendes Forschungslaboratorium aufgebaut. Unter anderem hat er den Tonfilm entwickelt und den ersten Tonfilm gemacht, der je gespielt worden ist. Das muß um 1920 gewesen sein. Ich hab den Filmstreifen gesehen und hab ihn gehört. Es ist ein 45 Sekunden langer Streifen, in dem sich eine aufregende Sache abspielt. Die Mme. Tykociner, die ungefähr 1,30 m groß war, rundlich wie ein schöner Herrenpilz, mit dicken Beinen und oben einem kleinen Kopf, die saß auf einem einfachen Sessel an einem einfachen kleinen Holztisch, und auf dem Holztisch stand eine Glocke. Der Film beginnt, wie Frau Tykociner dasitzt und sagt: *Do you see this bell* – Sehen Sie diese Glokke? Dann hebt sie die Glocke auf und klingelt, bimbimbim, stellt die Glocke wieder hin und sagt: *Did you hear this bell?* – Haben Sie die Glocke gehört? Damit ist der Film zu Ende. 45 Sekunden. Wunderbar. Tykociner hat seine Erfindung *Sound with light* genannt, weil er nämlich den Ton, der durch das Mikrofon gekommen ist, auf Lichtintensitäten übertragen hatte, die auf der Seite des Films registriert und dann durch die Projektionslampe abgelesen und wieder in Ton übersetzt wurden. So konnte er alle Töne und Geräusche wie mit einem Taperecorder aufnehmen und wieder abspielen.

Mit dieser Erfindung ging er zu den unterschiedlichen Abteilungen der Universität und hat erklärt, er nenne das *Sound with light* oder *Light with sound* – Licht und Ton.

Zuerst ging er zu den Physikern. Da hat man ihm gesagt, lieber Herr Professor, sie können sehr gut Kurzwellen machen oder Langwellen, aber von Licht und Schall verstehen sie leider nichts. Schall und Licht sind zwei fundamental verschiedene Sachen. Schall macht longitudinale Wellen und Licht transversale. Das eine kann nicht in das andere übersetzt werden. Hat Tykociner gesagt: Danke vielmals, jetzt geh ich zu den Psychologen.

In der Psychologieabteilung hat er erklärt: Ich habe jetzt eine Sache entwickelt, da können sie hören, was die Leute im Film sagen und … Er wurde aber bald unterbrochen. Die Psychologen sagten: Lieber Herr Professor, sie mögen sehr viel von drahtloser Telegrafie verstehen, aber von Psychologie verstehen sie leider nichts. Der menschliche Geist kann nicht in zwei verschiedenen sensorischen Modalitäten gleichzeitig beschwindelt werden. Ihr Ton kommt ja von einem Lautsprecher, der Sprache und Musik imitiert; im Film täuschen Sie das visuelle System durch eine rasche Folge von Fotographien vor, so daß man glaubt, Bewegung zu sehen. Jede Täuschung für sich mag wohl gelingen. Aber in Ihrer Maschine versuchen Sie, das Nervensystem sowohl im visuellen als auch im akustischen Bereich zu betrügen. Aber wie man weiß, läßt das Nervensystem das nicht zu.

Ernst: Wer hat denn diese Idee in der Psychologie aufgebracht?

Heinz: Das muß schon in den Textbüchern – in den Lehrbüchern gestanden haben.

Ernst: Das ist wirklich komisch. Im Mittelalter hat man doch schon gewußt, daß man in allen Tonarten, in allen Modalitäten betrogen werden kann. Das hat bei den Hexenprozessen eine Rolle gespielt –

und auch bei der Überprüfung der angeblichen Wunder, die von den Anwärtern auf Seligsprechung behauptet wurden.

Heinz: Ja, die Schulpsychologie hinkt da eben etwas nach.

Ernst: Dabei sprechen die Kliniker aber doch von Halluzinationen in mehr als einer Wahrnehmungsmodalität!

Heinz: Schon, aber die Psychologen, die sich als Wissenschaftler fühlen, haben die Kliniker ja nie ernst genommen.

Ernst: Da hast du recht. Die wirklich interessanten Phänomene werden meistens als bloße Anekdoten abgetan. – Aber was hat Tykociner dann gemacht?

Heinz: Einen dritten Versuch, und der war noch komischer. Er ging zum Präsidenten der Universität und sagte: Lieber Präsident, ich habe eine Erfindung gemacht, die Film und Ton vereint. Man hat also die Möglichkeit, einen Tonfilm zu machen, und dann kann man die Darsteller, die da spielen, sprechen lassen.

Fabelhaft, sagte der Präsident. Das ist ein Glück, daß sie mir das heute sagen, denn übermorgen fliege ich nach Rochester zu einem großen Diner und treffe den Herrn Eastman, der ja, wie Sie sicher wissen, der Präsident von *Eastman Kodak* ist. Dem werde ich von Ihrer Erfindung berichten.

Der Präsident ist nach Rochester geflogen, saß neben Eastman beim Diner und erzählt ihm: „Lieber Eastman, ich habe da einen sehr interessanten Professor, er ist etwas verrückt, ein Sonderling, aber der hat jetzt ein kinematographisches System entwickelt, in dem man auch hören kann. Da kann man im Film Musik wiedergeben, Gesang, und freilich auch Dialog. Glauben Sie, hat das eine Zukunft?" Der Herr Eastman hat den Kopf geschüttelt. „Nein, lieber Herr Präsident, das hat keine Zukunft. Kein Mensch würde sich dafür interessieren, daß beim Film die Leute zu sprechen anfangen. Die Stärke des Films besteht ja darin, daß er stumm ist. Fingen die Leute da zu sprechen an, das wäre nur ein Verlust für den Film. Diese Sache hat überhaupt keine finanzielle oder technologische Zukunft." Der Präsident bedankt sich, kommt zurück und berichtet die Unterhaltung dem Tykociner.

Keine Zukunft?, hat der Tykociner gesagt, das ist interessant. Da muß ich also etwas anderes machen.

Und da hat er angefangen, nicht nur mit Kurzwellen zu arbeiten, sondern mit Ultrakurzwellen – also nicht die Wellenlänge der elektromagnetischen Strahlung, sondern Wellenlängen zwischen 10 cm und 1 cm und später auch noch kürzere. Um seine Versuche zu machen, brauchte er viel mehr Platz, als das Laboratorium ihm bot, und so stellte er seine Sendermodelle in die größten Felder der landwirtschaftlichen Abteilung der Universität. Dort konnte er die Signalübertragungen messen und prüfen und neue Ideen entwikkeln; bis, ja bis die Leute von der Landwirtschaft zum Präsidenten gingen und sich beklagten, daß da ein verrückter Mann tagtäglich in ihre Felder kommt und zwischen komischen Stativen und Spiegeln hin- und herläuft und die Milchproduktion der Kühe stört.

Da ließ der Präsident Tykociner rufen und erklärte ihm, daß diese Experimente die Kühe störten und daß er sie darum woanders machen müsse. Da sagt Tykociner, ja, selbstverständlich kann ich das woanders machen, aber meine Wellenlängen sind so groß, daß mein Labor viel zu klein ist. Aber, wenn ich mir das so richtig überlege – ja, natürlich! –, da muß ich einfach meine Forschung mit Millimeterwellen machen. Dann ist ein Zimmer groß genug. Da kann ich sehr gut das Laboratorium benutzen, und dann bin ich genauso gut dran wie vorher.

Also, das ist nur ein kurzer Bericht über den Vorgänger des Laboratoriums, das ich dann später beziehen sollte, aber ohne die entsprechende Arbeitserlaubnis nicht beziehen konnte.

Ernst: Ist das nicht ein seltsamer Widerspruch, daß man zum Arbeiten eine Erlaubnis braucht, wo Arbeit doch die höchste Tugend sein soll? Ich hätte so eine Bewilligung in Irland gebraucht, und daß ich sie nicht bekommen habe, war ein großes Glück – sonst wäre ich dort sicher nicht Farmer geworden!

Heinz: Wie war das eigentlich? Wieso bist du nach Irland gegangen?

Ernst: Das fing mit der Geschichte von meinem Paß an – in Australien.

Heinz: Erzähl das! Meine Arbeitsbewilligung kann warten.

Ernst: Als ich vor dem Krieg in Wien Mathematik zu studieren versuchte, das war 1936, war die politische Situation schon sehr unerfreulich. Einige der Leute, die ich als Freunde betrachtet hatte, trugen ein Hakenkreuzabzeichen unter dem Revers ihrer Jacke, so daß sie es Gleichgesinnten verschmitzt zeigen konnten. Andere gingen in hohen Stiefeln herum, um sich militärisch zu gebärden, und alle paar Tage war die Universität praktisch leer, weil politische Demonstrationen im Gang waren. Das Studieren machte mir da wenig Freude, und ich wartete eigentlich nur auf eine Gelegenheit herauszukommen. Ich hatte keine Ahnung, was die Gelegenheit sein könnte, aber sie kam und war phantastisch.

Der Staat New South Wales in Australien beschloß, seine Berge dem internationalen Skisport zu eröffnen. Zu diesem Zweck sollten in der nächsten Saison Skirennen abgehalten werden, damit die Welt von dem bis dahin praktisch unbekannten Gebiet zu hören bekäme. So erhielten die Skiverbände in Europa Einladungen, Mannschaften zu schicken. Die Rennen sollten im nächsten August stattfinden, und die Teilnehmer hätten freie Überfahrt und Verpflegung, vorausgesetzt, daß sie sich die zwei Monate vorher als Skilehrer betätigten. Für Europäer war das der ganze Sommer. Anders als heute mußten die Skikanonen damals im Sommer arbeiten, um sich das Leben zu verdienen. Das waren alles Burschen aus den Bergdörfern, und freie Verpflegung in Australien konnte sie nicht verlocken. Da hatte der Skiclub Arlberg die gute Idee, Studenten zu fragen, ob sie die Einladung annehmen würden. Ich war im vorigen Winter zum erstenmal bei einigen größeren Rennen mitgefahren (damals durfte man das erst, wenn man 18 Jahre alt war) und war zweimal unter die ersten zehn gekommen. So kam die Frage auch an mich, und ich hab natürlich sofort zugesagt.

Heinz: Das kann ich mir vorstellen! Eine herrliche Lösung.

Ernst: Eine schönere konnte ich mir nicht wünschen. Aus mehr als einem Grund. Damals war nämlich eine meiner Hauptsorgen, einen gültigen Paß zu haben und zu behalten. Mein Vater stammte aus Prag, hatte seinen Besitz dort und war durch die Gründung der Tschechoslowakei automatisch tschechischer Staatsbürger geworden. Als sein Sohn hätte ich laut Gesetz mit 18 Jahren in die Tschechoslowakei fahren sollen, um dort Militärdienst zu machen. Ich war aber fest entschlossen, keinen Militärdienst zu machen und schon gar nicht in der Tschechei, wo ich nie gewesen war und die Sprache nicht konnte. Der Paß, den ich hatte, war aber noch ein paar Monate gültig, und so konnte ich ohne weiteres nach Australien fahren. Wenn mir der Paß dann nicht verlängert wird, dachte ich, muß ich halt dortbleiben, und das ist auf jeden Fall besser als das Militär.

So kam ich nach Australien, war drei Monate lang in den Bergen um Mount Kosciusko, und als ich dann nach Sydney kam, war es Frühling, und ich sagte mir, wenn ich schon hier bin, bleib ich noch ein bißchen da. Inzwischen war mein Paß abgelaufen, und ich entschloß mich, auf das tschechische Konsulat zu gehen. Schlimmstenfalls, dachte ich, bleibe ich als Skilehrer hier. Da ich bei den Rennen den Abfahrtslauf gewonnen hatte und im Slalom zweiter war, kann ich vielleicht sogar die Staatsbürgerschaft bekommen und dann in Europa für Australien Rennen fahren.

Das ging mir alles durch den Kopf, während ich auf den Konsul wartete. Als er kam, erklärte ich, daß mein Paß abgelaufen war. Er schaute ihn flüchtig an und dann sagte er mit offensichtlichem Staunen: „Sie sind ja schön sonnenverbrannt – wie haben Sie das gemacht, jetzt im Winter?"

„Ich war drei Monate lang im Chalet am Charlotte's Pass, Mount Kosciusko."

„Skifahren? – Ja, woher sind Sie denn?"

Und dann haben wir zwei Stunden lang über Rennen und Skiorte in Europa gesprochen. Er war ein begeisterter Skifahrer, fuhr fast jeden Winter nach Österreich oder in die Schweiz und hatte darum nie Zeit, um in Australien Ski zu fahren. Schließlich sagt er zu mir: „Wie Sie wahrscheinlich wissen, sollte ich ihnen jetzt ein Visum für acht Wochen geben, damit sie in die Tschechei zurückkönnen, um dort den Militärdienst zu machen. – Aber was ist dann mit ihrer Rennkarriere? Die müßte dann ja aufhören, nicht wahr? Das wäre doch schade. Wenn ich Ihren Paß aber auf drei Jahre verlängere, dann können sie wenigstens noch zwei Winter Ski fahren." – Und so hat der mir das Leben gerettet.

Heinz: Unglaublich. Das ist eine wunderbare Geschichte. Aber du bist doch nicht drei Jahre in Australien geblieben?

Ernst: Nein, nein. Ich fuhr nach ein paar Monaten zurück zu meinen Eltern nach Meran.

Heinz: Aber du hast einen gültigen Paß gehabt.

Ernst: Ja, du kannst dir sicher noch vorstellen, was mir das damals bedeutete.

Heinz: Freilich – ohne Paß war man ausgeliefert.

Ernst: Da kam ich also zurück, im März 1938 – etwa eine Woche vor dem Anschluß.

Heinz: Nein! Da war es auf einmal wichtig, einen tschechischen Paß zu haben!

Ernst: Ja, es war das erstemal, daß mich das gefreut hat. Da hab ich gleich mit Freunden in Wien telefoniert und bin mit dem Auto nach Zürich gefahren, um sie dort zu treffen. Der Zug aus Wien war voll von Leuten, die sozusagen aus dem Büro in den Zug gestiegen sind, weil sie aus Österreich wegmußten. Ich habe seither öfters gehört, die Schweiz hätte sich da nicht sehr gut benommen. Ich kann das nicht beurteilen. Ich kann nur sagen, an dem einen Tag am Zürcher Bahnhof war die Fremdenpolizei sehr nett mit allen, die da ohne Geld und ohne Zahnbürste ausgestiegen sind.

Heinz: Die haben Glück gehabt, weil sie die ersten waren. Wie man heute im schrecklichen Detail weiß, ist es späteren Flüchtlingen nicht mehr so gutgegangen.

… landet in Irland und wird Farmer

Heinz: Aber was ich jetzt wirklich wissen möchte, ist, wieso du dann in Irland gelandet bist.

Ernst: Ja, in Australien habe ich nicht nur den Paß bekommen. In den paar Monaten in Sydney habe ich auch Isabel kennengelernt, die später meine Frau wurde. Sie war Engländerin und kam einige Wochen nach mir nach Europa zurück. Wir gingen dann zusammen nach Paris, wo sie als Mädchen mit ihrer Mutter gelebt hatte. Sie war dort mehr zu Hause als irgendwo anders, und ich wollte versuchen, an der Sorbonne weiterzustudieren. Doch auch mit dem gültigen tschechischen Paß konnte ich in Paris keine Aufenthaltsbewilligung bekommen.

Heinz: Weil die Tschechei damals schon bedroht war?

Ernst: Wahrscheinlich. Einem Tschechen mit deutschem Namen hat man vielleicht nicht mehr getraut. Und während wir in Paris waren, ist Hitler ja dann in die Tschechei einmarschiert. Kurz und gut, eines Tages treffe ich durch Zufall einen älteren Herrn, einen Bekannten von meinem Vater, und der lud uns zum Essen ein. Wir kommen am nächsten Tag zu ihm, und da fragt er uns, was wir in Paris machen. Ich erzähl ihm von Australien, die Geschichte vom Paß, daß ich in Paris keine Aufenthaltsbewilligung bekomme und daß wir eigentlich aus Europa fortmöchten. „Wohin?", fragt er. Und wir sagen, daß wir an Mexiko denken.

„Mexiko? – Sie waren doch schon in Australien, und Sie wissen, wie fürchterlich das ist, weit von Europa zu sein. Wenn jetzt wirklich ein Krieg kommt, dann dauert das ein paar Wochen, und dann sind Sie in Mexiko und müssen vielleicht jahrelang dort sitzen, weil sie nicht mehr zurückkönnen. Warum gehen sie nicht nach Irland?"

Heinz: Wie kam er auf die Idee?

Ernst: Ja, er war selbst Irländer. Sein Bruder war Abgeordneter im irischen Parlament, und da wußte er wohl, daß Irland neutral bleiben würde.

Heinz: Unergründlich ist die Vorsehung!

Ernst: In dem Moment, wo er Irland sagte, wußten wir, das war es. Isabels Mutter war eine große Freundin von Silvia Beach gewesen, die in Paris *Shakespeare & Co* hatte …

Heinz: Das gibt's doch nicht! Die Buchhandlung kenne ich genau. Sie ist in der *Rue Odéon*, und wenn ich mich recht erinnere, waren es die Damen, die die Buchhandlung besaßen, die den *Ulysses* von Joyce herausgegeben hatten. Hast du das noch gesehen?

Ernst: Das Geschäft schon; aber Isabels Mutter war damals schon lange gestorben, und Silvia Beach war, soweit ich weiß, auch nicht mehr da.

Aber der *Ulysses* war gewissermaßen unsere Bibel. Die Idee, nach Dublin in die Welt des *Ulysses* zu kommen, hat uns sofort überzeugt. Dort müssen wir hin.

Heinz: Ja, da sagt man, das sind Zufälle.

Ernst: Es sind Fälle, aber keine Zufälle.

Heinz: Es passiert, weil Möglichkeiten da sind, die man dann im Moment erfassen kann.

Ernst: Genau. Der Witz ist, daß man sich nicht Ziele setzt, die in weiter Ferne liegen und einen einschränken.

Heinz: Man muß sich Offenheit bewahren.

Ernst: Und so kamen wir nach Irland. – Ich weiß nicht, wie wir uns das eigentlich vorgestellt hatten. Die Wirklichkeit war auf jeden Fall anders. Es war Anfang Januar, und Tag für Tag war es grau und neblig, und feiner Regen rieselte aus Wolken, die knapp über den Dächern auf der Stadt lagen, und wir kannten keinen Menschen. Der Freund meines Vaters hatte mir einen Brief an seinen Bruder gegeben, aber wir scheuten uns, zu einem Politiker zu gehen. Isabel hatte in Paris Malerei studiert, und ich hatte im Zeichenunterricht in der Schule gelernt, die Beschriftung von Plakaten zu machen. So schauten wir uns die Auslagen der größeren Geschäfte an und entwarfen *Show cards*, Werbezeichnungen und Reklamen aller Art. Als wir eine kleine Mappe beisammenhatten, gingen wir hausieren. Zunächst schien das völlig vergebens, doch dann bekamen wir in zwei Geschaften einen Auftrag. Ermutigt machten wir uns in unserem schäbigen Hotelzimmer (*Bed and breakfast* mit feuchtem Toast und einem Ei) an dic Arbeit. Als wir die Zeichnungen ablieferten, wurde uns klar, daß es einmalige Aufträge waren und daß wir auf diese Weise kaum unser Leben verdienen konnten. Wir waren ziemlich deprimiert.

Heinz: In einer fremden Stadt eine Arbeit finden ist nicht leicht.

Ernst: Besonders wenn man keine Bewilligung hat. Als wir uns bei unserer Ankunft anmelden mußten, hatte man mir erklärt, daß ich offiziell staatenlos sei, weil die Tschechoslowakei nicht mehr existierte. Ich dürfe zwar mit einem Ausweis, der alle sechs Monate erneuert werden müsse, als „neutraler Ausländer" in Irland bleiben, aber Arbeitsbewilligung bekäme ich nicht. Was darf ich machen, fragte ich. *Any free-lance work or farming* hieß es. – Nach den Erfahrungen mit den Pariser Behörden war mir das eine große Erleichterung. Zudem muß ich gestehen, daß mir das Verbot, eine regelrechte Stellung anzunehmen, nicht ganz unangenehm war. Aber dann, nach dem Mißerfolg unserer künstlerischen Versuche, war die Lage doch recht düster.

Heinz: Aber nicht hoffnungslos.

Ernst: Das nicht, aber, wie gesagt, deprimierend. Wir hätten uns ein Exil wählen sollen, wo es nicht nur regnet, sondern auch schneit, sagte ich zu Isabel, da könnte ich als Skilehrer arbeiten.

Heinz: Warum nicht die Schweiz?

Ernst: Die Schweiz, lieber Heinz, war mein erster Gedanke gewesen, schon vor Australien! Nach sechs Jahren Mittelschule in Zuoz, einem Schweizer Internat, und anderthalb Jahren Universität in Zürich dachte ich, ich könne die Schweizer Staatsbürgerschaft bekommen. Zehn Jahre Aufenthalt, hatte man mir gesagt, sei die Bedingung. Aber das war nur eine der Bedingungen. Zudem hätte man sich in eine Gemeinde einkaufen müssen, und das konnte ich mir als Student nicht leisten. Damals fragte ich meine Mutter: Warum hast du mich nicht in Zürich auf die Welt gebracht? Dann wäre ich gebürtiger Schweizer gewesen. Von München, wo mein Vater während des Ersten Weltkriegs an der österreichischen Gesandtschaft arbeitete, wäre das ja nur eine kurze Eisenbahnfahrt gewesen. Meine Mutter war genau die Sorte Frau, die das gemacht hätte, wäre ihr nur die Idee gekommen. Aber im Jahr 1917 hat man trotz des Kriegs anscheinend noch nicht an solche Sachen gedacht.

So waren wir nun in Dublin, und eines Abends saßen wir traurig und ratlos in einem Pub. Da merken wir, daß die beiden Herren neben uns an der Bar französisch reden. Wir fingen an zuzuhören, und das wird einem ja ziemlich schnell peinlich. „Verzeihen Sie", sagte ich zu dem Herren neben mir, „wir können nicht umhin ..." – „Ach, Sie sprechen Französisch? Was machen Sie denn in Dublin?"

Der Herr hieß Erskine Childers, und innerhalb von wenigen Tagen wurde er und blieb unser bester Freund in Irland. Am selben Abend nahm er uns mit hinter die Bühne im *Gate Theatre* und stellte uns den Schauspielern vor, als begeisterte *Ulysses*-Leser und Künstler. Innerhalb von einer Woche kannten wir ein Dutzend amüsanter Leute und darunter auch den jungen Mann, mit dem wir dann sieben Jahre auf der kleinen Farm in Kilternan, südlich von Dublin, lebten und arbeiteten.

Heinz: Erskine Childers – den Namen habe ich doch schon gehört?

Ernst: Sicher, denn Erskine wurde später Präsident des Irischen Freistaats. Das war 1973, und wir waren längst nicht mehr in Irland. Als wir ihn kennenlernten, war er Sekretär eines Ministers und, eben weil er fließend Französisch sprach und alle interessanten Leute in Dublin kannte, der Liaisonmann für offizielle ausländische Besucher.

Heinz: Da versteht sich, daß du keine Arbeitsbewilligung gebraucht hast!

Ernst: Die Feldarbeit mit Pferden, ohne Benzin und Elektrizität, war ja eigentlich auch ein Vergnügen – bis auf das Kartoffelklauben im November. Das Herumgraben im Schlamm und die Regentropfen, die einem den Rücken hinunterlaufen, die spür ich noch heute. Aber im Grunde war es sehr schön, und ich habe in den sieben Jahren viel gelernt.

Die nötige Arbeitsbewilligung erinnert Heinz an Wiener Feste

Ernst: Aber jetzt mußt du erzählen, wie du die Bewilligung zu deiner Arbeit bekommen hast.

Heinz: Als ich nach Amerika gekommen bin, hab ich ja nur ein *visitor visa* gehabt, also ein Besuchsvisum für zwei Monate, und dann hätte ich das Land wieder verlassen müssen. Als sich alle die schönen Sachen ergaben, habe ich zuerst mein Visum verlängert, was man durchaus konnte. Aber das wirkliche Problem war, eine Arbeitserlaubnis zu bekommen. So lief ich von Pontius zu Pilatus, um den verschiedenen Immigrationsautoritäten mein Problem vorzulegen. Ich zeigte den Brief von der Universität von Illinois, in dem sie mich einluden, dort in dem Forschungslaboratorium zu arbeiten. Das war alles völlig klar, mit einem Affidavit und Stempeln und allem, was dazugehört.

„Was Sie da haben, das ist alles wunderschön", hat man mir gesagt, „aber wir sind nicht die zuständige Stelle." Da sag ich: „Ja, wo ist diese zuständige Stelle?"

„Wir glauben, das könnte in Washington sein, und zwar dort und dort." Gut, ich fahre nach Washington und geh dorthin.

„Leider, wir sind nicht die zuständige Stelle."

„Können Sie mir wenigstens sagen, wo diese Stelle ist?"

„Ja, das wissen wir nicht, wir wollen aber im Telefonbuch nachschauen. Arbeitserlaubnis – aha, da müssen sie nach New York gehen, dort- und dorthin."

Bin ich nach New York gefahren, und da war es dasselbe. Niemand war zuständig.

Inzwischen sind Wochen und Wochen vergangen. Es war also schwierig und gräßlich. Manchmal hat es so ausgeschaut, als ob es so eine Arbeitserlaubnis überhaupt nicht gäbe. Schließlich sagte ich mir, die einzige Hoffnung ist, mich an einen Freund zu wenden, den mein Cousin Martin und ich vor vielen Jahren in Wien kennengelernt hatten. Das war der William Bullitt, ein wichtiger Mensch, der am Anfang des Zweiten Weltkriegs politisch außerordentlich viel beigetragen hat. Zu der Zeit, als wir ihn kennenlernten, war er der amerikanische Gesandte in Wien. Später ist er dann von Wien abberufen worden, ist amerikanischer Gesandter in Rußland gewesen, und dann, nach Rußland, war er Gesandter in Frankreich, gerade zu der Zeit, als die Deutschen anfingen, anderwärts einzumarschieren, ins Ruhrgebiet, Österreich, Tschechoslowakei, Polen usw. Da hat Bullitt sehr angestrengt dafür plädiert, daß die Amerikaner sich doch an diesem Krieg beteiligen müssen. Er war ein guter Freund vom Roosevelt und ein sehr lebendiger, gebildeter, interessanter Mensch. Er sprach fließend Französisch, gebrochen Deutsch, natürlich sehr gut Englisch. Später hat er dann sogar Russisch gelernt. Also hab ich mir gedacht, ich wende mich vielleicht an den William Bullitt. – Da fallen mir aber jetzt ein paar Sachen über Bullitt ein, die ich erzählen möchte …

Ernst: Vor allem, wie du ihn in Wien kennengelernt hast – war das nicht die Clowngeschichte aus deiner Zaubererzeit?

Heinz: Na gut, das war aber eher Zirkus. In Wien machten die unterschiedlichen Kunstschulen und auch die Universitäten jedes Jahr Feste zum Fasching. Vor allem Kostümbälle. Das Künstlerhaus auch natürlich, und alle die Künstler und die Studenten, die machten jedes Jahr ein sogenanntes Gschnasfest, einen Maskenball, wo die Leute alle verrückt angezogen oder ausgezogen kommen. Mein Cousin Martin und ich, wir sind immer auf diese großen Bälle gegangen, und da hat man seine ganzen Freunde getroffen. In diesem Jahr hatten wir beschlossen, wir gehen als August und Clown. August und Clown sind ein komplementäres Paar. Der eine ist schön und elegant, er hat so einen spitzen Hut, ein weißes Gesicht, Pumphosen, komische Schuhe und einen „Slapstick" oder Watschenstock, wie man das in Wien nennt, das ist eine Klappe, die so ausschaut wie eine Fliegenklatsche, aber ein Polster am Ende hat. Wenn man damit jemanden auf die Wange schlägt, macht das einen wunderschönen Batsch, ohne weh zu tun. Man kann sich auch auf den Allerwertesten schlagen – lauter Batsch –, das macht sich sehr gut. Besonders, wenn es auf den August geht, der dann schreit oder Purzelbäume schlägt. Ich war als August gegangen, mit Glatze und einer dicken, roten Nase, mit kreuzförmigen Augen, einer wüsten Hose und Handschuhen mit ganz langen Fingern. So sind wir da aufgetaucht. Wir waren ja ein eingespieltes Akrobatenpaar, und da haben wir einen Purzelbaum nach dem anderen gemacht, dann Kopfstände und Handstände, ein Mann über dem anderen, und wild mit den Watschenstöcken geklappert. Dann haben wir Zauberkunststücke vorgeführt und den Leuten Geld aus der Nase gezogen oder Karten aus den Taschen und andere Tricks.

So zogen wir von Saal zu Saal, und einige Leute kamen hinter uns her. Nach einiger Zeit bemerkten wir, daß da ein Mann war, der uns ununterbrochen folgte. Er lachte so lustig und lebendig und war ganz begeistert. Und ab und zu rief er uns zu: „Wunderbar, wunderschön!", mit deutlichem amerikanischen Akzent. Er ließ uns nicht aus den Augen, und so gegen zwei Uhr nachts, als wir völlig fertig waren und uns der Schweiß herunterlief, da hat der gesagt: Kommen Sie zu meinem Tisch, essen und trinken! Also sind wir an seinen Tisch gegangen und haben bestellt. Herrliche Sachen kamen da angerollt, Knackwürste und Bier, Sekt und ich weiß nicht, was alles. Und dann sagt er, wir müssen Sie sehen! Wer sind Sie denn? Sie machen das so gut! Kaum haben wir erklärt, wer wir waren, sagt er: „Meine Tochter Ann wird demnächst sieben Jahre, würden sie da eine Vorstellung geben?" – „Ja, warum nicht", haben wir gesagt, und er hat uns seine Karte gegeben und gebeten, wir sollen am nächsten Tag zu ihm kommen, um die Vorstellung zu besprechen. Frisch gestärkt mit Würsten, Bier, Kaffee und Sekt, haben wir dann noch bis vier Uhr früh weitergearbeitet, und tags darauf sind wir zu Mr. Bullitt gegangen.

Er wohnte am allerfeinsten Platz in Wien, direkt neben dem Belvedere. Da sind lauter wunderschöne alte Gebäude, und bei einer ganz feinen Nummer haben wir geläutet. Ein Diener mit weißen Handschuhen kommt heraus, sagt: „Mr. von Foerster, Mr. Lang, jawohl, bitte, kommen sie herein." Da war Mr. Bullitt, es gab Kaffee, und wir lernten die kleine Tochter Ann kennen, ein herziges, scheues Mädel. Dann haben wir ein Arrangement gemacht für das Geburtstagsfest.

Bei dem Geburtstagsfest war eine fabelhafte Gesellschaft, lauter Gesandte, Barone, Fürsten etc. etc. Unsere Zaubervorstellung war ein ganz großer Erfolg, und Martin und ich haben dann beschlossen, Mr. Bullitt in unsere Familie zu integrieren.

Martins Mutter, Gretel Wiesenthal, war eine der charmantesten und entzückendsten Frauen, die ich in meinem Leben kennengelernt hab. Sie hatte einen Salon, und da haben wir vorgeschlagen, sie solle doch den William Bullitt einladen. Ja, das wäre sehr spannend, hat sie gesagt, mit größtem Vergnügen. Und dann hat sie eine Soiree für Bullitt gegeben, mit Freunden, Dichtern, schönen Frauen, Tänzerinnen, was du willst. Der Bullitt hat geschwelgt, so richtig aufgelebt.

Nachher sind wir mit ihm in den Wurschtelprater gegangen, wo es Pfänderspiele und alles mögliche gibt. Da waren auch Buden, wo man mit Bällen auf Figuren werfen kann, und wenn man einer den Kopf abschießt, bekommt man eine Brezel, eine Orange oder weiß Gott was. Mr. Bullitt hat auf diese Köpfe geschossen mit dem typischen Baseballwurf, weißt du, wo man sich verdreht, den einen Fuß so aufhebt, und dann zack hinein. Er hat zwar sehr wenige Köpfe getroffen, aber es war eine unglaubliche Vorstellung, und dabei haben wir den Bullitt sehr gut kennengelernt.

Mr. Bullitt lehrt die russische Armee Polo spielen

Heinz: Er war dann nicht mehr lange in Wien, denn er wurde als Gesandter nach Moskau geschickt. Von Zeit zu Zeit, zur Erholung, kam er nach Wien zurück, rief uns an, und wir haben ihn eingeladen. Er war immer voll von Moskauer Geschichten. Eine der schönsten war sein Versuch, das Polospiel zu lancieren.

In Moskau, sagte er, war es noch viel langweiliger, als er sich vorgestellt hatte. Da hatte er eine Idee: Die Kosaken in Rußland, nicht wahr, die sind hervorragende Reiter. Sie haben ja sogar Reittourniere. Da könnte man doch Polo einführen, und dann hätte man einen Sport zum Zuschauen. Als die Militärobersten das nächste Mal versammelt waren, sagte er, Polo ist doch ein asiatisches Spiel. Es gab eine Zeit, da haben die Kirgisen alle Polo gespielt. Wieso spielen die heute nicht mehr Polo? – Die Militärs waren sehr erstaunt. Polo? Ja, warum spielt niemand mehr Polo? Wir wissen das nicht. Hören Sie zu, hat Bullitt gesagt, ich bringe ihnen die ganze Poloausrüstung, alles, was man braucht, die Stöcke, die Bälle und die Sättel – Sie stellen die Pferde und die Mannschaft zur Verfügung. Das tun wir gerne, haben die geantwortet, aber nur, wenn sie uns in zwei Tagen die ganze Ausrüstung beschaffen. – Da ließ Bullitt ein Spezialflugzeug von England mit der gesamten Poloausrüstung für zwei Mannschaften nach Moskau fliegen, und ein paar Stunden, bevor die zwei Tage abgelaufen waren, hat er dem russischen General gemeldet, die Poloausrüstung sei angekommen. Da hat der General gesagt, morgen früh sind wir bereit.

Im Handumdrehen wurden zwei Mannschaften aufgestellt, und dann fragte der General, und wie geht dieses Spiel? – Na, das Spiel geht so, da sind zwei Tore, und jede Mannschaft versucht, den Ball da reinzuschießen; beide Mannschaften versuchen, den Ball in das Tor der anderen zu treiben; und wer dann mehr Tore geschossen hat, der gewinnt.

Auf einem wunderschönen Feld außerhalb von Moskau wurde das durch Übersetzer den beiden Mannschaften erzählt. Der erste Mann wirft den Ball ein, einer der Polospieler geht auf den Ball los und gibt ihm einen fabelhaften Schlag. Der Ball fliegt weit, und alle acht Pferde rasen hinter ihm her. Ein Spieler macht einen zweiten Schlag, der Ball fliegt weiter, immer weiter, immer weiter nach Osten, und die Reiter galoppieren, galoppieren, bis Ball und Pferde am Horizont verschwunden sind.

Die Spieler hatten das Polospiel nicht verstanden. Sie glaubten, es ginge darum, dem Ball nachzureiten. So war die ganze Poloausrüstung, die Stöcke, die Polostiefel und die Sättel, alles war einmal benutzt worden, und von den Reitern hat man nie wieder was gesehen. – Das war jedenfalls Bullitts Geschichte, und er sagte, es sei eine schöne russische Geschichte.

Geschichten aus dem neutralen Irland

Ernst: Die Stiefel und die Sättel haben die Kosaken natürlich behalten und später verwendet, als sie anfingen, im russischen Zirkus Vorstellungen zu geben.

Eine witzige Geschichte habe ich auch – aus Dublin. Weniger romantisch, aber wahr. Irland blieb neutral im Krieg, aber mindestens so viele Iren haben als Freiwillige in den britischen Streitkräften gekämpft, als hätten mobilisiert werden können, wenn Irland Krieg erklärt hätte. Die Neutralität brachte aber einige Regeln mit sich, und die Regierung war sehr bedacht, sie einzuhalten, denn sonst hätte England einen Grund gehabt, die irischen Häfen zu besetzen. Churchill hätte das gerne getan, weil es bei der Jagd auf die deutschen U-Boote ein Vorteil gewesen wäre. Laut Neutralität durften Flugzeuge der Kriegsmächte in Irland notlanden, und wenn die Mannschaft die Maschine innerhalb von 24 Stunden reparieren konnte, dann durfte sie wieder wegfliegen; wenn nicht, wurden Mannschaft und Flugzeug interniert. Eines Tages landet ein Flugboot der *Coastguard,* so etwas wie Küstenschutz, und fährt in den Dubliner Hafen ein. Sie hätten einen elektrischen Defekt, meldet der Kapitän, wie er mit den anderen vier seiner Mannschaft an Land kommt. Geht in Ordnung, sagt man ihm, wenn Sie es in 24 Stunden reparieren können, dürfen Sie ... Ich weiß, ich weiß, sagt der Kapitän, wir müssen uns nur einen Lötkolben besorgen. Dann ruft er Bekannte in Dublin an, und bevor er den Hörer abhängt, ist eine Party organisiert.

Da muß man nun wissen, daß während des Kriegs die Partys in Dublin oft nicht ganz so waren wie Partys heutzutage. Whiskey war rationiert und oft überhaupt schwer aufzutreiben. Es waren Partys ohne Musik, aber dafür wurde geredet, erzählt, geistreich geblödelt und leidenschaftlich diskutiert. Wenn nichts mehr zu trinken da war, kam das ins Stocken. Da war aber dann meistens jemand, der sagte, ich habe noch etwas zu Hause, kommt zu mir. So ging es weiter, manchmal zwei, drei Tage lang, mit Toast und Spiegeleiern dazwischen, und wo man etwas in der Speisekammer fand, wurde auch gekocht. Einige der ursprünglichen Gäste verschwanden, neue kamen hinzu, als sei die Party ein eigenständiger Organismus, der von einer Adresse an die andere wandert.

Die fünf Flieger, die ja seit langem keine Partys erlebt hatten, erwiesen sich als überaus ausdauernd. Sie wirkten wie ein Katalysator, um den herum die Party sich immer wieder erneuern konnte. Als die fünf sich nach drei Tagen an ihr Flugboot erinnerten und hastig verabschiedeten, war von den ersten Freunden längst keiner mehr da. Es war sehr früh am Morgen, und als sie zum Hafen kamen, war weit und breit niemand zu sehen. Sie fanden ihr Dingi, ruderten zum Flugboot und machten sich daran, den gebrochenen Draht zu flicken. Es ging auch ohne Lötkolben. Kaum waren sie fertig, lösten sie die Halteseile, warfen die Motoren an und flogen weg. Die Sonne war bereits aufgegangen, und viele Leute um den Hafen herum hörten es und sahen, wie das britische Flugzeug entwischte. Unverzüglich wurde der Hafenkommandant vom zuständigen Minister ausgeputzt: „Was ist Ihnen da eingefallen? Wie konnten Sie das Flugzeug wegfliegen lassen? Wissen Sie denn nicht, wie schwer es ist, unsere neutrale Stellung aufrechtzuerhalten?“ Worauf der Hafenkommandant ganz unschuldig sagt: „Ja, wie soll unsereiner denn wissen, *gegen* wen wir neutral sind?“

Heinz: Gegen wen – sehr schön! Und so war das, mit der irischen Neutralität?

Ernst: Ja, aber es war nicht so einfach. Da gab es viele heikle Momente. Aber De Valera war ein kluger Mann und ein sehr geschickter Politiker. Nach dem Aufstand von 1916 wurde er eingesperrt und zum Tod verurteilt, zusammen mit Childers, dem Vater meines Freundes. Während des berühmten Hungerstreiks, als einige mehr als sieben Wochen lang gefastet haben, fand De Valera, daß der Geist nach zwei, drei Wochen Fasten lebhafter und klarer wird. Da hat er die Relativitätstheorie studiert – was ihm später dann die Idee gab, dem Schrödinger ein Forschungsinstitut einzurichten. De Valera wurde dann begnadigt und schließlich Präsident des Freistaates. Childers, hingegen, war Engländer, wurde als Verräter behandelt und hingerichtet. Während des Hitler-Kriegs dann war die irische Neutralität dauernd eine prekäre Angelegenheit. Wie sie funktionierte, wurde mir erst nach Kriegsende richtig klar. Die Stellung der irischen Regierung ist vielleicht am besten dadurch charakterisiert, wie die Internierung gehandhabt wurde. Im Lauf der vier Jahre haben die Deutschen mehr als hundert Agenten und Provokateure mit dem Fallschirm in Irland abspringen lassen, denn anscheinend glaubten sie, die Bevölkerung warte nur darauf, gegen England ins Feld geführt zu werden. Die Agenten hatten nicht den geringsten Erfolg. Sie wurden alle innerhalb von wenigen Tagen der Polizei übergeben. Während der gleichen Zeit flogen buchstäblich Tausende von englischen und amerikanischen Flugzeugen über das Freistaatsgebiet, und gar nicht selten mußte eines notlanden, aus Gründen, die sich nicht in 24 Stunden beheben ließen.

Als das Internierungslager nach dem Krieg aufgemacht wurde, waren da, wenn ich die Zahl recht erinnere, 128 Deutsche und zwei Amerikaner. Die alliierten Flieger waren alle über die Grenze nach Nordirland verduftet. Das, dachte ich, zeigte sehr deutlich, wo die Sympathien lagen.

Aber nun zurück zu Mr. Bullitt.

Die unheimliche Rolle von Stempeln und Polizisten

Heinz: Na also, Bullitt! Als ich weder in Washington noch in New York eine Stelle fand, die sich für Arbeitsbewilligungen zuständig betrachtete, erinnerte ich mich an ihn. Seine Adresse hatte ich, und so hab ich ihn angerufen. Dein Freund Heinz ist da! Wunderbar, komm doch zum Lunch! Ich ging hin, und während wir essen, erkläre ich ihm mein Problem. Nirgends gibt es in eurer Bürokratie ein Büro, das sich traut, jemandem, dem man eine tolle Forschungsstellung angeboten hat, statt seinem *visitor visa* ein Arbeitsvisum auszustellen. Was kann man da machen? Er sagte, er wisse nicht, ob er mir helfen könne, aber er wolle es versuchen und mir Nachricht geben, wenn er etwas findet.

Nun, ich wohnte da in irgendeinem winzigen Loch, das sich Hotel nannte. Sieben Dollar pro Nacht. Früh am nächsten Morgen ist da ein Anruf für mich. Gehen sie auf Zimmer Nummer 11, Appartement soundso, in der und der Straße. Ich nehme meinen Paß, finde Zimmer Nummer 11 und zeige ihn dem Mann, der dort sitzt. Der Paß ist gültig, sage ich, hier ist das *visitor visa* und hier die Einladung von der *University of Illinois*. Okay, sagt der Mann, geben sie mir das einen Moment. Nimmt einen Stempel, stempelt die beiden Sachen ab und gibt sie mir zurück: „Hier ist Ihre Erlaubnis."

Zwei Minuten hat es gedauert – nach sieben Monaten, sieben Monaten Hin- und Herfahrt zwischen New York, Washington, Chicago, Chicago, New York, Washington.

Ernst: Hast du den richtigen Stempel, der Sesam öffnet sich. Manchmal kann es auch der falsche sein. Als meine Eltern nach dem Ersten Weltkrieg nach Meran übergesiedelt sind, mußte meine Mutter einen italienischen Führerschein machen. Mein Vater ist nie selbst gefahren, meine Mutter war schon jahrelang der begeisterte Chauffeur gewesen – und oft auch der Mechaniker. Aber der Führerschein, den sie hatte, war in Italien nicht gültig. Also mußte sie eine Fahrprüfung machen. Das war kein Problem. Mit dem Inspektor, der sie prüfte, hat sie gleich über Vergaser geredet und über die Vorteile der Vierradbremsen, die das Prüfungsauto noch nicht hatte, und da gab er ihr das Zeugnis mit dem größten Vergnügen. Sie kommt damit auf das zuständige Amt in Bozen – das war unheimlich zuständig! Da sagt man ihr: „Sehr gut, jetzt brauchen Sie nur noch ein Zeugnis, daß Sie lesen und schreiben können."

„Diktieren Sie mir auf deutsch, englisch, französisch, auch auf italienisch, wenn Sie wollen!"

„Nein, nein, das geht nicht – wir brauchen ein offizielles Zeugnis."

„Und wo bekomme ich das?"

„Von der Schule, wo Sie lesen und schreiben gelernt haben."

„Aber ich möchte meinen Führerschein jetzt haben! Ich will übermorgen nach Turin fahren. Wenn ich nach Österreich schreibe um so ein Zeugnis, dann wird das Wochen dauern, bis ich es bekomme, wenn es so etwas dort überhaupt gibt."

„Tut uns leid, wir brauchen ein Zeugnis."

Da ging sie nach Hause und dachte nach. Am Abend stöberte sie in ihren Papieren herum und fand schließlich ein tschechisches Dokument mit einer Menge von Stempeln. Ein Leumundszeugnis, das man ihr in Prag Jahre vorher aus irgendeinem Grund ausgestellt hatte. Damit ging sie am nächsten Morgen auf das Amt in Bozen. – Hier, bitte schön, ich hab das Zeugnis gefunden. Der Beamte hat es lange angeschaut, besonders die tschechischen Stempel, und dann ist er gegangen, um es dem Vorgesetzten zu zeigen. Der Vorgesetzte war offenbar ebenso beeindruckt, und nach zwanzig Minuten hatte meine Mutter ihren italienischen Führerschein. Und wenn das Leumundszeugnis im letzten Krieg nicht zerstört worden ist, dann liegt es noch heute in der Bozner Präfektur als Beweis, daß Helene von Glasersfeld lesen und schreiben konnte.

Heinz: Siehst du, mein Stempel war echt, aber er hat trotzdem Zweifel erregt. Sobald ich das Arbeitsvisum hatte, bin ich in den nächsten Zug gestiegen und nach Champaign-Urbana in Illinois gefahren, um dem Dekan meiner Fakultät die Arbeitserlaubnis vorzulegen. Er hat sich offensichtlich gefreut und mir sehr gratuliert, aber dann hat er gesagt, er verstehe nichts von solchen Papieren, besonders wenn sie vom *State Department* kämen. Da sei aber ein Dekan, der ausschließlich für ausländische Studenten und ausländische Professoren da ist. Das wäre der Dekan für iberische Sprachen, und der kenne sich auf der ganzen Welt aus. Dem müßten wir das zeigen, und der kann ... Also gingen wir zum Dean Hamilton, um mich vorzustellen. Hier ist der Heinz von Foerster, neuer Mann in unserer Fakultät, der hat hier seine Papiere, aus Washington mitgebracht; wollen sie so gut sein und diese Papiere prüfen?

Dean Hamilton hat ein bißchen so ausgeschaut wie der Mr. Magoo, mit einem schönen Schnurrbart. Quint hat er mit dem Vornamen geheißen – er hat nämlich vier Schwestern gehabt, eine davon die berühmte Mythologin der amerikanischen Literatur, Mrs. Hamilton, die alle Mythologien, die griechische, die römische usw. geschrieben hat. Die war die älteste Schwester, und dann gab es noch vier, bis schließlich und endlich Quint als fünfter auf die Welt gekommen ist. – Quint also schaut meine Papiere an, schaut mich an, dann den Dekan und wieder die Papiere. Schließlich reicht er meinem Engineering-Dekan die Hand und sagt: Gratuliere, sie haben einen hervorragenden Mann für ihre Fakultät gewonnen. Die Universität wird Ihnen dankbar sein; und ich auch, ich danke, daß sie ihn zu mir gebracht haben. Ich möchte ihn jetzt zum Lunch mitnehmen, und da werden wir über Dinge reden, die Sie sicher nicht interessieren, auf Wiedersehen.

Wir gehen also zum Lunch, und schon auf dem Weg fragt er: „Lieber Heinz von Foerster, erzählen Sie mir, wie haben Sie dieses Visum bekommen? Ich arbeite schon seit Jahren, um diese Stelle zu finden. Nummer 11? Davon habe ich nie gehört, niemand hat das gewußt. Wie haben Sie es herausgekriegt?"

Während des Lunchs hab ich ihm vom Bullitt erzählt. Von dem hat er natürlich gewußt. „Was?", sagt er, „Bullitt – der war auch ein ganz großer Demokrat, ein Freund von Roosevelt, und darum ..."

Nach diesem schönen Lunch durfte ich meine Arbeit auf der Universität von Illinois antreten. Es war das Ende vom Sommer 1949. Man hatte mir ja schon lange vorher, bei meinem ersten Besuch, das Zimmer gezeigt, das ich bekommen sollte. Es war das Büro von dem großen Laboratorium. Nun ging ich in dieses Büro. Sehr wenig Leute waren in dem Gebäude, denn die Studenten waren noch nicht da. Ich gehe also durch die Korridore von diesem Forschungslaboratorium, und was seh ich? – Einen Menschen, der aussah wie ein Polizist. Das ist unmöglich, sag ich mir. In Europa, in Wien, waren Polizisten an der Universität einfach unvorstellbar. Ich schau ihn noch mal an und finde dann ein Zimmer, wo ein junger Student sitzt. Nein, es war ein Professor, der da arbeitete. Ich sage, kommen Sie bitte einen Moment mit mir? Wieso? Was ist denn los? Schauen Sie, sag ich, da steht ein Mann – wer ist das? Der Professor schaut den Mann an, dann mich, zuckt mit den Achseln und sagt: Das ist ein Polizist.

„Ein Polizist an der Universität? Schmeißen wir ihn doch hinaus!"

„Warum sollen wir den hinausschmeißen?"

„Ein Polizist an der Universität? Der gehört da doch nicht her –, der darf doch nicht herein!"

„Warum darf der nicht herein?" Und der Professor lacht.

Da lernte ich einen der kulturellen Unterschiede. Daß ein Polizist an der Universität herumgeht, war hier ganz normal. Für mich als Wiener war es unvorstellbar. Ich kann mich noch heute an die Riesenkämpfe erinnern, die wir in Wien gehabt haben, um die Polizisten aus den Fenstern der Universität von Wien hinauszuschmeißen, weil sie eingedrungen waren, um uns unsere akademische Freiheit zu nehmen. In Amerika war das kein Problem. Es war eine andere Kultur – wenigstens bis zu Mr. Nixon und der traurigen Affäre auf der *Kent State University*, wo Studenten erschossen wurden. Doch das war viele Jahre später.

Sechs Jahre Heinz im Kurzwellenlaboratorium

Heinz: 1949 habe ich also meine Arbeit in Illinois begonnen. Der vorherige Chef des Labors war schon seit über einem Jahr nicht mehr da. Dann hatte es so lang gedauert, bis ich die Arbeitserlaubnis bekam. Die Leute im Labor warteten und hofften jede Woche, jetzt kommt der Foerster mit der Arbeitserlaubnis. Aber er ist nicht gekommen. Und so ist das Labor langsam zerflossen. Die Regierungsstelle, die die Forschungsarbeit bezahlte, das war das Marineforschungsinstitut in Washington, die hat keine Berichte bekommen und überhaupt keine Nachricht, was da in Illinois gemacht wurde. Aber das Forschungslabor bekam weiterhin eine Menge Geld. Als ich zum erstenmal die Ziffern sah, hab ich gesagt, für dieses Geld könnte ich mir jetzt ganz Wien kaufen, mit allen Schwarzhändlern, mit sämtlichen Zigarettenverkäufern und dem Stefansdom. Alles für ein Jahr Forschungsgeld in Illinois. Von all dem hörte ich aber erst, als ich nach Washington fuhr, um mich beim *Office of Naval Research* vorzustellen.

Der Dekan hatte mir erklärt, als erstes müsse ich mich in Washington vorstellen, weil die Forschungsgelder von dort kämen. Also bin ich guter Dinge nach Washington gefahren, zu den Leuten, die das viele Geld hatten für Forschungsprojekte, und habe dort ahnungslos erklärt, daß ich der neue Chef von dem Laboratorium der Universität von Illinois bin. Kaum hab ich das gesagt, springt der Mann hinter seinem Schreibtisch auf, rot im Gesicht, wutentbrannt, wie man so schön sagt, und völlig außer sich.

„Sie wagen es noch, Ihr Gesicht hier zu zeigen! Was glauben Sie denn, sind wir nur Ihre Wurzen?"

„Wieso? Was meinen Sie denn?"

„Seit drei viertel Jahren kriegen wir nicht einen Report von Ihnen! Im Vertrag steht, daß jeden Monat ein mindestens zweiseitiger *Progress Report* über den Fortschritt ihrer Arbeit fällig ist, und ..."

„Entschuldigung, ich bin ja erst seit gestern in dem Labor."
„Was heißt, Sie sind erst seit gestern …?"
„Ich habe ja erst vorgestern die Arbeitserlaubnis bekommen."
„Ja, von wo kommen Sie denn?"
„Ich komme aus Wien."
„Aus Wien?"

Ich weiß nicht, warum, aber das hat ihn beruhigt. Er wurde ganz freundlich und fragte: „Also, was wollen Sie denn machen, in dem Laboratorium? – Fast ein Jahr lang hat es nichts gemacht!"

Ich erklärte also, was ich anfangen wollte. Wahrnehmung, Theorie der Selbstorganisation, kybernetische Regelung usw. Anscheinend fand er das interessant. „Sehr gut", sagte er, „schicken Sie uns einen Vorschlag!"

Einen Forschungsvorschlag hatte ich noch nie geschrieben. Normalerweise – das sah ich später – bekommt man eine Aufforderung, ein *RFP*, das heißt *Request for Proposal.* Das *RFP* enthält Anweisungen, soundso viele Seiten Beschreibung von der Forschung, die man machen möchte, soundso viele Seiten Hintergrund, dann wie viele Leute man beschäftigen will, wie lange es dauern soll und, vor allem, wie man sich das Budget vorstellt. Von alldem hatte ich keine Ahnung. Ich machte meinen Vorschlag auf drei Seiten – und auf englisch! Das war zumeist das Englisch von den Damen im Büro in Champaign-Urbana. Bei jedem zweiten Wort mußte ich fragen, wie sagt man das? Und die Tippmamsellen sagten, auf englisch heißt das so und so. Auf diese Weise hab ich drei Seiten zusammengestöpselt und abgeschickt. Und bald darauf kam Geld – 60 000 Dollar oder so was.

Ernst: Das war das Schlaraffenland. Wenn ich denke, wie lang wir oft an solchen *Proposals* gearbeitet haben! Und manchmal kamen sie zurück, und wir sollten ein Dutzend Änderungen machen. Du bist eben ein Zauberer.

Heinz: Der Glück gehabt hat.

Ernst: Ein bißchen hat da wohl auch mitgespielt, daß deine *Proposals* von einem Elektroniklaboratorium kamen. Das hat eine ganz andere Aura. Meine kamen aus psychologischen Abteilungen oder gar aus der Linguistik, und da war es anders. Ich schickte einmal ein

Proposal an die *National Science Foundation,* den Vorschlag, ein semantisches Lexikon zu entwickeln, in dem nicht Wörter sondern Begriffe durch mentale Operationen definiert wurden, für Übersetzungen in andere Sprachen und für Leute, die Resümees von wissenschaftlichen Artikeln machen sollten. Das waren mehr als 30 Seiten, und sie kamen direkt zurück, mit der Bemerkung, daß wir offensichtlich nichts von Sprache verstünden, denn in unseren bibliographischen Angaben hätten wir Chomsky nicht erwähnt. Kannst du dich erinnern, in den sechziger Jahren galt Chomsky ja als der endgültige Löser aller linguistischen Probleme.

Heinz: Chomsky hat doch das „Sprachorgan" erfunden, ein Organ wie die Leber oder das Herz, das irgendwo im Gehirn sitzt und sprechen kann. Das hat mich beflügelt, Organellen für Subtrahieren, Addieren, Multiplizieren und andere arithmetische Operationen zu erfinden. Wie Gregory Bateson das so schön mit „Erklärungsprinzipien" bezeichnet hat. Wenn man fragt, was erklären sie, sagt Bateson: „Alles, alles was man erklären möchte." Ich erinnere dich an seine *Metalogues*. Das sind, wie er uns glauben lassen möchte, „fiktive" Gespräche mit seiner kleinen Tochter, die, wie alle Kinder, die fundamentalsten Fragen stellt, „Vati, was ist ein Instinkt?", fragt sie einmal, und er antwortet: „Ein Erklärungsprinzip." Du kannst dir leicht vorstellen, wie das weitergeht.

Ernst: Ja, mir hat das auch gefallen – besonders, daß Bateson auch die Gravität als „Erklärungsprinzip" sieht.

Heinz: Als ich dieses erste *Proposal* schrieb, da war noch die gute alte Zeit. Das Militär hatte so viel Geld, und ihr Hauptproblem war, es anzubringen. Das war unser großes Glück. Aber dann haben wir halt gearbeitet und anscheinend doch gute Sachen gemacht. Auch habe ich dann brillante junge Studenten gehabt, das waren alles *GIs*, Leute, die im Krieg mitgefochten hatten und dann studieren wollten. Sie haben das Studium bezahlt bekommen, ganz wenig, aber immerhin genug für Wohnung, Essen und die Studiengelder. Doch es waren alles junge Menschen, die wirklich etwas tun wollten, die lernen wollten und etwas produzieren. Und ihre Hoffnung zu arbeiten und meine Art zu arbeiten haben zufälligerweise sehr gut zusammengepaßt. Sie haben Vergnügen mit mir gehabt, und ich hatte Vergnügen mit ihnen. Fast alle waren schon Papas, waren verheiratet und hatten kleine – drei, vier Jahre alte – Kinder. Es war ein unglaublicher *Spirit*, eine wunderbare Stimmung der Zusammenarbeit. Auch die Probleme, die wir bearbeiteten, waren lustig. Sie fanden das alles fabelhaft, und so haben wir dann auch einen schönen Erfolg nach dem anderen gehabt.

Ernst: Auch das *Office of Naval Research* war zufrieden.

Heinz: War ganz zufrieden. Es hat gezahlt und gezahlt und gezahlt, und mein Labor ist größer und größer geworden. Schließlich waren da ungefähr 25 Leute mit zwei oder drei Professoren, vollen Professoren sogar.

So sind sechs Jahre vergangen. Ich arbeitete da als Senderöhrenfachmann, also als ein richtig guter, wohlerzogener Elektroingenieur, der in der Kurzwellentechnik – Ultrakurzwellen, Mikrowellen usw. – zu Hause ist. Dann habe ich die unerhörte Chance wahrgenommen, ein sogenanntes *Sabbatical* zu nehmen. Ich beschloß, mich mit den Arbeiten zu beschäftigen, die die Menschen die in den Josaiah-Macy-Treffen zusammengebracht hatten.

Nachdem ich schon am Anfang meiner amerikanischen Karriere eingeladen worden war, die *Transactions* von den Sitzungen der Macy-Stiftung herauszugeben, kam ich ja jedes Jahr mit diesem Dutzend hervorragender Amerikaner zusammen. Margaret Mead, Gregory Bateson, Warren McCulloch, John von Neumann und so weiter. Unglaublich stimulierende Menschen. Ich war fasziniert von den Problemen, die diese Gruppe interessierten, weil sie eher philosophisch waren. Wenn zwei oder drei Wissensgebiete sich treffen, kommt man schnell in die Philosophie. In den einzelnen Gebieten wird viel gesagt, das klingt verschieden. Geht man dann einen Stock tiefer, so kommt man sich näher. Vielleicht sagt man noch nicht dasselbe – aber dann kann man noch einen Stock tiefer gehen, und dann trifft man sich. Die Probleme, in denen ich mich mit diesen außergewöhnlichen Menschen traf, wo wir uns verwandt fühlten, das waren immer wieder die großen Fragen der Kybernetik, der zirkulären Kausalität und der Feedback-Mechanismen in biologischen und sozialen Systemen.

An amerikanischen Universitäten gibt es eben diese herrliche Einrichtung, das sogenannte *Sabbatical*, die einem jedes siebente Jahr ein freies Jahr der Arbeit erlaubt. Das halbe Gehalt kriegt man laut Vertrag von der Universität, und die andere Hälfte kann man, wenn man will, von irgendeiner Stiftung anfordern – oder man kommt einfach mit dem halben Gehalt aus. Da hab ich mit meinen kybernetischen Freunden gesprochen und gefragt, was sie mir zu tun raten, denn ich wollte beruflich und nicht nur als Amateur in das Fach einsteigen, von dem sie ununterbrochen sprachen. Warren McCulloch war damals von Chicago nach Cambridge in Massachusetts übergesiedelt, wo er vom *Massachusetts Institute of Technology* eingeladen wurde, Professor im sogenannten *Electronics Lab* zu werden. Dort war ein anderer Wiener, nämlich Norbert Wiener, und die beiden habe ich gefragt, was ich mit meinem *Sabbatical* tun solle.

Um das zu lernen, was Sie suchen, sagte Wiener, gehen sie zu meinem Freund Arturo Rosenblueth. Der ist Professor für Neurologie in Mexiko und ist der beste Lehrer, den sie haben können.

Er schrieb dem Rosenblueth, daß Warren McCulloch und er mich eingeladen hätten, zu ihm nach Mexiko zu gehen. So beschloß ich, ein halbes Jahr bei Warren McCulloch zu bleiben und die zweite Hälfte des *Sabbatical* in Mexiko unter Arturo Rosenblueth zu arbeiten. Das war eine gute Lösung, doch nun mußte ich nur noch die zweite Hälfte meines Gehaltes irgendwo aufreißen. Ich schrieb der Guggenheim-Stiftung, und die haben mir tatsächlich die andere Hälfte gezahlt. So ging ich also ein halbes Jahr nach Boston, um bei McCulloch zu studieren. Mai und die Kinder waren in Illinois geblieben, wegen der Schule. Doch im zweiten Semester hat die Schule dann den Kindern erlaubt, zeitweise in eine mexikanische Schule zu gehen. Da sind wir alle mit dem Auto nach Mexiko gefahren und haben ein halbes Jahr dort gelebt. Es war ein unwahrscheinliches Erlebnis. Zu meiner Überraschung entdeckte ich, daß Cousinen, die ich längst verloren geglaubt hatte, auch in Mexiko waren. Sie wiederzufinden war ein ergreifendes Erlebnis.

Sechs

Mme. Curie als Lehrerin

Heinz: Nach den sechs Monaten in Mexiko kam ich zurück nach Illinois und beschloß, einen Berufswechsel zu machen. Das *Electro Tube Research Lab* hatte ich bereits gut aufgebaut. Ich hatte lange vor Mexiko drei hervorragende Wissenschaftler eingestellt, mit der Idee, daß sie die drei Branchen, in denen dieses Laboratorium sich einen Namen gemacht hatte, weiterführen könnten, falls ich eines Tages weggehen wollte. Einer von den drei neuen Leuten war schon ein ganz berühmter Mann. Er hatte mit Mme. Curie gearbeitet und bei ihr seine Doktorarbeit gemacht. Er war Ungar, hieß Laszlo Goldstein und war ein wahnsinnig lustiger Kauz. Er erzählte mir, wie Mme. Curie ihm „half", seine Doktorarbeit zu machen. Er hatte eine Abhandlung geschrieben und sie der Mme. Curie vorgelegt. Sie hat sie ein paar Tage behalten und ihm dann zurückgegeben und gesagt: Nicht gut. Er fragte, wieso, was fehlt? – Nicht gut, hat sie gesagt. Also hat er umgeschrieben und die neue Arbeit Mme. Curie vorgelegt. Wieder hat sie gesagt: Nicht gut. So ging es ein Jahr lang. Er hat umgeschrieben, wieder umgeschrieben – und dann hat sie eines Tages gesagt: Gut. Und sie als Doktorarbeit angenommen. Das war das Ende, und er hat seinen Doktor gehabt. Aber Hilfe von der Mme. Curie, sagte er, hat er keine bekommen.

Ernst: Sie hat ihm nie gesagt, in welche Richtung er gehen, was er ändern soll?

Heinz: Das mußte er selber herausfinden. Sie hat immer nur gesagt: Nicht gut.

Ernst: Wie die Zen-Lehrer!

Heinz: Ja, genau wie die Zen-Lehrer. Na schön. Goldstein hat die Plasmaphysik übernommen, und die beiden anderen Abteilungen waren auch in guten Händen. Da habe ich mir gesagt, ich fange ein neues Labor an. Das *Biological Computer Lab*. Der Dekan und der Präsident von der Universität haben mir viel Glück gewünscht, und mein Problem war nur, Geld aufzutreiben. Wo sollte ich da hingehen? Ich dachte, versuch es zuerst bei dem *Office of Naval Research*. Die hatten mir ja das *Electro Tube Lab* finanziert, die mußten wissen, der Heinz von Foerster macht gute Sachen. Also ging ich dorthin und sagte, ich möchte meinen Beruf wechseln und ein neues Labor aufbauen, für Kybernetik. Sehr interessant, haben die gesagt, was wissen sie denn von alldem? Also legte ich die fünf Bände von der *Macy Foundation* vor und sagte: Das ist Kybernetik. Interessant, haben die gesagt, Kybernetik, da haben wir gerade eine Mitteilung bekommen aus Belgien, dort macht man einen großen internationalen Kongreß über Kybernetik, wissen Sie etwas davon? – Ja, hab ich gesagt, davon habe ich gehört. – Gut, wir schicken Sie hin. Finden Sie heraus, was diese Leute machen.

Bin ich also nach Namur gefahren, hab einen Vortrag gehalten über biologische Computer und meinen lieben Freund Ross Ashby getroffen, den ich schon von den Macy-Konferenzen her kannte. McCulloch hatte ihn zu einer der Tagungen eingeladen, und da hab ich Ashby aus einer sehr unangenehmen Situation herausgeholfen. Dafür war er mir sein ganzes Leben lang dankbar. Er war ein rührender Mensch. Stafford Beer war auch in Namur – und auch Gordon Pask, von dem mir die jungen Leute dort gesagt hatten, er sei ein Genie.

Ernst: Der war auch ein rührender Mensch. Der hat mir die schönste Rekommandation geschrieben, als ich Professor an der Universität von Georgia werden sollte.

Heinz: Wieso hab ich nichts davon gewußt?

Ernst: Das war 1974 oder 75, Heinz, wir kannten uns damals noch nicht so gut, und mit Gordon hatte ich schon öfters gesprochen, weil er ja eine Zeitlang am *Institute of Technology* in Atlanta war.

Heinz: Stimmt. Also ich kam zurück und erzählte dem *Office of Naval Research* von dem Kongreß in Namur. Sie hatten offenbar auch von anderen etwas gehört und sagten nun, ja, die Kybernetik ist ein interessantes Gebiet, da sollten Sie zunächst einmal eine Konferenz über *Self-organizing Systems* machen. Ich nannte ein paar Leute, mit denen man eine fabelhafte Konferenz machen könnte. Sie stimmten zu, und wir hielten die erste große Konferenz über sich selbst organisierende Systeme in Chicago. Ich glaube, es war 1959, und die Konferenz war sehr lebendig und faszinierend. Ich sprach über Selbstorganisation, und Gordon Pask gab ein wunderbares Paper, das hieß: *The natural history of networks* – Die Naturgeschichte von Netzwerken. Wir hatten eine ganze Suite gemietet in dem Hotel in Chicago und haben da zehn oder fünfzehn Experimente vorgeführt. Alle kamen und schauten sich das an – wir waren sozusagen die Koryphäen auf dieser Ausstellung. Das hat dem *Office of Naval Research* großen Eindruck gemacht, und sie entschlossen sich, für das neue Forschungszentrum in Illinois Geld zu geben. Da habe ich den Gordon Pask gleich eingeladen, ein Mitglied vom *Biological Computer Lab* zu werden. Er kam dann, mit Frau und Kind, und hat sich mit Selbstorganisation beschäftigt. Andere Laboratorien haben uns auch geholfen, das zu finanzieren, und so ist das *BCL* schnell gewachsen. McCulloch und Lettvin kamen uns besuchen, brachten uns auf neue Ideen und halfen uns, das alles aufzubauen. Später kam Ross Ashby, um bei uns zu arbeiten, und dann hat sich der wunderbare Logiker aus Schweden, Lars Löfgren, bei uns auf ein Jahr oder zwei niedergelassen. Es war also eine lebendige, lustige Gruppe von brillanten jungen Menschen, die bei uns gearbeitet haben.

Ernst: Da war doch auch Gotthard Günther?

Heinz: Natürlich, der Gotthard ist gekommen – wieder so ein wunderbarer Zufall. Ich bin ja ein Nachtmensch und geh erst sehr spät schlafen. Eines Nachts, um zwei Uhr, läutet das Telefon.

„Hier ist Warren McCulloch. Ich bin gerade in Richmond, Virginia, und komme von einem sehr interessanten Abendessen bei einem Ehepaar – Gotthard und Mieke Günther. Faszinierende Menschen. Hast du von denen gehört?"

„Nein, die kenne ich nicht."

„Die mußt du einladen, Heinz. Der Gotthard Günther hat so interessante Sachen gesagt, ich habe nur die blasseste Ahnung, wovon er redet. Niemand versteht ihn, aber ich glaube, es ist sehr interessant. Du bist wahrscheinlich der einzige, der ihn verstehen wird. Lad ihn ein!"

Wenn McCulloch sagt, ich soll jemanden einladen, dann lade ich ihn ein. Also kam Gotthard Günther zu uns nach Illinois. Wir haben hier ein Seminar, hab ich ihm gesagt, jede Woche am Donnerstagnachmittag von drei bis fünf, Sie sind herzlich eingeladen, über die Logik zu sprechen. Also lud ich Leute ein, die ganze *BCL*-Besatzung und natürlich die Logikprofessoren und die Philosophen und alle möglichen anderen. Wie McCulloch gesagt hatte, niemand hat Günther verstanden – nur ich. Ich hab ihn sofort verstanden und gesagt, fabelhaft, der ist großartig. Dann hab ich ihn gefragt, was er zur Zeit machte. Er hatte einen kümmerlichen Forschungszuschuß von 2 000 Dollar im Jahr von der Bollingen-Stiftung, und seine Frau hat in Richmond, Virginia, schwarze Volksschüler unterrichtet. Du kannst dir vorstellen, das Gehalt, das sie gekriegt hat. *Anyway*, der Gotthard hat meine Einladung angenommen, bei uns als Professor im *Department of Electrical Engineering* zu arbeiten.

Kybernetik ist wirklich interdisziplinär

Heinz: Sein eigentliches Fach war Orientalische Philosophie, er war aber der größte Hegel-Experte auf der Welt. Wo immer ein Hegel-Kongreß stattfand, wurde Gotthard Günther eingeladen. Ob das in Moskau, Leningrad, Berlin oder Paris war, Gotthard war auf jedem Hegel-Kongreß. Gewöhnlich war er der *Keynote*-Sprecher. Er hatte die größten Arbeiten über Hegel geschrieben, wußte jeden Schneuzer, jeden Huster und jeden Nießer von Hegel und, wie die meisten Leute behaupteten, wußte er auch, wovon Hegel spricht.

Daß eine Universität einen fernöstlichen Philosophen, der ein Hegel-Spezialist ist, in eine Lehrkanzel für Schwachstromtechnik als Professor einstellt, ist doch bezeichnend für die unerhörte Breite des Denkens, die damals an Universitäten herrschte. Und später, als ich auch Ashby hereinbekommen wollte, hab ich meinem Dekan gesagt, wir möchten Ross Ashby eine Stellung anbieten, er ist der führende Geist in der Kybernetik, er hat die fabelhaften Bücher geschrieben … Ja, was ist er denn von Beruf? – Hab ich gesagt: Er ist ein Psychiater, Direktor von dem riesigen *Burden National Institute*, einem der größten Spitäler für Geisteskranke in England. Da hat der Dekan gesagt, das werde ich dem Präsidenten erzählen und dem Provost. Das Gehalt von Ashby war natürlich nicht klein. Also wurde ich zum Präsidenten gerufen und erklärte, daß wir den Professor Ashby aus England einladen möchten als Professor für Schwachstromtechnik in unserem *Department of Electrical Engineering*. Da fragt der Präsident: Ja, was ist denn der Herr Ashby von Beruf? Und mein Dekan antwortet: Psychiater. – Steht es schon so schlecht bei Ihnen im Department?, sagt der Präsident und lacht.

Das sind so schöne Erinnerungen. Auf jeden Fall hat das Labor Fuß gefaßt und ist bekannter geworden. Von den verschiedensten Institutionen haben wir Zuschüsse bekommen. Ganz von selbst. Wenn du dich mit *biological computation* beschäftigst, ist eine wichtige Frage: Wie lernt so eine Maschine? Wie kann man das machen? Wenn etwas lernt, muß es ein Gedächtnis haben.

Im Rückblick ist es für mich interessant, daß gewisse Jugenderfahrungen mir die Richtlinie gaben, über Gedächtnis neu nachzudenken. Da kam eine Menge zusammen – ein Jahr hier, ein Jahr dort –, von der Psychologie hatte ich etwas gelernt, von der Neurologie, von Gehirnwissenschaft, wenn du das so nennen willst, und da habe ich angefangen, mich mit rechnenden Netzwerken zu beschäftigen. Die Hauptfrage war, wie kann man ein Netzwerk dazu bringen, daß das etwas tut, was es vorher noch nicht getan hat? Wie behält es diese Handlungsstruktur so, daß sie wieder funktioniert? Ich glaube, daß mein Denken da von Ideen gelenkt wurde, die eigentlich aus dem *Wiener Kreis* kamen. Wir haben schon darüber gesprochen, daß Mathematik erfunden wird und nicht entdeckt. Da gab es damals in Wien hochinteressante Diskussionen über Probleme wie Existenzbeweise von gewissen Theoremen und eben auch von Zahlen. Existiert diese Zahl? Zum Beispiel die Zahl π? Das ist das Verhältnis vom Umfang eines Kreises zum Durchmesser. Mathematiker und Philosophen diskutierten, wieso man diese Frage stellt. Man kommt auf diese Frage, wenn man sich sagt, daß man die Zahl π nicht aufschreiben kann, das heißt, nicht in ihrer vollkommenen Ausdehnung. Darum ist π eine sogenannte transzendente Zahl. Jede Dezimalstelle muß frisch ausgerechnet werden, und man kann nicht voraussagen, was die 2 265 722ste Stelle der Zahl sein wird. Man weiß es nicht, man müßte es erst ausrechnen. Existiert also die Zahl π, wenn man sie prinzipiell nicht ganz kennen und darum nicht aufschreiben kann? Da gibt es natürlich mehrere Faktionen. Die einen sagen nein, es gibt diese Zahl nicht. Eine andere Faktion, nämlich die *Wiener-Kreis*-Gruppe hat gesagt, die Zahl kann durch ihre Formel repräsentiert werden. Das heißt, die Anweisung, wie man die Zahl errechnen kann, repräsentiert die Zahl.

Ernst: Da sind wir wieder bei Bridgmans operationaler Definition.

Heinz: Genau. Jetzt brauche ich nicht alle unendlichen Dezimalstellen darzustellen, ich brauche nur darzustellen, wie ich operieren muß, um mir die Zahl auszurechnen.

Ohne Vorstellung gibt es weder Zahlen noch Geometrie

Ernst: Da möchte ich hinzufügen, daß das nicht nur bei Zahlen so ist, sondern wohl auch in der Geometrie.

Heinz: Da geht es auch darum, wie operiert wird.

Ernst: Aber die Lehrer sagen das nicht. Das ist eines der Argumente, die ich oft verwendet habe. Wenn in der Schule mit der Geometrie angefangen wird, da zeichnet der Lehrer zum Beispiel ein Dreieck an die Tafel, oder heutzutage wird es einfach auf einen Bildschirm projiziert, und der Lehrer sagt: Schaut das gut an, es ist ein Dreieck. Es fällt ihm nicht ein, zu sagen: Was ihr da seht, ist eine Hilfe, damit ihr euch ein geometrisches Dreieck vorstellen könnt. Ein geometrisches Dreieck hat absolut gerade Seiten und absolut genaue Winkel. Kein Bild und kein materieller Gegenstand kann das je erreichen. Alle geometrischen Figuren sind Idealfiguren, die ihr nur in eurem Kopf denken könnt. Es sind abstrakte Vorstellungen, und darum sind sie absolut genau. Leider Gottes sagen die Lehrer das nicht.

Heinz: Weil sie es nicht wissen …

Ernst: Oder weil sie glauben, mit zwölf oder dreizehn Jahren könne man mit Abstraktionen noch nicht umgehen. Dabei ist das für die Schüler keine Schwierigkeit. Die können sich schon die ausgefallensten Dinge vorstellen. Sie haben keine Ahnung, was Vorstellung ist, aber sie können den Sprung ins Begriffliche sehr gut machen. Und wenn man sie von Anfang an darauf aufmerksam machte, daß die ganze Geometrie im Begrifflichen funktioniert und daß die Zeichnungen und Diagramme nur Anregungen sind, um die begrifflichen Bewegungen oder Operationen auszuführen, dann hätten sie später mit der Mathematik und überhaupt mit der Wissenschaft viel weniger Schwierigkeiten.

Heinz: Das Lustige ist, daß das Wort begrifflich ja eine motorische Aktion andeutet: Mach es, dann begreifst du es.

Ernst: Operiere so, daß du es bekommst.

Heinz: So, daß du es bekommst. Das ist genau das, was mir damals, als ich mich als Student des *Wiener Kreises* für mathematische Ideen interessierte, so wichtig war. Du brauchst eine Zahl nicht zu kennen – wenn du die Formel hast, die sie produziert, kannst du die Formel als Zahl verwenden.

Ernst: Der Juan Caramuel, von dem ich schon erzählte, der hat das auch schon gewußt. In der Einleitung zu seiner *Mathesis* spricht er von zwei Sorten von Zahlen, den bestimmten und den unbestimmten. Die bestimmten, sagt er, seien abstrakt, weil sie nur im Kopf existieren, und die unbestimmten entstehen, wenn man mit diesen Abstraktionen operiert; darum seien sie noch abstrakter, und man nennt sie Algebra. Dann erzählt er die Geschichte einer Schlacht zwischen den Venezianern und den Sarazenen, in der ein Viertel der Sarazenen getötet, ein Viertel gefangen und die Hälfte in die Flucht geschlagen wurden. Da weiß man, sagt er, was passiert ist, obschon man keine Ahnung hat, wie viele Sarazenen es waren.

Heinz: Man operiert mit Operationen! Und das ist ja genau, was eine Formel ist. Sie sagt einem nicht, was existiert, sondern wie man es bekommt. Das war die Idee, die mich damals in Wien fasziniert hat, aber erst sehr viel später ist mir klargeworden, daß ich sie auch für das Gedächtnisproblem verwenden kann. Solange du mit dem Begriff eines Speichers arbeitest, füllst du den Speicher mit Resultaten, Millionen von Resultaten, und du brauchst immer mehr Platz.

Denkst du aber in Formeln, dann denkst du in Operationen, die Resultate hervorbringen. Und dann kannst du dir sagen, die Operationen enthalten vielleicht operative Elemente, mit denen man auch andere Sachen machen kann. Statt eines Speichers von Daten ist das Gedächtnis dann ein System, das flexible Rechnungen ausführen kann.

Welche Rechnungen es ausführt, wird durch konfigurative Strukturen bestimmt, die in dieses System hineingeschoben werden.

Ernst: Da hattest du das konstruktive Gedächtnis.

Heinz: Okay, mit diesen und ähnlichen Gedanken kam ich auf Konferenzen, die sich mit Gedächtnis beschäftigten. Eine, wo ich großen Spaß hatte, war in Stanford. Das war die Konferenz über die *Anatomy of Memory* – Anatomie des Gedächtnisses. Der Karl Pribram hatte mich eingeladen, und da waren auch berühmte Gedächtnisleute, unter anderen Sir John Eccles und eine Reihe von Neurologen. Es war zu der Zeit, als diese lustigen Experimente mit *Flatworms* – also mit den kleinen Flachwürmern gemacht wurden. Die ließ man ein paar Wochen in einem Labyrinth, und da lernten sie: Man kriegt einen elektrischen Schlag, wenn man nach links geht, aber geht man nach rechts, dann kriegt man Zuckerwasser. Nach einiger Zeit gehen die Würmer nur noch nach rechts. Dann nimmt man sie, zerteilt sie in kleine Stückchen und gibt sie anderen jungfräulichen Würmern zu essen. Da stellt sich dann heraus, daß die Würmer, die die alten Würmer gefressen haben, viel schneller lernen, den Weg nach rechts zu gehen und nicht nach links, wo sie den elektrischen Schlag bekommen.

Ernst: Diese Experimente wurden doch ziemlich schnell aufgegeben?

Heinz: Ja, eben. Ich habe damals behauptet, daß diese Ergebnisse unterdrückt worden sind, denn wenn die Schüler darauf kämen, daß Wissen auf diese Weise übertragen werden kann, dann würden alle Lehrer und Professoren aufgefressen. Darauf hat Sir John eingewandt: Sie glauben offenbar, daß die Schüler glauben, die Professoren wissen etwas? Die werden sie nie auffressen, denn die glauben ja, daß die Professoren völlig ahnungslos sind! Da hab ich gesagt, ich glaube, Sie haben recht – ich ziehe mich zurück.

Da waren eine Menge komischer Dialoge. Karl Pribram hat das Buch herausgegeben, eine sehr lustige Publikation. Es war das erstemal, daß ich die Idee eines operativen Gedächtnisses vorschlug.

Mit dem operativen Gedächtnis hat Ernst immer noch ein Problem

Ernst: Damit kommen wir zu dem Punkt, wo ich wieder die Frage stellen möchte, die ich schon am Anfang der Gedächtnisdiskussion erwähnte. Solang es sich um Gedächtnis handelt, das dir sagen soll, wie man etwas macht, bin ich ganz deiner Meinung. Man kann sagen, alles, woran wir uns erinnern, sind Sachen, die wir rekonstruieren müssen. Meine Frage ist nun die: Wie stellst du dir das vor, daß wir in unseren Erinnerungen meistens doch genau wissen, daß es eben Erinnerungen sind und nicht Neukonstruktionen? Da handelt es sich oft nicht um Sachen, die nach einer Formel aufgebaut werden, sondern um Sachen, die einfach so rekonstruiert werden, wie wir sie das erstemal konstruiert haben. Ich zweifle nicht daran, daß wir rekonstruieren. Wenn man zum Beispiel versucht, sich an die Fassade eines Gebäudes zu erinnern, das man sehr gut kennt, dann wird man sich sehr schnell bewußt, daß diese Fassade nicht in einem Stück sozusagen vor dem inneren Auge auftaucht, wie eine Ansichtskarte, sondern daß man in der Tat zumindest ungefähr den ursprünglichen *scan path* nachvollführt. Das heißt, man baut das Bild der Fassade Stück für Stück auf, indem man den gleichen Pfad des Sehens, den man das erstemal genommen hat, nun in der Erinnerung durchgeht. Da habe ich überhaupt keine Schwierigkeiten. Ich bin überzeugt, das ist eine sehr gute Art und Weise, die Erinnerung zu analysieren. Aber für mich kommt nun die Frage, wieso bin ich so sicher, daß das etwas ist, was ich schon einmal gemacht habe? Ich weiß, das ist keine neue Konstruktion, denn manchmal merke ich, eben während der Rekonstruktion, nein, nein, so war es nicht. Ich habe also da irgendwo – nicht ein Vor-Bild im Sinne eines Bildes, aber ich weiß irgendwie – oder kann wissen –, das ist nicht ganz der Pfad, auf dem ich bei meinem ursprüngliches Erlebnis konstruiert habe. – Wie stellst du dir vor, daß diese – diese Spur hinterlassen wird?

Heinz: Also, ich stelle mir das so vor: Das, wovon du da sprichst, sind – wie ich es nennen würde – Erinnerungen erster und Erinnerungen zweiter Ordnung. Die Erinnerung zweiter Ordnung erinnert die Konstruktion der Erinnerungen erster Ordnung; die Erinnerung erster Ordnung erinnert das Konstruierte. Und ich würde sagen, beide sind auf einer Ebene. Ich glaube nicht, daß andere neuronale Mechanismen diesen zweiten Ordnungsmechanismus produzieren; es ist derselbe neuronale Mechanismus, der das eine sowie das andere macht. Nur ist in der zweiten Ordnung – wenn ich das als Erinnerungsmechanismus zweiter Ordnung bezeichnen darf –, in der zweiten Ordnung ist es funktionell so, daß du spürst, es ist ein Operator zweiter Ordnung. Der gibt sozusagen sein Geheimnis preis, und du merkst, das ist nicht ein Operator der ersten Ordnung. Kurz, in deiner Konstruktion des ersten Erlebnisses kannst du dich erinnern, wie du konstruiert hast, um das erste Erlebnis zu haben. Ich meine, da ist die Beobachtung des Konstruierens und, ein Stock tiefer, das Konstruieren des Beobachtens dessen, was konstruiert wird. – Habe ich das klar genug gesagt?

Ernst: Sobald du von einem ersten Stock und einem zweiten Stock sprichst, paßt es mir sehr gut. Ich hab das Gefühl, das ist analog mit der Idee der Aufmerksamkeit und der Aufmerksamkeitsmomente, die sich auf verschiedene Dinge setzen und dadurch verschiedene Dinge verbinden. Im ersten Stock sieht man sie als Sequenz von einzelnen Elementen, vom nächsten Stock aber als ein Stück, also als eine Einheit.

Heinz: Ja – so kann ich es auch sehen.

Ernst: In diesem Sinn ist der Mechanismus, der da funktioniert, der gleiche. Es sind immer Pulse von Aufmerksamkeit, aber auf verschiedenen Niveaus. In der Erinnerung wäre das also auch so. Sehr schön, da bin ich sehr zufrieden mit deiner Antwort.

Heinz erklärt das „Umnetzen" und „Schwanzneuronen" in Namur

Heinz: Ich würde sagen, wenn man Neurologe wäre und wüßte, wie das gemacht wird, würde man sehen, daß es dieselben Netzwerke sind, die das tun, nicht geschachtelte Netzwerke. Ich meine, in den

Rechnern wird die *computation* aller Prozesse von denselben Netzwerken durchgeführt. Da gibt es keine Schichten oder Stockwerke erster, zweiter, dritter Ordnung, sondern nur eine Umgruppierung der Operationen. Es sind dieselben Einheiten, die je nach ihrer Gruppierung diese oder jene Operationsklassen durchführen.

Ernst: Die werden umgenetzt.

Heinz: Umgenetzt ist das Wort.

Ernst: Die Verbindungen werden anders geschaltet, dann macht das Netz andere Operationen.

Heinz: Genau. Bei dieser Gedächtniskonferenz, wo ich zum erstenmal umgeschaltet habe vom Speicher zur Operation, war das sehr lustig.

Meine Kollegen, die dort waren, Eccles, Pribram etc., waren alles Speicherleute. Ich habe gesagt: Mehrere Leute haben hier einen Vortrag über das Nervensystem gehalten und Sachen gesagt wie etwa: In dem Nervensystem, in dem wir mit Sonden, Mikrosonden und allen Schikanen einzelne Neuronen gemessen haben, haben wir zu unserem großen Erstaunen festgestellt, daß zum Beispiel das Neuron Nr. 2531/7 manchmal, wenn ich den Schwanz der Katze zwicke, nicht funktioniert, also nicht tut, was es tun soll. Es müßte sich erinnern, das zu tun, aber es tut es nicht. Dazu kann ich nur sagen, Neuronen tun nie, was sie tun sollen, sie tun immer, was sie tun. Sie müssen ihre Ideen vom Sollen aufgeben. Es wird nichts gespeichert, sondern es wird operiert. Wenn Sie alles als Operationen betrachten, dann ist das Schwanzneuron auf einmal perfekt und kann keine Fehler machen.

Das war sehr komisch, und alle haben gelacht. Ich hab meinen Spaß gehabt, und es nicht zu einem Krieg gekommen.

Ernst: Aber trotzdem lebt die Idee vom Speicher nach wie vor weiter.

Heinz: Es ist absolut unmöglich, das wegzubringen. Die Leute kriegen Nobelpreise dafür und ich weiß nicht, was alles. Du kannst den Speicher nicht loswerden.

Ernst: Und das reicht in viele Gebiete. In Athens, an der Universität von Georgia, hatte ich einen Studenten, und mit dem haben wir für einen ganz primitiven kleinen Computer und einen Scanner ein Programm geschrieben, wie man ein Dreieck ohne euklidische Geometrie konstruieren oder erkennen kann. Alles wurde mit ganz einfachen operativen Anweisungen gemacht. Geh gerade, dreh dich, z.B. nach rechts, ganz gleich, wie weit, aber nicht bis zum Ausgangspunkt, geh wieder gerade, dann dreh dich wieder nach rechts, bis du den Ausgangspunkt siehst, und geh hin.

Heinz: Der Ausgangspunkt ...

Ernst: Ja, der Ausgangspunkt muß irgendwie markiert werden. Aber es ist keinerlei euklidische Geometrie nötig, und Winkel werden nicht erwähnt. Es hat wunderbar funktioniert. Man konnte auf dem Scanner etwas zeichnen, und der Computer hat gesagt, das ist ein Dreieck, oder das ist kein Dreieck. Das Programm war sogar so raffiniert, es konnte sagen, wenn du diese Linie weitermachst, bekommst du ein Dreieck, aber das Dreieck ist zu groß, es paßt nicht mehr auf den Scanner.

Heinz: Sehr schön.

Ernst: Wir haben dann ein Papier geschrieben und versucht, es zu veröffentlichen, aber niemand hat es angenommen. Vom *MIT* hat mir jemand geschrieben, das sei doch nichts Neues, das ist Logo-Geometrie.

Heinz: Natürlich nicht; aber das nimmt dann niemand.

Ernst: Logo-Geometrie war es nicht, denn da müssen ja immer Maße angegeben werden und Winkel. Es war eine andere Weise, die Geometrie anzuschauen. In unserem Programm waren nur die einfachsten Operationen, die auch ein Kind von zwei Jahren verstehen und ausführen könnte. Es war rein sensomotorisch, aber das hat niemand veröffentlichen wollen.

Heinz: Das ist alles merkwürdig. Sehr merkwürdig.

Ernst: Die Leute wollen statische Begriffe. Mit dem rein Operativen wollen sie nichts zu tun haben. Ich glaube, das ist die Angst, daß die statische Realität, an die sie glauben, dann in die Brüche ginge.

Heinz: Mit dem operativen Gedächtnis ist es auch so. Aber mich hat diese Konferenz doch befriedigt und angeregt. Alle die Bonzen, die wirklich fabelhaften Bonzen, konnten mir nicht Sand ins Getriebe, in mein Gedankengetriebe, streuen. Sie haben zwar gelacht und es nicht sehr ernst genommen, aber Gegenargumente konnte keiner liefern. So hab ich mir gedacht: Gut, ich brauche das also nicht aufzugeben. Ich kann in dieser Richtung weitermachen. Später, nach diesem Papier, das noch relativ primitiv war, hab ich mir alles noch mal überlegt für die Dynamik der Systeme. Besonders das – wie hast du so schön genannt?

Ernst: Das Umnetzen.

Heinz: Ja, umnetzen. Den Umnetzmechanismus selbst zu betrachten, das ist eben eine Operation zweiter Ordnung. Da bin ich in die Mathematik der rekursiven Funktionen gestolpert. Und das war für mich ein wirkliches Erlebnis. Die Möglichkeiten, die von den rekursiven Funktionen eröffnet werden, führen zu wunderbaren Sachen. Ein iterativer Operator verarbeitet da die kompliziertesten Strukturen und schmilzt sie sozusagen in eine konstante Operation ein. Kurz, da kommt es zu stabilen Verhalten. Diese Emergenz ist manchmal mehr, manchmal weniger stabil und kann umgeworfen werden. Dann emergiert etwas anderes, das wieder eine gewisse Stabilität hat. So habe ich dann verschiedene Arten entwickelt, um bestimmte Phänomene zu erklären. Unendliche Komplexität wird da auf einmal zur Einheit und läßt sich handhaben.

Von „kognitiven Kacheln" zur Assimilation bei Lochkarten

Heinz: Jetzt, vor ein paar Tagen, hab ich von einem jungen Mann, einem Portugiesen, eine sehr interessante Arbeit geschickt bekommen. Lieber Heinz von Foerster, schrieb er, ich habe erst vor kurzem Ihren Artikel über das Gedächtnis gefunden, *What is Memory, that it may have hindsight and foresight?* – Was ist das Gedächtnis, daß es sowohl voraussehen als auch rückblicken kann? Das ist ein Artikel, in dem ich zu erklären versuchte, daß das Gedächtnis nicht eine Sache des Rückblicks ist, sondern es ist da, um Voraussagen machen zu können. Das deutet schon an, daß es ein *inductive inference computer* ist und also induktive Vorhersagen ausrechnet. Man möchte ja im vorhinein wissen, was auf eine Situation folgt, was wird sich aus diesen oder jenen Umständen ergeben? Das ist, wozu das Gedächtnis nützlich ist und was es können muß. Dieser junge Mann hat das Papier gelesen und schreibt, er sei ganz fasziniert, denn ich habe da die Idee der sogenannten *cognitive tiles*. – Wie sagt man, *tile*?

Ernst: Fliese?

Heinz: Fliese! Ja, kognitive Fliesen, denn ich hab da eine Operation oder *computation*, durch die ganze Mosaike zusammengesetzt werden. Jedes Mosaik für sich ist ein rekursiver Computer, der durch rekursive Operationen entweder Stabilitäten oder Nichtstabilitäten entwickeln kann. Und diese ganzen Fließen setzt man zusammen, so daß sie sich zu einem stabilen Muster integrieren.

Ernst: Kachel ist vielleicht besser?

Heinz: Auf Englisch heißt es *tile*, also vielleicht Kachel.

Ernst: Das ist wieder so ein sprachlicher Unterschied. Kacheln sind an der Wand oder an einem Ofen, also vertikal, Fliesen sind am Boden, horizontal. Auf englisch unterscheidet man das nicht und nennt beides *tile*.

Heinz: In der Theorie spielt die Lage keine Rolle, denn die *tiles* gibt es ja nur im Kopf. Da gibt es eine regelrechte Schule, die mit *tiles* operiert. Der Lars Löfgren hat die *tile*-Mathematik sehr elegant entwickelt, für die Selbstorganisation und vor allem für die Selbstreparatur von Netzwerken. Ich habe das benutzt und ebendiese kognitiven Kacheln eingeführt. Da kann man ganz allgemein sprechen und sehr schön zeigen, daß da ein Reichtum von Möglichkeiten vorhanden ist, ein Reichtum von stabilen Zuständen und systemischen Veränderungen. Da gibt es Stabilität der Operationen unter gewissen internen Umständen, so daß man ganz allgemeine Situationen zeigen kann, so ein Bild wäre zwar nicht notwendig, aber vielleicht hinreichend, um gewisse Gedächtnisfunktionen als voraussagende Mechanismen zu beschreiben.

Ernst: Ich verstehe das freilich nicht – aber es leuchtet mir ein, denn ich übersetze es mir in das, was Vico mit seinem Begriff der Phantasie sagen wollte. Bei der Phantasie ist es ja völlig gleichgültig, ob das rückwärts geht oder vorwärts.

Heinz: Genau. Ebendas wird jetzt wieder aufgegriffen. Ein anderer Freund von mir will das ausgraben. Das ist der Lou Kaufman. Der hat schon sehr früh gesagt, lieber Heinz, deine Ideen von den rekursiven Funktionen sind unglaublich fruchtbar, du kannst nur leider nicht genug Mathematik, um diese Sachen auszuschlachten. Lerne doch ein bißchen mehr, dann wirst du deinen Spaß damit haben. Also versuchte ich, ein bißchen zu lernen, hab dann auch etwas mehr gelernt, aber noch nicht genug, um all das zu machen, was ich machen möchte!

Ernst: Der Lou Kaufmann wird dir da seine hübschen Zeichnungen machen.

Heinz: Sind die nicht unwahrscheinlich?

Ernst: Ja, er macht diese wunderbaren Knoten und Schleifen – auch die verstehe ich nicht, aber ich finde sie sehr hübsch.

Heinz: Das ist genau, was ich da brauche.

Ernst: Er schreibt über die abstrakteste Mathematik und bringt es fertig, sie in seinen Papieren in dekorativen Zeichnungen darzustellen.

Heinz: Schön – das ist also im Moment der Status von meinem Gedächtnis. Da gibt's noch eine Zwischenphase, ein Papier über Gedächtnis und induktive Schlüsse. Da können wir vielleicht ein andermal weiterfahren. Denn wenn man von Induktion spricht, kommt man ja früher oder später zum Bewußtsein.

Ernst: Eben. Ich bin im Moment nicht imstande, an Induktion ohne Reflexion zu denken – und die Reflexion ist ja die Manifestation des Bewußtseins.

Heinz: Vielleicht klärt sich das auf, wenn du es beschreibst?

Ernst: Deine Idee, daß das Gedächtnis mit der Induktion verbunden ist, daß es ohne Induktion kein Gedächtnis gibt und ohne Gedächtnis keine Induktion, das paßt mir sehr gut. Wie ich eben sagte, Induktion ist für mich eng mit der Reflexion verbunden. Nun ist es natürlich leicht, zu sagen, wie es die *Connectionists* tun, die Verbindung ist das Machen. Das heißt, Induktion ist einfach eine rein mechanische Verstärkung der Verbindungen, also der Bahnen, die öfter benützt worden sind. Je öfter die aktiviert werden, desto stärker werden sie.

Heinz: Ich hab keine Ahnung gehabt, daß Induktion so naiv von den *Connectionists* aufgefaßt wird.

Ernst: Ich habe es so verstanden. Das ist vielleicht meine Naivität, aber was ich gelesen hab von den *Connectionists*, geht auf Thorndike zurück. Der war meines Wissens der erste, der deutlich gesagt hat, daß Lebewesen dazu neigen, das zu wiederholen, was sie befriedigt hat. Das wurde von den Behavioristen aufgegriffen, aber wie üblich nahmen sie die Hälfte und taten so, als sei es das Ganze. Schön, das ist sehr günstig. Man kann zweifellos einen Mechanismus konstruieren, der jedesmal, wenn etwas zweimal läuft, diesen Lauf für das nächste Mal wahrscheinlicher macht, eben weil er zweimal gelaufen ist und sich sozusagen eingeschliffen hat. Das ist sehr plausibel. Aber bei der Induktion müßte dazukommen, daß man aus diesen beiden Läufen ein Muster bekommt, so daß man eine spätere, dritte Situation einverleiben kann. Das nenne ich eine empirische Abstraktion. Das habe ich natürlich von Piaget gelernt. Bei der Anwendung des Musters – oder der Schablone, wenn du willst – werden gewisse Einzelheiten der neuen Situation einfach übersehen. Das nennt Piaget Assimilation – oder sagt man auf deutsch Assimilierung?

Heinz: Assimilation.

Ernst: Also Assimilation. Das heißt zum Beispiel, daß ein Kind zwei Situationen als die gleichen erlebt, obwohl der Beobachter da Unterschiede sieht. Aber das Kind sieht die Unterschiede nicht und behandelt die Situationen darum als gleich. Das heißt, das Kind hat eine Art Schablone der Situation, in die viele andere auch hineinpassen, weil die Unterschiede eben nicht in Betracht gezogen werden. Dafür habe ich den Studenten oft eine Metapher vorgeschlagen. Das war die gute alte Sortiermaschine, die mit Lochkarten arbeitete. Das scheint mir heute noch eine gute Metapher zu sein. Da hatte man eine Hauptkarte und wollte herausfinden, wie viele Karten in einem Pack Karten die gleichen Löcher haben. Die Maschine hat mit einem Lichtstrahl oder vorher auch mit einer Nadel herumgestochert und alle Karten herausfallen lassen, die nicht die richtigen Löcher hatten. Es war völlig gleichgültig, ob die Karten, bei denen sie durchkam, auch andere Löcher aufwiesen, denn diese anderen Löcher hat die Maschine nicht gesehen. Das ist eine gute Metapher für Assimilation. In dieser Mechanik sehe ich den Anfang der Induktion. Aber dazu gehört eben auch das Bilden der vereinfachten Karte, die verallgemeinert werden kann, und das nenne ich Abstraktion. Um das im Denken anzuwenden, braucht man meiner Ansicht nach die Reflexion. Denn da muß die Möglichkeit vorhanden sein festzustellen, welche Löcher man im Moment betrachten will. Das heißt, das Übergehen, das Nicht-in-Betracht-Ziehen anderer Löcher muß bewußt gemacht werden. Eben das ist für mich eine Verbindung zum Bewußtsein.

Sieben

Die Pubertät ist heute anders / Quellen des Konservativismus

Ernst: Heute vormittag hast du von deinen aufgeweckten Studenten in Illinois erzählt. Mit denen hast du es anscheinend leicht gehabt. An der Universität von Georgia hatte ich nur sehr selten Leute, die schon ein bißchen als Erwachsene gelebt und Erfahrungen gemacht hatten. Die meisten kamen eben aus der Mittelschule, und da hatten sie nicht sehr viel gelernt.

Heinz: Ja, das hab ich auch gemerkt. In Wien, und auch in der Schweiz, wo du warst, hat man in der Mittelschule wenigstens die Basis der Allgemeinbildung bekommen. In Amerika bekommen einige das zu Hause, aber die Schule gibt's ihnen nicht.

Ernst: Zwischen zwölf und siebzehn Jahren führen sie sich sehr gründlich ins Geschlechtsleben ein. Das ist sicher gar nicht schlecht. Bei uns in Zuoz, dem schönen Internat im Engadin, 1800 Meter über dem Meer, da gab es die rätoromanischen Dorfbewohner und Kühe auf den Feldern. Kaum einer von uns hat da seine Jungfernschaft verloren. Als man dann mit 18 Jahren aus der Schule kam, hat man sich aber doch nicht ganze fünf Jahre lang nur mit Sex beschäftigt.

Heinz: Ja, in dieser Beziehung waren die Amerikaner damals frühreif – aber seither hat sich das sicher auch bei uns geändert.

Ernst: Ich habe da gar nichts dagegen, doch ich finde, die Schule sollte auch andere Möglichkeiten eröffnen. Meine Studenten hatten durchwegs eine falsche Vorstellung von der Wissenschaft. Sie erwarteten, daß sie nun im *College* lernen würden, wie die Welt wirklich ist. Das war ihr Hauptanliegen. Und das ist heute noch genau so.

Heinz: Woher weißt du das?

Ernst: In dem Institut an der *University of Massachusetts*, wo ich die letzten Jahre gearbeitet habe, ging es darum, den Studenten die Begriffswelt der Physik zugänglicher, verständlicher zu machen. Immer wieder hörten wir sie sagen: Was nützen denn diese verzwickten philosophischen Fragen, diese ganze Epistemologie? Wir wollen so schnell wie möglich lernen, wie die Welt funktioniert!
Sie sind fest überzeugt, daß es eine Erklärung geben muß, die die einzig richtige ist.

Heinz: Das Problem kenne ich auch. Hast du eine Idee, woher dieser komische Gedanke kommt? Wo liegt der Hund begraben, der solche Ideen sich so starr entwickeln läßt?

Ernst: Der Hund wird sehr früh im Leben begraben. Es ist nicht nur, daß die meisten Leute falsch erzogen werden. Ich glaube, es fängt schon ganz früh sozusagen von selbst an, mit den kleinen Kindern. Die müssen sich ja zunächst einige Grundregeln schaffen.

Heinz: Richtlinien, meinst du?

Ernst: Richtlinien, wenn du willst, um ein bißchen Ordnung in den formlosen Fluß des Erlebens zu bringen. Das beginnt damit, daß sie Gleichheiten schaffen, daß sie zwei Erlebensmomente zunächst als gleich betrachten. Gleichheit vereinfacht. Das ist, was Piaget Assimilation genannt hat. Es ist einfacher, eine Situation als die zu betrachten, in der man schon einmal war. Besonders wenn man sie zu etwas Angenehmen benutzen kann oder um etwas Unangenehmes zu vermeiden. Es hat damals funktioniert, darum sollte es auch jetzt funktionieren. Das kleine Kind sagt sich freilich nichts, weil es noch nicht aus dem unmittelbaren Erleben aussteigen kann und weil es noch keine Wörter kennt. – Über dieses Aussteigen aus dem Erleben sollten wir ernstlich reden; das ist das Bewußtsein. Aber nicht jetzt!

Als Beobachter kann man vieles, das in dem Säugling vorgeht, gut interpretieren, wenn man annimmt, daß der Hang zur Wiederholung eingebaut ist. Bei Piaget sind das die „zirkulären Reaktionen". In vielen Fällen geht das ja auch gut aus. Aber die Gleichheiten, die da ziemlich oberflächlich und ohne Rücksicht auf mögliche Unterschiede geschaffen werden, entwickeln eine eigene Beständigkeit, in dem Sinn, daß sie alle möglichen Unterschiede auch in Zukunft verdecken. Später sagt man sich dann oft: Na schön, diese Situation ist die gleiche wie jene, die ich schon kenne. Erst wenn es ernstlich schiefgeht, kommt man darauf, daß es doch eine andere Situation ist. Das ist dann unangenehm und macht Umstände. Man muß einiges umbauen oder, wie Piaget sagt, „akkommodieren". Es ist viel angenehmer, das nicht tun zu müssen, und so schließt man oft nicht nur ein Auge, sondern beide. Wo immer es sich ohne allzu unangenehme Folgen machen läßt, bleibt man beim alten, und das ist freilich auch ökonomisch. Für mich ist das gewissermaßen die Wurzel des Konservativismus.

Heinz: Ja, sitzt dieser Konservativismus nicht auch in einem kulturellen Zusammenhang? Könnte man sich eine Kultur vorstellen, in der die Kinder aufwachsen, ohne dauernd in dieser Methode, Hunde zu begraben, encouragiert werden? Eine Kultur, in der das Anderssehen encouragiert wird?

Ernst: Für die Eltern und die Erwachsenen überhaupt wäre das anstrengend und sehr schwer, denn die kommen da ja oft nicht mit.

Heinz: Weil die Kinder schneller sind.

Ernst: Zumindest anders. Als Les Steffe und ich den Sechsjährigen in Georgia die Begriffe der Addition und Subtraktion verständlich machen wollten, sagten wir oft, die Kinder seien wie Ausländer mit einer unbekannten Sprache. Wenn sie sich frei entwickeln können, werden sie auf jeden Fall anders als die Eltern. Mit der Kontrolle wird es dann schwer. Die Eltern und die Erwachsenen, die Lehrer, die Schulen, der Staat möchten ja immer kontrollieren. Auch wenn es gar nicht bösartig ist. Kontrolle ist ja oft notwendig, z. B. damit die Leute alle auf der rechten oder auf der linken Seite Auto fahren.

Heinz: Ist das Kontrolle? Könnte man das nicht eher Einsicht nennen?

Ernst: Sicher – aber die Einsicht ist nicht automatisch. Man müßte Kindern die Möglichkeit geben, selber einzusehen, daß bestimmte

Regeln eingehalten werden müssen, wenn Leute zusammenleben wollen.

Heinz: Da sind wir wieder bei dem kybernetischen Prinzip, daß man den Lauf der Dinge besser durch Schranken steuert als durch Zwang und mechanische Ursachen. Aber wer soll das Recht haben, die Schranken zu setzten?

Ernst: Ist das nicht überhaupt das Grundproblem der Politik? Und wir alte Herren mit unserem „von" sind wohl kaum die Richtigen, das zu entscheiden. Ich wäre dafür, die Frage zu denen zu zählen, die du als unentscheidbar betrachtest.

Heinz: Das heißt, jeder muß sie für sich entscheiden und ist dann für die Entscheidung verantwortlich. – Sehr gut. Kommen wir also zurück auf die Studenten.

Ernst: Ich habe immer versucht, ihnen klarzumachen, daß es in der Wissenschaft – und auch sonst – nicht um absolute Wahrheit geht, sondern darum, Modelle auszudenken, die in dem betreffenden Erfahrungsbereich funktionieren. Aber es ist schwer, den Aberglauben von der wahren, endgültigen Erkenntnis zu untergraben. Manchmal kann man den Studenten begriffliche Hindernisse in den Weg stellen, an denen ihre vorgefaßten Überzeugungen scheitern.

„Gegenstände" und „Tatsachen" / „Gewissen" auf Französisch

Heinz: Interessant, daß du das Wort Hindernis verwendet hast. Ich behaupte ja, das Wort „Objekt" oder „Gegen-stand" ist genau das …

Ernst: … das steht einem entgegen.

Heinz: … das steht entgegen! Das ist ein Hindernis. Was mach ich damit? Ich gebe ihm einen Namen, dann verschwindet es.

Ernst: Das ist das Gegenteil von der „Tatsache" – da muß man etwas ganz Bestimmtes tun, um sie zu bekommen. Das hat schon der Vico gewußt, denn *factum* kommt ja von dem Verb *facere.* In seinem epistemologischen Traktat, *De antiquissima Italorum sapientia,* führt er vieles auf die Urbedeutungen der lateinischen Wörter zurück, als ob die alten Italiker, die diese Wörter geformt haben, sich über die menschliche Situation epistemologisch ganz klar gewesen wären. Das ist wohl etwas zweifelhaft, aber doch eine lustige Idee. Vico tut zuweilen so, als habe er seine ganze Philosophie aus der Auslegung etymologischer Analysen bezogen.

Heinz: Das wußte ich nicht, aber es bestätigt mir wieder einmal, wie wichtig Sprache als Quelle der Einsicht ist.

Ernst: Das kann man wohl sagen! Ich bin ja zwischen drei Sprachen aufgewachsen, eigentlich ohne Muttersprache – und da merkt man schnell, wie verschieden die Welten sind, von denen gesprochen wird.

Heinz: Das hat mir vor Jahren einmal Schwierigkeiten gemacht, aber dann habe ich einen Weg gefunden, um sie zu umgehen. Ich wurde eingeladen, einen Vortrag in Paris zu halten, auf einer großen Konferenz von Familientherapeuten. Die erwarteten 2.000 Leute, und ich sollte in einem riesigen Auditorium die Eröffnungsansprache halten. Der Titel wurde mir vorgeschrieben: *Ethics and second order cybernetics,* Ethik und Kybernetik zweiter Ordnung. Ein verrückter Vorschlag, aber eben weil er so schön verrückt war, hat er mir Spaß gemacht.

Dann kam aber eine Schwierigkeit. Ich mußte den Vortrag schreiben und den Leuten nach Paris schicken. Er sollte dann, wenn ich ihn vorlese, von Simultanübersetzern vom Englischen ins Französische und Italienische übersetzt werden. Und damit die Übersetzung klappt, müßten die drei Leute eine schriftliche Unterlage haben. Das hat mir große Sorgen gemacht, denn ich schreibe meine Vorträge nie. Wenn ich einen Vortrag schreibe und dann lese, schlafe ich beim Lesen ein – und die Zuhörer wahrscheinlich auch. Unmöglich, dachte ich, ich kann nicht lesen. Ich kann nur frei sprechen. Warum? Weil – weil, wenn ich spreche, schaue ich auf die Menschen, die im Publikum sitzen, und sehe, wenn die anfangen, die Augen langsam zuzumachen. Da weiß ich dann, jetzt muß ich einen Witz erzählen. Oder wenn einem die verzweifelten Augen immer größer werden, seh ich, daß der keine Ahnung hat, wovon ich spreche, also geh ich ein bißchen ins Detail. Dann lehnt der Mann sich zurück und ist wieder entspannt. Für mich ist es also immer ein Dialog.

Was sollte ich machen? Bei 2 000 Leuten hätte ich ohnedies Schwierigkeiten, Augenkontakt herzustellen. Und da hab ich mir gedacht, jetzt werde ich ein Papier schreiben, das so gebaut ist, daß es, wenn ich es lese, sich anhört, als hätte ich es eben erst erfunden. Und ich werde es so schreiben, daß die Übersetzer – besonders die französischen –, wenn sie bei einem Wort auf Zweideutigkeiten stoßen, möglichst in die Richtung gesteuert werden, die ich beabsichtigt habe.

Beim Schreiben versuchte ich also, alle Ambiguitäten zu vermeiden. Ich studierte meine Ausdrücke mit einem zweisprachigen Lexikon, und wo immer ich verschiedene Möglichkeiten der Interpretation entdeckte, hab ich andere Wörter verwendet. Außerdem bemühte ich mich, die Sätze nie länger zu machen, als ich ohne Atem zu holen lesen konnte. So ist es mir gelungen, den Vortrag so zu schreiben, daß ich ihn ohne die geringste Anstrengung lesen konnte.

Nachher kam jemand und sagte mir, die französische Übersetzerin wolle mit mir sprechen. Da dachte ich, oh je, was werde ich jetzt zu hören bekommen! Aber sie machte mir ein großes Kompliment und sagte, sie habe meinen Vortrag mit größtem Vergnügen übersetzt, denn er hätte ihr überhaupt kein Problem bereitet.

Ernst: Das war schon fast auf französisch geschrieben, wie?

Heinz: Fast auf französisch! Obwohl es Englisch war. Aber beim Schreiben bin ich auf eine verzwickte Sache gestoßen. Am Ende des Vortrags machte ich eine Bemerkung über Bewußtsein und Gewissen. Im Deutschen sind Bewußtsein und Gewissen zwei verschiedene Sachen. Im Englischen sind sie schon ein bißchen näher – *consciousness* und *conscience* –, aber doch noch verschieden. Der Unterschied war mir wichtig, also schaue ich in meinem französischen Lexikon nach und finde, daß Französisch für beide dasselbe Wort hat, *conscience*. Ich bin verzweifelt. Den Hauptpunkt, den Endeffekt meines Feuerwerks kann ich im Französischen überhaupt nicht liefern. Der ganze Vortrag ist ruiniert, wenn ich am Ende nicht die Beziehung zwischen Wissen, Bewußtsein und Gewissen herausstellen und ausdrücklich betonen kann. Was soll ich tun? Da fällt mir eine liebe Freundin ein – Du kennst sie vielleicht –, die Cornelia Bessy …

Ernst: Heinz, was du an Freundinnen gehabt hast ...

Heinz: Du hast zu lang in Italien gelebt. Das waren alles liebe, unschuldige Bekannte – aber das brauch ich dir ja nicht zu sagen!

Die Cornelia Bessy, die ist im *Publishing business*, seitdem sie ein Baby war. Damals war sie bei *Harper & Row* und hat ihre eigene Abteilung gehabt. Den Chruschtschow hat sie herausgegeben und dann den Sadat. Außerdem konnte sie wirklich Französisch. So ruf ich die Cornelia an und sag: Liebe Cornelia, du hast doch sehr brav an der Sorbonne studiert, du kannst dein Französisch so, wie du Englisch kannst, du hast Philosophie studiert und Literatur, bitte sag mir den Unterschied zwischen Gewissen und Bewußtsein auf französisch. Und sie: „Ah, das ist doch ganz leicht, das ist *conscience* und das ist – *conscience*."

„Merkst du, was mein Problem ist?"

„Also das ist doch ... das versteh ich nicht. Laß mich mal nachdenken. *Conscience*, ja, *conscience*. Also, da weiß ich nicht ... ich bin überfragt! Ich hab aber eine Möglichkeit, das herauszufinden, eine liebe Freundin, die hat französische Philosophie studiert. Marielle – Du hast sie auch in Paris kennengelernt. Ich ruf sie an und sag, der Heinz hat ein Problem mit *conscience*. Bitte, gib ihm telephonisch Antwort."

Eine Stunde später klingelt es: „Heinz, du hast da ein französisch-philosophisches Problem, das bis jetzt noch nicht gelöst ist", und dabei hat sie gelacht!

Ernst: Ja, so französophische Probleme gibt's in Paris viele – Riceur, Foucault, Derrida ...

Heinz: Sehr gut! Aber über die wollte ich nicht reden. Mein Problem war viel kleiner – und die Mireille wollte mir gleich die Geschichte erklären, wie das Problem sich entwickelt hat. „Nein", sagte ich, „ich brauch nicht die Geschichte, noch dazu, wo du auf deine Rechnung telefonierst. Aber – was kann ich machen, um den Unterschied herauszubringen? Das ist unheimlich wichtig für mich." – „Da gibt es nur eines – der Unterschied ist *conscience de* und *conscience* ohne *de*. *Conscience de* ist Bewußtsein, und *conscience* allein ist Gewissen. Du mußt das irgendwie so einbauen, daß der Übersetzer keinen Zweifel hat, ob er nun *de* verwenden soll oder kein *de*."

Ich hab mir also ausgerechnet, in dem einen Fall muß man etwas haben, dessen man sich bewußt ist; im anderen, wenn kein Objekt vorhanden ist, heißt es Gewissen.

Ernst: Heinz, daran hab ich noch nie gedacht: Auf italienisch ist es noch verschwommener. Da gibt's auch nur *coscienza,* und man kann das Gewissen nur durch den Kontext vom Bewußtsein unterscheiden.

Wenn man mehrsprachig aufwächst, liegt Konstruktivismus nahe

Heinz: Diese Probleme sind faszinierend. Solange man in einer Sprache lebt, merkt man sie nicht. Der Franzose hat mit *conscience* überhaupt kein Problem. Erst wenn er Englisch sprechen will, taucht es auf.

Ernst: Das ist genau der Punkt, durch den ich zum Konstruktivismus gekommen bin. Zumindest scheint es mir so im Rückblick. Als ich klein war, bestand für mich kein Unterschied zwischen Deutsch und Englisch. Meine Eltern haben meistens Deutsch gesprochen, aber, wie ich das schon öfters erzählt hab, wenn sie über etwas reden wollten, das ich nicht hören sollte, dann sprachen sie Englisch.

Heinz: Mein Vater hat das einmal mit Latein versucht, aber dann fand er, daß er es nicht mehr gut genug konnte.

Ernst: Meine Eltern sprachen fließend Englisch, mein Vater war oft in Schottland gewesen, und meine Mutter hatte es schon als Kind gelernt.

Ich war natürlich immer neugierig, was sie sich da in ihrer Geheimsprache erzählten. Das war ein großer Ansporn, Englisch zu lernen. Wenn man fünf oder sechs Jahre alt ist, dann dauert das nicht sehr lang. Später, als ich anfing, Bücher zu lesen, da sind mir nach und nach Unterschiede aufgefallen. Mit Italienisch, das ich anfing, mit den Kindern in der Meraner Volksschule zu sprechen, ganz ohne zu denken, war es ebenso. Als ich älter wurde und immer mehr mit erwachsenen Italienern umging, da fand ich wieder Unterschiede. Und mit der Zeit wurde mir klar, daß man sich mit jeder Sprache eine andere Wirklichkeit aufbauen muß.

Heinz: Aber diese Wirklichkeiten decken sich doch weitgehend?

Ernst: Sie decken sich mehr oder weniger in unzähligen praktischen Angelegenheiten. Fängt man aber an, über abstrakte Begriffe zu diskutieren, dann decken sie sich keineswegs.

Heinz: Etwa über Bewußtsein und Gewissen!

Ernst: Ja, das ist mir auch erst eben aufgegangen: Der Heidegger konnte getrost vom Bewußtsein reden, und weil sein politisches Gewissen ein anderes Wort war, brauchte er sich keine Sorgen darüber zu machen. Und da gibt es ähnliche erstaunliche Sachen, die sich in der Philosophie verheerend ausgewirkt haben. Englisch und Deutsch sollen doch verwandte Sprachen sein. Trotzdem gibt es da Wörter, wo das Problem genau das gleiche ist wie bei *conscience* im Französischen.

Heinz: Zum Beispiel?

Unfug mit „representation" / Auf Deutsch gibt es kein *mind* und kein *problem of other minds*

Ernst: In Kants *Kritik der reinen Vernunft* ist einer der wichtigsten Begriffe der, den er auf deutsch mit „Vorstellung" bezeichnet. Auf englisch wurde das durchwegs als *representation* übersetzt. Für Englischsprechende bedeutet das „Darstellung", also die Wiedergabe von etwas, das bereits existiert – wie ein Abbild oder Gemälde. Bei Kant kommt das Wort schon im ersten Satz der Einführung zur *Kritik* vor, und wenn jemand es als „Darstellung" liest, dann wird er Kant kaum je verstehen, denn ein Angelpunkt von Kants Denkweise ist ja, daß die Vernunft die Vorstellungen nicht von etwas abbildet, sondern aus sich heraus konstruiert.

Heinz: Das ist ja nicht nur bei Kant. Auch bei Schopenhauer ist es so: Die Welt als Wille und Vorstellung; *The world as will and as representation.*

Ernst: Ja, freilich – aber zum Glück gab es einige Leute, die haben das von Anfang an als *The world as will and idea* übersetzt.

Heinz: Ja, das ist näher, aber ganz genau stimmt es auch nicht.

Ernst: Nein. Ganz genau stimmt keine Übersetzung. Es geht darum, die beste Annäherung zu finden. Zumindest wo das möglich ist. Doch es gibt Wörter, wo es mir unmöglich scheint. Zum Beispiel das englische Wort *mind,* das ja in der Psychologie und der Philosophie nicht unwichtig ist.

Heinz: Auf deutsch gibt es kein Wort für *mind* – das ist ja lustig!

Ernst: Deswegen spricht man da immer von Geist. Aber Geist ist das nicht.

Heinz: Nein, Geist ist unheimlich.

Ernst: Wenn man auf diese Dinge stößt, kann man sich nur sagen, das sind verschiedene Welten, in denen man da lebt. Denn wenn die Deutschsprachigen den Begriff von *mind* nicht gebraucht haben, so heißt das, daß sie die Welt anders sehen. – Und so fing für mich das konstruktivistische Denken an.

Heinz: Das verstehe ich sehr gut.

Ernst: Der Witz ist, man kommt schnell darauf, daß es unsinnig ist, zu sagen, die einen haben recht, die anderen nicht. Das ist offensichtlich nicht der Fall. Beide kommen ja recht gut aus. Also haben sie beide in ihrer Art und Weise recht – aber das ist nicht ein „recht", das außerhalb ihrer Lebenswelt liegt. Es gibt da kein objektives Urteil.

Was mich immer gewundert hat, ist, wieso die anthropologischen Linguisten diese begrifflichen Unterschiede nicht von Anfang an untersucht haben. Man müßte doch herausfinden können, wieso die Mentalitäten der unterschiedlichen Sprachgruppen sich voneinander differenziert haben.

Heinz: Benjamin Lee Whorf hat doch in den dreißiger Jahren einen brillanten Anfang gemacht, aber der Behaviorismus hat diese Forschungsrichtung im Keim erstickt.

Ernst: Vielleicht liegt der Grund darin, daß die meisten Leute sich an den Glauben klammern: Meine Muttersprache hat recht. Die Welt schaut so aus, wie meine Muttersprache sie beschreibt.

Heinz: Was du da sagst, fasziniert mich. Besonders die Sache mit dem Wort *mind*. Da hab ich auch große Schwierigkeiten. In der englischen Philosophie gibt es dieses fabelhafte Problem, also hauptsächlich auf der Insel England, *the problem of other minds*.

Ernst: Auf deutsch wäre das „das Problem anderer Geister" – so wie die Ahnfrau!

Heinz: Ich fand das faszinierend. Wie finde ich heraus, ob der andere auch einen *mind* hat? Geist kann ich da nicht sagen, also muß ich das Wort *mind* verwenden. In der deutschen Philosophie existiert dieses Problem überhaupt nicht. Angenommen, ich sollte vor deutschen Hörern darüber reden. Wenn ich da anfange, das englische Problem der *other minds* zu erklären, sagen die entweder, der Heinz ist verrückt, oder sie fragen, was soll das, was stellen die Leute sich unter den *other minds* vor? – Da könnte ich nur sagen, nein, nein, das ist ganz wichtig. Nehmt doch das schöne Problem mit dem Touring-Test: Hat die Maschine *mind* oder nicht?

Ernst: Und wenn man da ja sagen möchte, müßte man angeben, wo der *mind* sitzt.

Heinz: Ich finde, wenn man nicht weiß, wie man herausfindet, ob etwas *mind* hat oder nicht, dann sind doch viele Anstrengungen der *artificial intelligence* verfehlt. Sie jagen da einem Einhorn nach, das sie selber erfunden haben. Da kann man keine objektiven Tests machen: Hat etwas ein *mind* oder hat etwas kein *mind*? Das gehört in die Kategorie der prinzipiell unentscheidbaren Probleme.

Ernst: Hast du die Kategorie der unentscheidbaren Probleme eigentlich unterteilt in verschiedene Sorten von unentscheidbaren Problemen?

Heinz: Nein, hab ich noch nicht, das überlaß ich den Schülern.

Ernst: Eben, das können die Schüler wohl machen. Im Grunde ist es ja einfach eine Frage der Zuschreibung – bin ich bereit, das zuzugestehen, oder nicht.

Heinz: Ja, genau, es ist immer *meine* Entscheidung – das heißt, es ist die Entscheidung dessen, der sie macht.

Ernst: Die Wissenschaft – besonders die Diskussion der Wissenschaft – würde ja viel einfacher, wenn man sich über diese Sachen klar würde.

Sprechen die Schimpansen oder sprechen sie nicht?

Heinz: Absolut. Man sollte am Anfang immer fragen: Was ist eigentlich das, wofür wir uns interessieren?

Ernst: Das hätte man auch tun sollen, als die Geschichte mit den Schimpansen angefangen hat.

Heinz: Das ist eine lustige Geschichte.

Ernst: Da war gleich die Hauptfrage: Ist das, was die Schimpansen machen, Sprache oder nicht?

Heinz: Ja, das war ein böser Streit.

Ernst: Niemand hatte eine brauchbare Definition dessen, was man Sprache zu nennen bereit wäre, aber gestritten haben sie wie die Wilden.

Heinz: Eben, wenn keine Definition da ist, dann ist das fast unvermeidlich.

Ernst: Die Schimpansin Lana, mit der wir gearbeitet haben, und die Washoe, die Pionierin der Zeichensprache, die waren die eigentlichen Opfer.

Heinz: Leben die beiden noch? Ich kann mich dunkel erinnern, auf einmal hat man sich dann nicht mehr für sie interessiert.

Ernst: Das ist eine traurige Geschichte. In dem Projekt mit der Lana wurde die Finanzierung gekürzt, aber Piero Pisani, mein Computerzauberer, und ich waren nicht mehr dabei. Wir hatten uns schon vorher mit dem Direktor zerstritten, hauptsächlich weil er fast nur behavioristische Tests machte und wir nie dazu kamen, etwas über Lanas Begriffswelt ausfindig zu machen.

Heinz: Und das war das Ende – nicht das Alter der Lana?

Ernst: Nein, das Ende des Lana-Projekts war es nicht – nur meines als vorübergehender Primatologe!

Heinz: Wie ging das eigentlich vor sich, in dem Projekt? Ich hab nie eine Beschreibung gelesen, und du hast es mir nie genau erklärt.

Ernst: Das ist sehr einfach – dann kann ich dir auch genauer sagen, warum wir nicht mehr mitmachen wollten.

Lana hatte in ihrer Plexiglaszelle eine Tastatur. Im dritten Jahr waren das drei Quadrate mit je 25 Tasten. Auf den Tasten waren nicht Buchstaben, sondern graphische Symbole für Wortbegriffe. Daraus mußte Lana Sätze bilden, die bis zu sieben „Wörter" lang sein konnten. Die Sätze mußten der strengen Grammatik entsprechen, die ich entwickelt hatte, denn eines der umstrittenen Probleme war damals, ob Schimpansen syntaktische Regeln lernen können oder nicht. Lana konnte alle möglichen Wünsche in die Maschine tippen – Bananen- und Apfelstücke, Brot, *Monkey chow* (Hundebiskuits für Affen), Schokoladebonbons, Milch, Wasser, Fensteraufmachen und auch eine kurze Schmalfilmvorstellung. Die Maschine prüfte, was sie da tippte, und wenn es grammatikalisch korrekt war, lieferte ein Automat, was Lana verlangt hatte. Bis auf ein bißchen Gemüse und andere Früchte, die sie gelegentlich von Personen bekam, ernährte sie sich sozusagen eigenhändig. Dazwischen tippte sie freilich auch andere Sätze. Die wurden alle vom Computer wahrgenommen und aufbewahrt, gleichgültig ob sie grammatisch richtig oder falsch waren.

Obschon ich nie etwas mit Statistik zu tun haben wollte, hatte ich die Idee, daß man aus der Statistik dieser spontanen Satzformungen gut sehen könnte, ob Lana sich an syntaktische Regeln hielt oder nicht. Also setzte ich mich hin und katalogisierte den gesamten *print-out* eines Monats – das heißt alles, was Lana in vier

Wochen auf ihrer Tastatur getippt hatte. Alle korrekten Bestellungen, die der Computer automatisch belohnte, nahm ich heraus, und freilich auch die, wo der Computer einen Fehler registriert hatte. Die Statistik der Symbolkombinationen, die da übrigblieben, war überwältigend. Es waren immer noch mehr grammatische als ungrammatische Sätze. Sie tippte also nicht regellos. Hätte sie ohne Regeln getippt, dann wären diese „freien" Kombinationen zufällig gewesen, und laut Statistik konnte da nur etwa ein grammatisch richtiger Satz unter 10 000 falschen produziert werden.

Ich schrieb einen Bericht, in dem ich sehr unverblümt sagte, daß der Behaviorismus diese Resultate unmöglich erklären könne. Aber der Direktor des Projekts weigerte sich, mir die Erlaubnis zur Veröffentlichung des Papiers zu geben. Das war einer der Gründe, die uns schließlich bewogen wegzugehen.

Zum Glück konnte ich dann darauf bestehen, die statistischen Daten in meinem Beitrag zu dem Buch über das Lana-Projekt einzubauen, das zwei Jahre später veröffentlicht wurde.

Heinz: Und was ist dann mit Lana geschehen?

Ernst: Das war viel trauriger. Sechs Jahre lang hat sie in dieser Zelle gelebt, wo sie eine Menge Bewegungsraum hatte und ihre Tastatur Tag und Nacht benutzten konnte – und dann wurde sie auf einmal in einen kleinen Käfig gesteckt, wie alle die anderen Schimpansen der Versuchsstation, die sich nie an eine Verständigungsmöglichkeit gewöhnt hatten.

Heinz: Schrecklich, das …

Ernst: Es war verheerend – erst haben wir ihr die Kommunikation beigebracht, und dann sperrt man sie ohne die Tastatur ein. Ich hörte dann, Lana sei sehr unfreundlich und bissig geworden. Ist das zu verwundern? Mit der Zeit hat sie sich anscheinend in ihr Schicksal gefügt, und später wurde sie doch wenigstens in anderen Experimenten verwendet.

Heinz: Das ist ja ein Trauerspiel. Und was war mit Washoe? Die war doch der Zögling von einem lieben Ehepaar?

Ernst: Von den Gardners in Nevada.

Heinz: Die Gardners, ja.

Ernst: Washoe ist aber dann mit Roger Fouts, dem Studenten, der seine *graduate studies* bei den Gardners in Nevada gemacht hatte, nach Oklahoma übergesiedelt und nach ein paar Jahren mit ihm an die Universität des Staates Washington, wo Fouts dann eine schöne Versuchsstation aufbaute. Soweit ich weiß, geht es ihr auch heute noch gut.

Zeichensprache im Flugzeug / Ein Schimpanse findet die Schere – hat er also Begriffe?

Heinz: Mit den Gardners habe ich mal ein lustiges Erlebnis gehabt. Ich bin im selben Flugzeug von Europa nach Amerika geflogen. Während des Flugs ging Herr Gardner nach vorne, weil da so eine Art Buffet aufgestellt wurde, wo man Sachen kaufen konnte.

Ernst: Im Flugzeug?

Heinz: Im Flugzeug. Da gab es die üblichen Zigaretten und andere zollfreie Artikel. Jedenfalls ist er nach vorne gegangen und wollte etwas kaufen – sie blieb hinten sitzen, in einer der letzten Reihen. Nun war aber anscheinend das, was die Gardners kaufen wollten, nicht zu haben. Sie konnten aber beide die Zeichensprache, die sie der Washoe beigebracht hatten, und so fingen sie an, sich mit den Zeichen über die Passagiere hinweg zu unterhalten: Soll ich Marlboro kaufen oder Camels? Hast du lieber Champagner oder den edlen französischen Wein? Als er dann zurückging, fragte ich, habt ihr mit Washoe auch die Zeichen benützt, um Zigaretten zu bestellen? Da hat er gesagt: „Nein, rauchen hat sie noch nicht gelernt, aber die Wörter kann man doch ganz leicht übersetzen."

Ich fand es amüsant, daß die beiden die Zeichensprache sprechen konnten, ausschließlich weil sie sich mit Washoe beschäftigt hatten.

Ernst: Bei den Schimpansen ist es mit der Zeichensprache ja ziemlich langsam gegangen, solange die Studenten, die sie lehren sollten, selber noch daran waren, die Zeichensprache zu lernen. Es ist ein Wunder, daß das überhaupt funktioniert hat. Denn wenn du zum Beispiel Französisch lernen willst und einen Lehrer hast, der selbst nur eine Woche voraus ist, dann ist das nicht sehr günstig. Aber dann haben die Gardners angefangen, *native speakers*, also Taubgeborene, anzustellen, die mit der Zeichensprache aufgewachsen waren. Da ist es dann auf einmal viel besser gegangen. Und da kamen manchmal nette Sachen vor.

Eines Tages kam so ein neuer Assistent, ein Tauber, der sich in dem Labor noch nicht auskannte. Der sollte etwas machen, wozu er eine Schere brauchte. Er geht herum, findet aber keine Schere und macht, ganz ohne zu denken, die Zeichen „Wo ist die Schere?". Einer der Schimpansen sieht es, geht zu einer Schublade, macht sie auf und zeigt ihm die Schere. Als der neue Assistent die Schere nimmt, wird ihn auf einmal bewußt, was da geschehen ist: Er hat mit einem Schimpansen geredet, und der hat ihn verstanden!

Heinz: Das ist doch wunderschön, eine wunderschöne Sache!

Ernst: Und da fragen dann die Leute: Ist das Sprache?

Heinz: Ich selbst habe mir oft die Frage gestellt: „Was ist Sprache?" Für meinen eigenen Gebrauch habe ich mir eine Definition erfunden, die vielleicht zu einschränkend ist: „Unter allen Interkommunikationssystemen (ein schreckliches Wort) nenne ich ein solches ‚Sprache', das über sich selbst sprechen kann." In unserer Sprache haben wir ja ein Wort für Sprache, nämlich „Sprache", ein Wort für Wort, nämlich „Wort", etc. Bei deiner „Scherengeschichte", ist mir die Idee gekommen, daß man sich ohne weiteres ein Experiment ausdenken kann, bei dem man Lana die Möglichkeit gibt, auf ihrer Tastatur etwas über ihr Signalsystem zu sagen.

Ernst: Das ist eine gute Idee. Pisani und ich hätten das gerne gemacht. Aber das Lana-Projekt war zu behavioristisch aufgezogen, und kognitive Fragen waren nicht im Programm. In der Psychologie fing man damals an, von *representations* zu sprechen – das unglückliche englische Wort für Vorstellung. Lana hatte nämlich etwas gemacht, das mir den Eindruck gab, sie habe Vorstellungen von den Sachen, die sie mit den grafischen Zeichen assoziiert hatte. Das hätte die Psycholinguisten unheimlich verblüfft. Es war so: Lana hatte Zeichen für einige Farben, wie „Rot", „Weiß", „Grün" und auch „Orangefarben", aber sie hatte keinen Namen für den Gegenstand Orange. Eines Tages brachte Tim, der Student, der hauptsächlich mit ihr arbeitete, eine Orange und zeigte sie ihr. Lana tippte in die Maschine: „Please Tim give apple which is orange." Also „Bitte, Tim, gib (mir) den orangefarbenen Apfel!" – Das schien mir anzudeuten, daß sie eine Vorstellung von „Apfel" hatte.

Um das gewissermaßen sicherzustellen, schlug ich vor, ein Experiment zu machen, in dem der Lana Fragen gestellt werden, die sie nur beantworten könnte, wenn sie von den erwähnten Dingen eine Vorstellung hat. Zum Beispiel: „Sind Bananen rund?" oder „Ist Milch rot?" – Aber dazu ist es leider nie gekommen. Sprache wurde als Verhalten betrachtet, und mentale Operationen wie Vorstellung waren zu „unwissenschaftlich".

Acht

Was kommt erst: Sprache oder Bewusstsein?

Heinz: Sprache! – Über Sprache wollten wir ja auch im Zusammenhang mit Bewußtsein reden – könnten wir uns da nicht auf Papiere beziehen, die wir geschrieben haben?

Ernst: Das haben wir am Anfang gesagt – aber nun haben wir schon lange geredet und Geschichten erzählt …

Heinz: Aber was wir schon geschrieben haben, könnte sozusagen ein Sprungbrett sein für die Diskussion, die wir jetzt führen.

Ernst: Wenn wir steckenbleiben; aber ich habe das Gefühl, daß Papiere da nicht gut hineinpassen. Solange wir sie nicht unbedingt brauchen, wäre ich dafür, so weiterzumachen wie bisher. Das scheint mir lebendiger – und dann habe ich freilich auch einen anderen Grund. Für dich ist es leichter, dich auf bestimmte Artikel zu berufen, als für mich.

Heinz: Wieso?

Ernst: Weil du mehr Artikel hast, die ein spezifisches Problem behandeln. Meine wurden zwar für verschiedene Okkasionen geschrieben, behandeln aber eigentlich immer nur Konstruktivismus. Bei dir wird oft ein einzelnes Problem wunderbar kristallisiert, und da könnte man den Leser darauf hinweisen – schau dieses oder jenes Papier an, dann weißt du, wie das bei Heinz erklärt wird.

Heinz: Na, bei mir ist auch nicht viel kristallisiert!

Ernst: Mehr als bei mir, lieber Heinz. Ich hab zwar einiges über die Sprache geschrieben, eben im Zusammenhang mit der Schimpansin Lana, und da sind immer eine Menge von Einzelheiten, technische Details, die für unbeteiligte Leser eher langweilig sind.

Heinz: Das überzeugt mich nicht, aber mit dem Ton hast du vielleicht recht. Erzählen ist eine Sache, Papiere schreiben eine andere – da muß man ja immer etwas vorsichtig sein! Doch was den Ton betrifft, unsere Beiträge zu dem Buch über den Geist des Carl Auer würden doch passen? In meinem ist ja ein bißchen von meiner Geschichte drin, und der erfundene Auer ist in meinem Leben in verschiedenen Gestalten aufgetaucht. Und deine schöne Episode, wo der Auer im Schnee herumwandert, immer im Kreis, die, habe ich mir gedacht, könnte man doch in unser Buch einbeziehen.

Ernst: Ausgezeichnet. Doch da mein Auer-Artikel reine Phantasie war, würde ich lieber das Stück nehmen, das ich für Annetta Pedretti geschrieben habe. Und du solltest unbedingt den Vortrag dazutun, den du in Paris gehalten hast, über Ethik und Kybernetik zweiter Ordnung. Das ist ein richtiges *Position paper*, und das kannst du hier nicht besser erzählen. Vielleicht können wir diese Sachen als Anhang beifügen. Aber, lieber Heinz, die müßten erst auf deutsch übersetzt werden – und wer würde das machen? Ich schlage vor, wir entscheiden das, wenn wir mit dem Erzählen fertig sind.

Heinz: Einverstanden. Also kommen wir zu dem Kapitel „Sprache und Bewußtsein".

Ernst: Fangen wir mit der Sprache an oder mit dem Bewußtsein? Maturana sagt ja, der Beobachter entstehe durch das, was er *languaging* nennt; also durch die sprachliche Interaktion mit anderen, und erst mit der Sprache entstünde das Bewußtsein. Ich habe ihm öfters gesagt, daß ich das nicht verstehe, und trotz seiner geduldigen Erklärungen verstehe ich es noch immer nicht.

Für mich braucht es zur Sprache mindestens ein primitives Bewußtsein, denn wenn ich nicht imstande bin, Wörter bewußt von ihren Bedeutungen zu unterscheiden, dann ist ein Wort bestenfalls ein sensomotorischer Stimulus, mit dem ich eine bestimmte Handlungsweise assoziiert habe – so wie ein Hund, der sich setzt, wenn man „Setz dich!“ sagt. Und das möchte ich nicht Sprache nennen. Ich nenne das „Signal“. Ebenso beim Militär, wo die Befehle ja auch nur Handlungen bewirken sollen und um Gottes willen kein bewußtes Denken oder Reflexion.

Heinz: Aber über Bewußtsein sprechen kann man nur, wenn man eine Sprache hat.

Ernst: Das will ich nicht bestreiten, aber es überzeugt mich keineswegs, daß ich die Sprache brauche, um bewußt zu sein. Um auf allen vieren kriechen zu lernen, brauchen die Kinder keine Sprache, und es dauert einige Jahre, bis sie vernünftig darüber reden und es richtig beschreiben können. Piaget hat das sehr hübsch gezeigt und übrigens auch, daß viele Erwachsene das Kriechen auf Anhieb auch nicht richtig beschreiben. Sie müssen es erst selber tun, um herauszufinden, wie es funktioniert. Das hat natürlich nichts mit der Sprache zu tun, sondern mit der Vorstellung …

Heinz: Und mit dem Gedächtnis – denn wir kriechen ja nicht alle Tage. Darum möchte ich jetzt eine Fußnote einfügen. Ich habe meine erste Gedächtnistheorie beschrieben und gesagt, daß ich sie bald aufgegeben habe. Aber die Frage hat mich doch weiter beschäftigt. Eine Einsicht, die gut zu dem paßt, was du eben sagtest, war ein wesentlicher Schritt für mich. Gedächtnis ist ja ein Phänomen, wo Erlebnisse oder Ereignisse aus einem Bereich in einem ganz anderen Bereich widergespiegelt werden. Eine Erinnerung ist nicht die Reproduktion irgendeiner Affäre des Lebens, des Daseins oder wie immer man das nennen will, sondern es ist eine Transformation dieser Affäre in einen ganz anderen Bereich.

Ich habe das manchmal mit einem dummen Witz klarzumachen versucht. Jemand fragt: „Was haben Sie auf Ihrer Flugreise von A nach B gegessen?“ Darauf sage ich: „Ein ungenießbares Filet Mignon und eine unerkennbare Mehlspeise.“ Ich stelle kein Filet Mignon auf den Tisch und keine ungenießbare Mehlspeise, sondern ich *sage* es. In meinem Sagen ist weder eine Mehlspeise noch ein Filet, sondern es sind komische Geräusche, die ich mit meinen Stimmbändern usw. mache. Der Grund dieser Geräusche war wohl, daß ich ein Geschmackserlebnis gehabt habe, aber das Filet Mignon, das ich erlebt habe, reproduziere ich nicht. Dieser Übergang von einem Bereich in den anderen war für mich die wesentliche Problematik dessen, was wir als Gedächtnis bezeichnen. Ich glaube, das fällt in deine Kategorie von „Das Bewußtsein".

Ernst: Genau! Um das zu machen, um diesen zweiten Bereich zu erreichen, mußt du ja Verbindungen geschaffen haben zwischen dem Bereich des Erlebens und dem des Betrachtens und Urteilens. Und das sind im Grunde die semantischen Verbindungen. Und semantische Verbindungen heißt Sprache – nicht als Englisch, Deutsch, Französisch oder Chinesisch, sondern als Sprache im allerweitesten Sinn. Da muß man eine symbolische Repräsentation für Erlebnisse haben. Repräsentation nur in dem Sinn, daß das eine für das andere steht. Es kann völlig ungleich sein.

Heinz: Wie wäre es, wenn wir sagten, eine Repräsentation erzeugen?

Ernst: Erzeugen, ja ...

Heinz: Repräsentationen müssen erzeugt werden – und diese Erzeugung ist eben nicht automatisch im Erleben der Situation.

Ernst: Richtig. Die semantische Verbindung ist ja beliebig – willkürlich, wie die Linguisten sagen. Aber sie ist auch konventionell. Die Verbindungen zwischen meinen Erlebnissen und meinen Sprachgeräuschen müssen so sein, daß sie mit denen anderer einigermaßen zusammenpassen.

Heinz: Und sie führen auf eine andere Ebene.

Mit privaten Symbolen fängt man schon sehr früh an

Ernst: Das ist ein Punkt, der mir sehr wichtig ist. Ich wollte immer vermeiden, das schon Sprache zu nennen. Wahrscheinlich wegen meines Interesses an den natürlichen Sprachen, die ja ein schön abgrenzbares Gebiet der symbolischen Interaktionen sind. Es gibt ja unendlich viele symbolische Interaktionen, die eben nicht natürliche Sprache sind. Ich gehe immer wieder auf Piaget zurück. In den ersten zwei Jahren der Entwicklung, wo das Kind im Grunde noch keine Sprache hat, hat es aber schon den Anfang von symbolischen – symbolischen *Items*, wie nennt man das, symbolische …

Heinz: Einheiten, Abstraktionen …

Ernst: Am besten vielleicht einfach Symbole, die es benützt. Das sind aber Symbole, die nicht zur Sprache gehören, in dem Sinn, daß sie in Unterhandlungen mit jemand anderem benützt werden können. Sie sind sozusagen privat und haben mit den Stimmbändern und der ganzen Vokalisation nichts zu tun. Da könnte man viel dazu sagen.

Heinz: Also?

Ernst: Wittgenstein, zum Beispiel, hat ja immer behauptet, es gibt keine private Sprache. Da ist mir nie klar, was Wittgenstein unter Sprache gemeint hat. Es gibt sicher wenig privates Englisch oder privates Deutsch. Aber es gibt wohl private Symbole. Denn wenn es die nicht gäbe, dann könnte das Kind mit 18–20 Monaten noch überhaupt nichts machen, was Symbole erfordert. Und das ist aber das Stadium, in dem Kinder die sogenannte Objektpermanenz konstruieren. Das heißt, sie beginnen, sich einen Gegenstand vorzustellen, wenn der Gegenstand nicht in ihrem Wahrnehmungsbereich liegt. Dieses Vorstellungsvermögen ist die Grundlage allen symbolischen Handelns. Das ist für mich der Nachweis, daß man ohne private Symbole nicht auskommt.

Heinz: Das würde dann auch zu dieser schönen Frage führen: Siehst du Rot so, wie ich Rot sehe? Ich sage dann, das ist unentscheidbar. Ich kann ja nicht wissen, wie du es siehst. Ich höre nur, daß du Rot sagst, wo ich Rot sagen würde. Das ist, was du, glaube ich, Elementarsymbolik nennst. – Ich weiß nicht, ob man es Symbolik nennen soll. Mir behagt das nicht ganz. Aber das spielt jetzt keine Rolle. Ich weiß schon, was du sagen willst. Diese innere, private Symbolik wird erst durch die Wechselwirkung mit jemand anderem zu einer Sprache, so daß beide dann Rot sagen, obwohl im Prinzip nicht feststellbar ist, ob deine Erfahrung Rot und meine Erfahrung Rot die gleichen sind.

Ernst: Was mir wichtig ist, ist das: Bevor du das Wort Rot für diese Art von Erfahrungen hast, hast du schon etwas, was – was diese Erfahrungen irgendwie zusammenfaßt und vereinheitlicht. Auf englisch gibt es das schöne Wort *placeholder* ...

Heinz: Wie heißt das?

Ernst: *Placeholder* – das ist etwas, das den Platz einnehmen kann. Ein Surrogat, ein Vertreter gewissermaßen.

Heinz: Ein Platzhalter, das ist besser.

Ernst: Und der Platz wird dann später, eben durch die Interaktion mit anderen, von dem Wort „Rot" eingenommen. – Damit löst sich für mich der ganze Problemkreis – kann man ohne Sprache denken oder nicht?

Heinz: Eine der ältesten Fragen!

Ernst: Für mich wird das klarer, wenn man die Sprache trennt von den privaten Platzhaltern, die noch keine Wörter sind. Die Wörter kommen dann als Teile einer ...

Heinz: ... sozialen ...

Ernst: ... ja, einer sozialen Abmachung oder Konvention und dadurch Teile einer natürlichen Sprache.

Heinz: Also denkt man in Platzhaltern und spricht in Worten?

Ernst: Klarer könnte ich es nicht sagen! Und da gibt es, glaube ich, für uns alle, auch wenn wir erwachsen sind, noch gewisse Gegenden des Denkens, wo wir nur Platzhalter haben.

Heinz: Keine Wörter. – Aber jetzt sag mir, wird der Platzhalter durch meine Erfahrung erzeugt? Ist das so: Ich spiele herum und sehe dies und das, und da bilden sich innerlich solche Platzhalter?

Ernst: Ja, das glaube ich. Und diese Platzhalter sind direkt verbunden mit dem, was ich Begriffe nenne. Wobei die Begriffe natürlich immer wandelbar sind.

Heinz: Natürlich, ja.

Ernst: Sie wachsen, schrumpfen und verändern sich dauernd, mit jeder Benutzung, mit jeder neuen Situation, in der man den Begriff verwendet.

Heinz: Dann würde ich sagen, daß diese Platzhalter, die da verwendet werden, um dann darüber Wörter sich entwickeln zu lassen, das sind, was wir in unserer Sprache die Eigenverhalten des Individuums nennen. Sie binden sich an das jeweilige Objekt – einen Schlüssel, einen Bleistift oder was auch immer es sein mag – und vertreten auch unausgesprochen ein stabiles Verhalten gegenüber dem sogenannten Gegenstand.

Ernst: An den Platz des Platzhalters setzt man dann einen Namen.

Heinz: Genau! Man setzt. Und dann kann man sein Verhalten als bleistiftig bezeichnen, und den Anlaß dieses Verhaltens nennt man dann, wenn man den Platzhalter bezeichnen will, Bleistift. – Ist das so ungefähr?

Ernst: Ja, das ist sehr schön. Und das Bewußtsein ist für mich eben die Fähigkeit, die diese Verbindungen schafft. – Und das ist der Punkt, wo ich glaube, daß zwischen Maturana und mir ein großer Unterschied ist. Aber, wie gesagt, ich verstehe ihn nicht. Er sagt ja wie du – ich nehme an, er hat es von dir übernommen –, die Sprache sei nicht denotativ, sondern konnotativ.

Heinz: Hier habe ich das doch nicht gesagt?

Ernst: Nein, aber es steht in einem deiner älteren Papiere, und ich finde es sehr interessant. Wie ich das sehe, ist es nicht so, daß die Sprache überhaupt nicht denotativ wäre – sie ist schon denotativ, aber die Denotation bezieht sich nie auf die äußere Welt, auf die Realität, sondern eben auf die Abstraktionen in der eigenen Erfahrung.

Heinz: Aber das ist *deine* Auslegung von Denotation.

Ernst: Ja, das ist meine Auslegung.

Heinz: Ich meinte aber die klassische Auslegung. In der Philosophie heißt Denotation doch der Bezug auf Dinge der äußeren Welt.

Ernst: Genau! Und das ist natürlich unsinnig, denn wie sollte man diese Verbindung herstellen?

Margaret Mead und die Eingeborenen

Heinz: Da gibt es die kleine Anekdote von der Margaret Mead; hab ich sie dir schon erzählt? Kennst du sie?

Ernst: Ich kenne nur die aus Moskau, wo du ihren großen Hirtenstock in ein Museum geschwindelt hast. Das kann man irgendwo bei dir lesen.

Heinz: Das ist eine andere Episode. Mit Margaret Mead habe ich mich sehr gut vertragen, und sie hat mir viele lustige Geschichten aus ihrer Berufspraxis erzählt. Sie war sehr geschickt im schnellen Aufpicken der *everyday language* von den verschiedenen Eingeborenenstämmen, bei denen sie war. So konnte sie sich sehr schnell mit Leuten unterhalten. Zumindest oberflächliche Sprache, so daß sie Essen bekam und über einfache Sachen reden konnte. Das meiste hat sie gelernt, indem sie auf Sachen zeigte und dabei fragend schaute. Die Leute haben dann eben in der jeweiligen Sprache „Banane" gesagt, „Kochtopf" oder „Zwetschge" oder was immer. Dann kommt sie eines Tages zu einem Stamm, zeigt auf einige Sachen, und die Antwort ist immer, *zululu*. Sie zeigt auf etwas anderes – *zululu*. Worauf immer sie zeigte, die Leute sagten *zululu*. – Mein Gott, dachte sie, diese Sprache hat nur ein Wort: *Zululu*. Später ist sie drauf gekommen, *zulu* heißt „zeigen" und *lu* „mit dem Finger zeigen". Da hat sie eingesehen, daß die ostensive Spracherlernung kein sicheres Mittel ist, um eine Sprache zu lernen. Ich habe das öfters wiedererzählt, weil ich dachte, das ist so anschaulich.

Ernst: Das hat natürlich mit der klassischen Interpretation von Denotation zu tun! Die Sprachphilosophen setzen ja fast immer „Referenz" voraus; das heißt, daß Wörter sich auf Dinge der realen Außenwelt beziehen statt auf Vorstellungen des Sprechers oder Hörers. Ein Grund mehr, weswegen ich den Ausdruck Denotation nicht verwende.

Heinz: Gott sei Dank! Doch ich wollte noch erwähnen: Meine Beobachtung der Unterscheidung – der strengen Unterscheidung zwischen Konnotativität und Denotativität – verdanke ich der Susanne Langer.

Ernst: Das schöne Buch: *Philosophy in a New Key.*

Heinz: Ein herrliches Buch. Klar und präzis. Ich hatte damals über Sprache noch gar nicht wirklich nachgedacht, aber schon auf den ersten Seiten dieses Buchs macht sie diese Unterscheidung, wie einmal der andere angesprochen wird, nämlich in seiner inneren – du würdest sagen: – Platzhalterfähigkeit, während er in dem anderen Fall über das angesprochen wird, was die Platzhalterfähigkeit produziert hat, nämlich den Bleistift. – Das ist ein fundamentaler Unterschied.

Ernst: Ja, die Susanne Langer, die habe auch ich in meinen ersten Papieren über Sprache immer wieder zitiert.

Heinz: Tatsächlich – hast du sie gekannt?

Ernst: Leider nicht – aber ihre Definitionen von Symptom, Zeichen und Symbol habe ich nach wie vor benutzt.

Heinz: Nun haben wir immer noch die Bewußtseinsfrage. Wenn ich dich recht verstehe, wäre es dieser Transformationsprozeß, in dem man sich von einem Platzhalter aus bewußt wird, daß er für ein Wort steht, zum Beispiel „Bleistift". Dieses Bewußtsein wäre dann, daß ich plötzlich weiß, von mir wird das ein Bleistift genannt.

Ernst: Das ist es. Du hast es vorhin durch die beiden Ebenen ausgedrückt.

Heinz: Ja, ich sag immer Bereiche.

Ernst: Bereiche ist sehr schön. Die Bereiche sind aber nicht das Bewußtsein. Ich hab keine Ahnung, was das Bewußtsein ist, aber es zeigt sich in dieser Transformation. Ich behaupte, ohne Bewußtsein wäre dieses Umschalten von dem einen Bereich in den anderen nicht möglich. Und das ist der Punkt, wo ich, glaube ich, mit Maturana nicht übereinstimme.

Heinz: In welchem Sinn? Kannst du dich noch erinnern, was Maturana darüber sagt?

Ernst: Für den Maturana ist die Sprache immer eine Interaktion, die in einer sozialen Situation sitzt und an eine soziale Situation gebunden ist. Das ist also der Bereich, wo die Sprache so funktioniert, daß sie im anderen etwas hervorruft, was dann in dir wieder etwas hervorruft, usw. Er hat das ja oft gesagt: *The coordination of coordinations of action* – die Koordination des Koordinierens von Handlungen.

Heinz: Also eine Koordination zweiter Ordnung – ist das nicht genau, was wir auch hier sagen?

Ernst: Vielleicht – aber wie ich Maturana verstehe, geschieht das immer in einer Situation, sozusagen auf einer Ebene, in einem Bereich, wo die Koordination zweiter Ordnung auch dazu verwendet wird, um in einem anderen eine Aktion zu bewirken. Und …

Heinz: Vielleicht kann man das so interpretieren, daß die Koordination zweiter Ordnung beim anderen automatisch eine Koordination erster Ordnung in eine der zweiten Ordnung umwandelt und daher eine gegenseitige Modifikation der Koordinationen entsteht.

Ernst: Ja – aber das geschieht bei Maturana immer in einem Handlungskontext, und bei den Teilnehmern, die da interagieren, ist das, was du die Transformation nanntest, stillschweigend vorausgesetzt.

Heinz: Ach so, jetzt verstehe ich den Unterschied. Du hast deinen Platzhalter, der durch ein Wort ersetzt werden kann, und das paßt mit meiner Transformation zwischen zwei Bereichen ganz gut zusammen; aber in Maturanas Modell findest du nichts Entsprechendes.

Ernst: Vielleicht mißverstehe ich ihn, aber ich sehe bei ihm nichts, das diese Rolle spielt. Deswegen läßt er es eigentlich auch nicht zu, daß Wörter Bedeutungen haben. Das kam heraus, als ich einmal bei ihm in Santiago war zu einem gemeinsamen Seminar. In einem meiner Vorträge habe ich über Semantik gesprochen und wollte eben herausbringen, was ich unter Bedeutung verstehe. Da hab ich eine Pause gemacht und dann, ganz ohne Zusammenhang oder Vorbereitung, das Wort „Krokodil" gesagt. Dann hab ich die Zuhörer gefragt: Was ist jetzt bei Ihnen passiert? Und da haben natürlich alle irgendeine Vorstellung von einem Krokodil hervorgebracht. Das war in keiner Weise mit dem Thema der Vorlesung oder einem Handlungskontext verbunden und wurde von dem einzelnen Wort verursacht.

Heinz: Du hast also einfach Susanne Langer gespielt.

Ernst: Dann hab ich gesagt, was Sie sich jetzt vorgestellt haben, das ist für jeden von Ihnen die Bedeutung des Wortes „Krokodil". Ihr habt etwas rekonstruiert, was ihr in eurem eigenen individuellen Leben aus Krokodilerlebnissen abstrahiert habt. Das können Bilder gewesen sein, aus Erlebnissen, Büchern oder Filmen, das können Krokodile im zoologischen Garten gewesen sein – das ist mir völlig gleich. Diese Erlebnisse sind alle irgendwie verschieden; aber ihr habt alle etwas mit dem Lautbild und eurer Empfindung des Lautbildes „Krokodil" verbunden – und das ist Bedeutung. Sie hat nichts mit der realen Welt zu tun, sondern stammt aus dem individuellen Erlebnisbereich. Man kann das sicher auch anders ausdrücken, aber ich glaube nicht, daß man ohne etwas, das dem entspricht, ohne eine Möglichkeit dieser Art über Sprache sprechen kann.

Heinz: Ich verwende ja immer die paradoxe Behauptung: Wir können nicht über Bewußtsein sprechen, wenn wir nicht sprechen können, wir können nicht über Sprache sprechen, wenn wir nicht sprechen können. Darum sind das Probleme zweiter Ordnung, die sich selber brauchen, um zu entstehen. Die Logik von solchen Strukturen ist ja völlig anders als die Abbildungslogik oder die Projektionslogik etc. etc. Das ist eine ganz andere, und wenn wir da wirklich tief eindringen wollten, könnte ich eine Menge Literatur angeben, aber ich glaub, das brauchen wir hier nicht. Wir können aber vermerken, daß das Beste in dieser Richtung von Lars Löfgren entwikkelt worden ist: Begriffe zweiter Ordnung, die sich auf sich selbst beziehen. Und da entsteht dann ja auch sofort die ganze Problematik der Selbstorganisation, denn da hat man es mit Begriffen zweiter Ordnung zu tun – Begriffen wie Organisation von Organisation, Wissen von Wissen, Lernen von Lernen etc.

Bewusstsein – und was man unbewusst machen muss

Ernst: Um da wieder eine Verbindung zum Bewußtsein zu machen – für mich ist das eben eine Stelle, wo das Bewußtsein als Begriff nötig wird. Eine andere Stelle, die du sicher genausogut kennst wie ich, ist die, wenn man sich nämlich gewisser Dinge gewahr wird, die man unbewußt macht. Da gibt's sehr einfache Beispiele. Wenn du über die Straße gehst, wo auf beiden Seiten Trottoirs sind, dann weißt du doch genau, wann du den Fuß heben mußt, um auf das Trottoir auf der anderen Seite zu steigen. Und wenn du dich dabei beobachtest, dann merkst du, daß deine Schritte sich schon einige Schritte vorher auf die Stufe einstellen. Normalerweise tust du es unbewußt, aber du kannst dir dessen bewußt werden. In der Leichtathletik, zum Beispiel, hast du den umgekehrten Vorgang. Die Leute, die bei den Olympischen Spielen den Weitsprung machen – sagt man Weitsprung? …

Heinz: … Dreisprung – oder auch Weitsprung –, ja natürlich, der letzte Schritt, der genau …

Ernst: … der muß genau auf den Balken treffen oder wie man das nennt. Im Wettbewerb können sie das ja unmöglich bewußt ausarbeiten. Das haben sie vorher beim Lernen und beim Training gemacht. Dennoch ist da irgendwo eine Instanz, die das mißt, die das abschätzt und das motorische System leitet.

Heinz: Das sind deine Platzhalter?

Ernst: Na ja, ich meine, das liegt auf demselben Niveau wie die Platzhalter, aber auf der bewußten Ebene gibt es keine Wörter dafür und kaum eine Beschreibung.

Heinz: Da müssen wir die Platzhalter in eine Dynamik verwandeln. Damit sie mit der Vielfalt der Anwendungen fertig werden.

Ernst: Ich glaube, sie sind alle dynamisch verwendbar. Ob sie selber dynamisch sind oder nicht …

Heinz: Ich würde sie Platzdynamiker nennen, weil sie ja ununterbrochen oder wieder und wieder aufgerufen werden können.

Ernst: Wie kleine Springbrunnen!

Heinz: Wie kleine Springbrunnen – oder wie Mikrocomputer –, Chips …

Ernst: Chips ist herrlich, weil, da weiß ja sowieso niemand, was da eigentlich passiert.

Heinz: Eben, niemand hat da eine Ahnung, also Chips – Platzchips!

Ernst: Wie immer wir es nennen, es ist ein Phänomen, das enorm wichtig ist für Leute, die Sport treiben. Ob du Auto fährst oder Ski fährst, das Lernen besteht ja zum größten Teil darin, daß man Sachen mühsam bewußt zusammenfügt und dann automatisiert, weil sie dann, wenn sie im Ernst benutzt werden sollen, viel zu schnell gehen, um bewußt geleitet zu werden.

Heinz: Da sind ja große Studien gemacht worden von den *Baseball Pitchers*, die den Ball so werfen, daß er 60 oder 70 Meilen, also 100 km in der Stunde fliegt.

Ernst: Bei dem Aufschlag im Tennis, habe ich neulich gehört, hat man 130 Meilen in der Stunde gemessen!

Heinz: Der Ball kommt also mit 100 oder 150 km/h bei dem an, der ihn schlagen soll – und er schlägt ihn mit unheimlicher Präzision. Das geht in die Millisekunden und hat überhaupt nichts mehr mit Beobachten zu tun. Die Kybernetik fällt da flach auf die Nase, denn das ist ein *One-way Programme*, ein Einbahnprogramm, das da abrollt mit tödlicher Sicherheit. Aber dieses Programm muß eben erst entwickelt werden. Ja, das ist alles viel zu schnell, viel zu schnell.

Heinz: Wann immer man sich mit solchen Problemen beschäftigt, taucht das Problem des Bewußtseins auf. Die *Macy Meetings* haben sich ja auch mit Bewußtsein befaßt, und da sind schon einige Bücher herausgekommen. Da ist ein lustiger Mann, Dennett heißt er, der hat ein Buch herausgebracht, *Consciousness Explained*. Ich erinnerte mich, er hatte auch einen sehr witzigen Artikel geschrieben mit dem Titel: *Where am I?* – Wo bin ich? Da wird ihm das Hirn herausgenommen und ein Supercomputer eingesetzt. Das war sehr lustig geschrieben. Also, ich habe in dieses *Consciousness Explained* hineingeschaut, weil der Dennett ein witziger Schreiber ist. Zuerst hatte ich das Gefühl, *he is pulling everybody's leg* – wie sagt man das auf deutsch?

Ernst: Er pflanzt.

Heinz: Nein, das ist Österreichisch. – Er macht sich lustig oder verwirrt die Leser absichtlich und hat nie daran gedacht, das Bewußtsein zu erklären. Aber dann habe ich gemerkt, er hat das Buch so genannt, weil er das Bewußtsein wirklich erklären wollte. Und es gibt unzählige andere vergebliche Versuche, über Bewußtsein etwas auszusagen, was als Erklärung gelten könnte. So habe ich langsam die Stellung eingenommen, daß Bewußtsein zu den Problemen gehört, die implizit unentscheidbar sind. Außer man sagt, ich nenne jetzt dies oder jenes Bewußtsein – und dann ist es eine definitorische Angelegenheit. Man legt fest, ich nenne diese Operationen Bewußtsein.

Ernst: Das heißt, man fängt mit einer operationalen Definition an.

Heinz: Natürlich. Man gibt an, was man so nennen will. Aber das ist dann nicht die Antwort auf das, was die allgemeine Frage „Was ist Bewußtsein?" meint. Die Frage läßt sich prinzipiell nicht beantworten. Wenn ich eine Entscheidung treffe, ich nenne jetzt das und das Bewußtsein, dann ist das einfach meine Entscheidung über Bewußtsein.

Ernst: Und dann handelt es sich darum, ob diese Entscheidung brauchbar ist.

Heinz: Brauchbar?

Ernst: Ja. Nützlich – ob man sie bei dem Ausdenken anderer Sachen verwenden kann.

Heinz: Aber das erklärt mir nicht, was *mein* Bewußtsein ist – und das ist, was mich interessiert, weil ich immer das Gefühl habe, man kann über Bewußtsein nichts sagen, wenn man es erklären will. Neulich habe ich mir ein Buch gekauft, das gerade in Österreich erschienen ist, und das heißt: *Das Bewußtsein*. Kostet 75 Dollar, aber ich hab das investiert, weil ich mir gedacht habe, ich zahle gerne 75 Dollar, um endlich zu wissen, was mein Bewußtsein ist.

Ernst: Ja, das ist die 75-Dollar-Frage.

Heinz: Die Antwort wäre noch viel mehr wert. Also dieses Buch – *Das Bewußtsein. Multidimensionale Entwürfe;* herausgegeben von Guttmann und Langer; Springer Verlag, Wien – habe ich bekommen und gleich das sehr kurze Vorwort gelesen. Es hat mich schon sehr charmiert, daß diese Herausgeber nicht wie üblich 60 Seiten Vorwort schreiben. Und dann fand ich diesen ganz wichtigen Satz: „Es bleibt dabei, jeder Autor versteht unter Bewußtsein etwas anderes." Und als ich die Liste der Autoren sah – es waren etwa 20, und jeder beschreibt etwas völlig anderes –, da sagte ich mir, das Bewußtsein gehört zu der Kategorie von Phänomenen, die prinzipiell unentscheidbar, also unbeantwortbar sind. Daher kann ich die Verantwortung übernehmen, es zu bezeichnen, wie ich möchte. Meine Verantwortung besteht dann darin eine, wie du vorher schon gesagt hast, eine operationelle Definition dessen zu geben, was ich unter dem Deckmantel Bewußtsein behaupte.

Ernst: Du bist verantwortlich dafür, denn es ist deine Behauptung in deiner Sprache.

Heinz: Du hast schon ein paar Grundsteine gelegt für dieses Sprachproblem, welches sich dann sozusagen über das Bewußtsein aufbaut. Wie ich es verstehe, ist das eine vom anderen abhängig. Bewußtsein und Sprache sind komplementär.

Ernst: Für mich: abhängig in dem Sinn, daß ich glaube, die Sprache wäre nicht möglich ohne das Bewußtsein – aber komplementär?

Heinz: Das führt dann zu dieser schönen Frage: Wenn ich die Rehe sehe, die bei uns hier auf dem Grundstück immer auf- und abgehen, haben die Bewußtsein?

Ernst: Da mußt du mir erst deine Definition von Bewußtsein sagen.

Heinz: Danke vielmals!

Ernst: Ja, wann – wann nennst du etwas Bewußtsein?

Heinz: Hm, ich würde sagen, die Rehe haben deine Platzhalter – und sie haben ein Gedächtnis, das gut funktioniert. Sie wissen genau, beim Försterhaus wachsen diese guten, schönen Blumen, die frißt man ab, am besten schon als Knospen.

Ein Eichhörnchen vergräbt eine Nuss

Ernst: Das, lieber Heinz, können die Behavioristen auch erklären – ohne irgendwelche Platzhalter. Das kann man in einzelne Situationen und Verhalten aufteilen, als sei es alles eine rein mechanistische Angelegenheit. Der erste Schritt bedingt den zweiten, der zweite den dritten usw. – Maturana nennt das, glaube ich, *neighborhood relations* – also Kausalketten. Die Eichhörnchen sind da sehr raffiniert. Als wir in Georgia gewohnt haben, da waren sehr viele Eichhörnchen um unser Haus, und eines Tages habe ich eines gesehen, das hat eine Nuß gefunden und gerade vor meinem Fenster vergraben. Dann hat es den Boden schön glatt gemacht und ist weggelaufen. Wenn man nicht Psychologieprofessor ist, sagt man, sie tun das als Vorsorge für den Winter. Da habe ich mir gedacht, ich mache einen wissenschaftlichen Versuch, um zu sehen, ob das Eichhörnchen die Stelle wiederfindet, wenn ich eine Steinplatte darauf lege.

Heinz: Gemein, pfui!

Ernst: Mitleid gibt es in der Wissenschaft doch nicht! Außerdem wird das Eichhörnchen wegen einer verbauten Nuß nicht verhungern. Stell dir vor, ich habe enormes Glück gehabt. Kommt der Winter, und ich habe natürlich mein Experiment längst vergessen. Da seh ich ein Eichhörnchen, das kommt zu dieser Steinplatte und fängt an, darum herumzukratzen und zu graben.

Heinz: Das ist unglaublich!

Ernst: Ich mußte also schließen, das ist das gleiche Eichhörnchen, es erinnert sich an seine Nuß und weiß, sie ist unter dieser Steinplatte. Ist das nicht wunderbar?

Heinz: Das gibt einen großen Aufschluß darüber, wie *du* denkst. Was in diesem Eichhörnchen vorgegangen ist, davon haben wir keine Ahnung.

Ernst: Das ist bei der *Big-Bang-Theorie* doch genauso?

Heinz: Eben – es zeigt, wie wir denken.

Ernst: Und als Wissenschaftler möchten wir eine möglichst ökonomische Erklärung.

Heinz: Ja, das gefällt uns besser als eine umständliche.

Ernst: Sehr gut. Ich habe mich also gefragt, wie kann ich das erklären, ohne anzunehmen, daß dieses Eichhörnchen zuerst irgendwo gesessen hat und sich gedacht hat: Ja, da hab ich noch die schöne Nuß, die liegt dort neben dem Baum am Haus vergraben, die hole ich mir jetzt.

Nun, ich glaube, man kann erklären, was das Eichhörnchen gemacht hat, ohne ihm ein Bewußtsein zuzuschreiben, das vergangene Erlebnisse wieder hervorruft. Ich glaube, man kann es mit *neighborhood relations* erklären. Das Eichhörnchen wird hungrig, das heißt, es spürt, was wir Hunger nennen, und dieses unangenehme Gefühl des Hungers bewirkt die Regression zu Handlungen, die in der Vergangenheit damit assoziiert wurden, weil sie Abhilfe brachten. So kann man, glaube ich, den ganzen Verlauf Schritt für Schritt zusammensetzen, ohne irgendein Bewußtsein zu bemühen. Da muß nur irgendwie die Möglichkeit vorhanden sein, Handlungen, die vor Monaten gemacht worden sind, wiederzufinden und zu wiederholen.

Heinz: So eine Erklärung ist aber ziemlich kompliziert und langwierig. Ich würde die Nachbarschaftsverbindungen als zu unökonomisch beiseite lassen. Wir wissen ja nicht, wie das Eichhörnchen es anstellt, zu seiner Nuß zurückzukommen, und da ist es einfacher zu sagen, das Eichhörnchen erinnert sich, wo die Nuß ist. Da habe ich es in einem Satz gesagt, und jeder weiß, von was ich spreche.

Ernst: Mir ist das sehr recht, aber bei den vielen Psychologen, die noch vom Behaviorismus beeinflußt sind, kommst du damit nicht an. Die machen unheimliche Anstrengungen, alles nach ihrer eigenen Theorie zu erklären, gleichgültig, wie umständlich das auch sein mag, und wenn jemand anders eine glattere und einfachere „Erklärung" vorschlägt, dann sagen sie, es sei *folk psychology* und nicht wissenschaftlich.

Heinz: Das hängt natürlich davon ab, was man „Erklärung" nennt.

Ernst: Natürlich. Und die des anderen ist es freilich fast nie. – Das hat ja dein Wiener Freund, der Herr Weichselbaum, so schön gesagt: „Vom Standpunkt des Alten ist das Neue immer falsch!"

Heinz: Vielleicht ist das ein guter Moment, um über Erklärungen sprechen. Meine Kurzfassung auf englisch lautet: *Explanations semantically link descriptions*. Auf deutsch wäre das wohl: Erklärungen verbinden Beschreibungen semantisch oder sind semantische Verbindungen von Beschreibungen.

Ernst: Die Fassung ist ein bißchen zu kurz, da mußt du …

Heinz: Semantische Verbindungen herstellen! Schön. Diese Verbindungen stellt man her, indem man Wörter so definiert, daß sie sich auf verschiedene Beschreibungen beziehen können. Dann sagen die Leute, jetzt versteh ich es, aha, das ist die Erklärung. Sie hat aber weder mit Kausalität noch mit Logik zu tun, noch mit irgend etwas anderem.

Ernst: Das leuchtet ein, weil, die semantische Verbindung ist ja eben immer eine Verbindung, die willkürlich gemacht wird. Sie ist ja nicht Verbindung in dem Sinn, in dem Erlebnisse zusammenhängen, weil eines mit Notwendigkeiten zu einem nächsten Erlebnis führt. Die semantische Verbindung hat keine erlebte Notwendigkeit.

Prinzipien der Erklärung: Heinz und Bateson

Heinz: Genau. Gregory Bateson hat da diese lustigen Gespräche mit seiner Tochter erfundenen, die er Metaloge nannte, wo die Tochter irgendwelche schrecklichen Fragen stellt. Davon haben wir schon einmal gesprochen, aber da wir eben bei Erklärungen sind, muß ich ein Stückchen wiederholen. In einem dieser Metaloge fragt sie: Papa, was ist Instinkt? Da sagt er, das ist ein Erklärungsprinzip. – Was erklärt es? – *Anything* – alles, was du erklärt haben möchtest. Aber Vater, sagt sie, das ist doch nicht möglich, das erklärt doch nicht die Gravitation? Doch, wenn du es wolltest. Du könntest sagen: Im umgekehrten Quadrat der Entfernung zieht der Instinkt alles an die Erde an. – Aber das ist doch Unsinn! – Ja, sagt er, *du* hast mich ja nach Instinkt gefragt, nicht *ich*, usw. usw. – Also, die Idee mit dem Erklärungsprinzip, das alles erklärt, was du erklären willst, die finde ich wunderbar. Und sie wird ja ununterbrochen verwendet. Einer verkündet ein Prinzip, und dann glauben die anderen, jetzt ist es erklärt.

Ernst: Wenn man dann fragt, was ist diese Sache, die da als Erklärungsprinzip verwendet wird, dann wird der Name des Prinzips wiederholt. Genau wie die Physiker, von denen ich erzählte, es mit der Energie machen. Die Energie ist ein herrliches Erklärungsprinzip, und, wie die Gravität, man kann sie sogar messen.

Heinz: Da ist mir die Unterscheidung wichtig, die ich bei der Susanne Langer herausgeschält habe. Spricht man, um die Begriffe des anderen zu beeinflussen, oder nimmt man Begriffe als festgesetzt und spricht über das, was sie hervorbringen sollen?

Ernst: In der Physik werden Begriffe wohl immer als festgesetzt betrachtet, bis eine Menge von Experimenten es ganz unmöglich machen, sie aufrechtzuerhalten. Da gab es Phlogiston und den Äther – und soweit ich es verstehe, besteht heute die Unsicherheit, ob man von Kraftfeldern reden soll oder von Kräften, die auf die Entfernung wirken. Wobei „Kraft" ja wohl auch ein Erklärungsprinzip ist.

Heinz: Das Festsetzen von Erklärungsbegriffen ist ja auch der Fluch in der Psychotherapie. Ich wurde im Lauf der Jahre dreimal von dem *Mental Research Institut* in Palo Alto eingeladen, einen Vortrag zu halten. Da habe versucht, das klarzumachen und eben auf die Begriffe zweiter Ordnung hinzuweisen. Das erstemal sollte ich über Verstehen sprechen, und so nannte ich meinen Vortrag: *Understanding understanding*. Dann wurde ich wieder eingeladen und nahm den Titel: *Explaining explaining*, also „Das Erklären erklären". Die Familientherapie und die Psychotherapie bauen immer Theorien auf, und wenn du eine Theorie hast, warum etwas nicht funktioniert oder warum jemand krank ist, dann mußt du deine Theorie entweder entkräften oder bestätigen. Dann kommen Patienten, Leute, die Hilfe suchen in ihrem Familienleben oder wo immer, und der Theoretiker überlegt: Was muß ich jetzt machen, um meine Theorie zu entkräften oder zu bestätigen? Dabei vergißt er, sich damit zu beschäftigen, wie man den armen Leuten, die Hilfe suchen, helfen könnte. Da wollte ich vor Erklärungen warnen – vor allem darauf hinweisen, daß Erklärungsprinzipien ja nichts beschreiben, sondern bestenfalls dazu dienen, in unterschiedlichen Situationen etwas Nützliches zu tun. Also habe ich meinen Vortrag *Explaining explaining* genannt und meinen Freunden dort empfohlen, keine Theorien zu machen und nicht zu erklären zu versuchen. Ich hatte ja schon lange den Verdacht, daß man diese ganzen komplizierten mentalen Vorgänge überhaupt nicht erklären kann. Man ist diesen Funktionen gegenüber völlig ignorant. Ich wollte darauf aufmerksam machen, daß wir aber, obschon wir ignorant sind, doch Verbindungen zwischen gewissen Bereichen herstellen können, also semantische Verbindungen zwischen Beschreibungen. Und wenn man davon absieht, eben in der üblichen Weise zu erklären, und statt dessen semantische Verbindungen herstellt, dann könnte man vielleicht besser arbeiten. Darum nannte ich den dritten Vortrag: *Ignorance of Ignorance*, also „Unwissen des Unwissens". In meiner Entwicklung bin ich natürlich auch auf die Sprache zu sprechen gekommen, und da hab ich vorgeschlagen: Meine Damen und Herren, es macht einen großen Unterschied, ob ich glaube, ein Teil dieser Welt zu sein, so, als wären die Welt und ich eine Einheit, oder ob ich mich als vom Universum abgerückt betrachte und als unbeteiligter Beobachter von außen sozusagen durch ein Guckloch schaue. Diese bevorzugte Position, den Helmholtzschen *Locus observandi*, gibt es für uns nicht.

Die Illusion der Gottesperspektive

Ernst: Das ist, was Hilary Putnam so schön *God's Eye View* genannt hat, die Gottesperspektive.

Heinz: Die Sicht von denjenigen, die sich außerhalb setzen. Gut, da haben wir zwei Perspektiven. Die menschliche, als Teilhaber, und die Gottesperspektive, als ein Separatum. Entwickle ich die eine, als ob ich ein Teil des Universums wäre, dann verändern alle meine Handlungen, alle meine Bewegungen, alles, was ich tue, das Universum. Nehme ich die andere Position ein, die vom Universum abgetrennte Position, wo ich auf einem *Locus observandi* sitze und das Universum mit meiner Beobachtung nicht berühre, dann werde auch ich nicht vom Universum berührt.

Ernst: Und wie kommt man zu diesem *Locus*?

Heinz: Das weiß ich nicht.

Ernst: Die Position ist doch logisch ausgeschlossen.

Heinz: Das stört aber viele Leute nicht – sie setzen sich einfach hin. Und daraus ergeben sich dann zwei verschiedene Perspektiven, auch gegenüber der Sprache. Das habe ich eben der Susanne Langer entlehnt. Ich weiß nicht, ob du das auch so gelesen hast. Ich lege es auf jeden Fall so aus, daß die Sprache zwei Aspekte hat: die *appearance*, das heißt die Erscheinung, und die Funktion. In der Erscheinung ist die Sprache so, als wär man von der Welt getrennt. Man beobachtet, aus der *God's Eye View*. Dann ist Sprache ein Monolog. Ich spreche einfach für mich hin, werfe es in die Welt – *to whom it may concern* –, alles, meine Räusperungen, Husten und Kratzen mit den Stimmbändern. Dann ist die Sprache im wesentlichen denotativ. Ich zeige auf Objekte, die da draußen sind, und meine Sprache soll diese Objekte sozusagen im Zeigen mitziehen. Was ich sage, ist dann im wesentlichen deskriptiv, das heißt, ich beschreibe, was los ist. Hier steht ein Tisch, dort ist ein Sessel. Es ist das Prinzip, das die Journalisten als ihr wesentliches Prinzip aufgestellt haben: *Tell it as it is* – Sag es, wie es ist. Dann ist die Sprache im wesentlichen grammatisch, und man schaut auf die grammatischen Relationen zwischen gewissen Hauptwörtern, Zeitwörtern etc. Schließlich kommt der unerhörte Kartesianische Ausspruch: *Cogito, ergo sum* – Ich denke, daher bin ich. Von einem anderen ist überhaupt nicht die Rede. Man kann nur von sich sagen, man ist. Damit kommt dann das Bewußtsein zustande, und ich weiß von mir, ich bin. Zumindest habe ich das damals so interpretiert. Dem gegenüber hab ich die zweite Sparte gemacht, wo ich ein Teil des Universums bin. Ein Teil, und da sind andere wie ich. So wird die Sprache ein Dialog, und im dialogischen Aspekt ist sie konnotativ. Ich wende mich nicht an Objekte, sondern an die Ideen von Objekten in anderen. Die Musik der Sprache erweckt sozusagen eine Resonanz in dem anderen musikalischen Instrument. Das sprachliche Instrument ist dann konnotativ und wendet sich, wenn ich die Susanne Langer richtig verstanden habe, an Ideen im Geist des anderen.

Ernst: Du hast sie viel tiefer verstanden als ich. Ich las sie, weil ich mit Linguisten stritt und vor allem an den begrifflichen Unterschieden in meinen Sprachen interessiert war. Aber deine Interpretation scheint mir sehr gut zu passen, denn sie hat ja so klar gesagt, daß die Wörter nicht Dinge bedeuten, sondern Vorstellungen.

Heinz: Dann ist die Sprache nicht deskriptiv, sondern sie ist konstruktiv. Wenn ich rede, dann versuche ich, den anderen einzuladen, die Welt zu kreieren, von der ich sprechen, von der ich ihm gerne berichten möchte. Wenn mir das gelingt, dann hat der andere eben auch subjektiv das Gefühl von etwas, das er sich selber erzeugt hat, und dann lebt er in dieser Geschichte. Das heißt nicht, wie der Journalist meint: Ich sage dir, wie es ist. Denn wie es ist, ist ja nicht zu beschreiben. Dieses *es* ist vergangen und kommt nie wieder. Es ist jetzt nur mehr da in den Reflexionen von denen, die darüber sprechen, was sie erlebt haben. Also ist *es* so, wie du es sagst. Dann ist die Essenz der Sprache eine semantische und nicht eine grammatische, und dann müßte eigentlich der Descartes gesagt haben: *Cogito, ergo sumus*. Er ist ja auch gleich gelaufen und hat es publiziert, also hat er schon gewußt, daß *Cogito, ergo sumus*, er wollte es nur nicht zugeben.

Ernst: Er wollte doch unbedingt sicheres Wissen haben, und da konnte er sich nicht auf andere verlassen.

Heinz: Wissen wissen! Ist das das einzig Wichtige? Durch das Miteinandersein von Mensch und Mensch entsteht eben das Gewissen. Auf englisch kommt die Verwandtschaft in den Wörtern heraus: *consciousness – conscience*. Und ich spiele eben das Bewußtsein als ein Mensch und das Gewissen als ein Mitmensch gegeneinander aus, sozusagen als Pole des Sprechens von der Sprache. Hier hör ich auf, denn das ist alles, was mir über die Reflexion von Sprache zu sagen einfällt.

Ernst: Das ist eine Menge. Du hast andere Ausdrücke als ich, aber was du sagst, paßt schon zu der Art und Weise, wie ich es sehe. Auch für mich fängt es mit der semantischen Verbindung an. Diese Verbindung ist eben eine Verbindung, die postuliert wird, die man selber annimmt. Das heißt, es ist eine Annahme in beiden Bedeutungen des Annehmens: Man postuliert eine Verbindung und verspricht sich, sie einzuhalten, sie nicht aufzulösen.

Heinz: Also eine Art von Abmachung.

Konnotation und Erfahrungsbereich

Ernst: Genau wie Regeln in einem Spiel. Man sagt sich, das nehm ich jetzt so an und um da weiterzumachen; und solange ich weitermache, muß ich bei dieser Annahme bleiben. Nun – zwischen was ist diese Verbindung hergestellt? Was verbindet sie? Da ist es meiner Ansicht nach wichtig, zu erwähnen, was Maturana so hübsch ausgedrückt hat: *Everything said is said by an observer and the observer can be myself*. Was auch immer gesagt wird, es wird von einem Beobachter gesagt, der auch ich selbst sein kann. Zwischen diesen beiden Möglichkeiten, ob man nun den anderen *Observer* in Betracht zieht und zu ihm spricht oder ob man zu sich selber spricht, da sehe ich einen enormen Unterschied. Ich möchte das so verbildlichen:

Solange ich zu mir selber spreche, ist meine Sprache denotativ, in dem Sinn, daß ich mich auf Dinge beziehe, die ich mit Wörtern verbinden kann, weil sie in meinem Erfahrungsbereich liegen. Sprechen andere zu mir, dann sind wohl diese anderen in meinem Erfahrungsbereich, aber das, worüber sie sprechen, liegt in ihrem und ist mir nicht zugänglich. Denn der Erfahrungsbereich der anderen ist nicht das, was sie in meinem Erfahrungsbereich als sogenannte Umwelt umgibt. Ich kann also ihre Wörter nicht denotativ mit Dingen verbinden, die ich selbst erlebe. Soweit ich dich verstanden habe, liegt die konnotative Funktion der Sprache darin, daß sie Begriffe und Begriffsstrukturen im anderen beeinflußt. Damit stimme ich gern überein. Aber ich habe den Ausdruck „Konnotation" bisher anders verwendet – nicht wie die Logiker, sondern eher wie die Literaturkritiker –, nämlich nicht für die sogenannte Grundbedeutung der Wörter, sondern für die mehr oder weniger zufälligen Assoziationen, die sich im einzelnen Sprecher zu den Wörtern bilden.

Wenn ich dir zum Beispiel jetzt von meinem Zelt am Gardasee erzähle, so nehme ich an, daß „Zelt" und „Gardasee" bei dir ziemlich eindeutige Vorstellungen hervorrufen, die einigermaßen mit den meinen vereinbar sind. Das wäre Denotation im allgemeinen Sinn. Aber das Reden vom Gardasee erweckt in mir und wahrscheinlich auch in dir eine Menge anderer Assoziationen, die in unseren jeweiligen individuellen Erlebnissen gebildet wurden – und das wäre Konnotation.

Heinz: Aber du postulierst nicht, daß Sprache entweder konnotativ oder nur denotativ ist.

Ernst: Ich glaube, das läßt sich überhaupt nicht machen.

Heinz: Machen das nicht die Linguisten? Die sagen doch – nicht so explizit vielleicht, aber doch –, die ganze Konnotativität sei *lousy thinking*, also Seifenblasen, und das, worum es geht, ist nur das Denotative und die objektbezogene Referenz?

Ernst: Das sagen sie manchmal ziemlich deutlich, und das kommt daher, daß sie nicht zugeben wollen, daß die absolute Denotation ja unmöglich ist. Es gelingt ihnen immer wieder, das zu ignorieren – deswegen streiten sie sich ja bücherlang …

Heinz: Und machen dann ganz verschiedene Theorien der Sprache.

Ernst: Ich habe da einmal gefragt: Wie ist das mit dem heiligen Georg – hat der eine objektbezogene Referenz? Und einmal bekam ich die Antwort, es gäbe doch Bilder von ihm und das englische Wappen ... Da bin ich gemein geworden und habe gesagt, daß weder die Bilder noch das Wappen den Drachen getötet haben.

Heinz: Das ist wie in der Mathematik, wo sie streiten, ob es die Zahlen wirklich gibt oder nicht ...

Ernst: Oder ob sie Wahrheitswert haben! – So wie ich das sehe, läuft es immer auf das gleiche hinaus, nämlich, daß man nicht zugeben will, daß es keine absoluten Bedeutungen gibt, weil die Bedeutungen immer von jedem Sprachbenutzer gebaut werden müssen.

Hörerinterpretation und die Kybernetik der Kybernetik

Heinz: Da werd ich mich jetzt prüfen, indem ich dich frage: Was sagst du zu meiner Interpretation der Hermeneutik, die heißt: Der Hörer, nicht der Sprecher bestimmt die Bedeutung einer Aussage?

Ernst: Wenn ich der Lehrer wäre, so würde ich dir die beste Note geben. Aber ich bin kein Lehrer. Ich bin bestenfalls ein passionierter Begriffesammler. Und da würde ich sagen, auch hier kann man die Spaltung machen, die du so schön dargestellt hast. Du kannst den Hörer nun als außenstehend betrachten, oder du kannst von *den* Hörern sprechen, die mit dir zur Welt gehören, und versuchen, eine Allgemeinheit zu schaffen – und dann sagst du, ja, die meisten Hörer werden das so interpretieren wie ich. Das ist deine Interpretation von den Hörern.

Heinz: Eine Hörerinterpretation der Hörerinterpretation.

Ernst: Der Fluch ist das: Wenn man schreibt, muß man immer die Hälfte weglassen, denn die Sätze werden sonst zu lang und zu kompliziert. Du kannst nicht immer sagen, was ich hier schreibe, soll keine Beschreibung der Welt sein, es ist, was ich sehe, und meine Interpretation davon.

Heinz: Ich habe dir doch dieses Buch gezeigt, *Cybernetics of Cybernetics*. Das hat eine meiner Klassen entwickelt. Da waren 30 oder 40 Studenten und die Frage: Können wir ein Lehrbuch schreiben, in dem von verschiedenen Richtungen über die Kybernetik gesprochen wird? Ein Buch, in dem wir unterschiedliche Artikel und unsere eigenen Bemerkungen aus der Klasse integrieren können? Da haben sich sehr interessante Sachen entwickelt, und ich erzähle eine, die dir vielleicht Spaß macht. Wenn der Sprecher, zum Beispiel ich, der diese Klasse geleitet hat, über irgendein Thema sprach, hat es sich oft begeben, daß einige fragten: Warum reden wir darüber? Was hat das mit dem zu tun, was uns interessiert? Andere sagten: Ich versteh nicht genau, was Sie da meinen, können Sie das noch einmal sagen? Und dann kamen Bemerkungen wie: Wozu sitzen wir hier überhaupt beisammen, was soll das, warum machen wir diese Sachen?

Da beschloß ich, mir eine Halskette umzuhängen mit drei verschiedenfarbigen Scheiben. Die eine war schwarz, die andere rot und die dritte grün. Wenn einer gefragt hat: Können Sie das nochmals sagen, wir verstehen die Idee vom Spektrum nicht?, dann hab ich gesagt: Das ist eine schwarze Frage, und dann baumelte die schwarze Scheibe vor mir. Wenn einer fragte: Warum reden wir über das Spektrum, was hat das mit unserem Kurs zu tun? Das war eine rote Frage, und: Warum sitzen wir überhaupt hier?, das war eine grüne. In dem Moment, wo ich dann eine Farbe zeigte, wußte die ganze Gruppe, jetzt reden wir darüber, warum wir hier sind; oder wir erklären noch einmal das Spektrum und so weiter. Dadurch wurden Wiederholungen vermieden und auch das Hineinrutschen von A nach B. Vorher hatten sich die Leute geärgert, jetzt ärgerten sie sich nicht, denn es war klar, wovon wir sprachen. So konnten wir immer hin- und herschalten zwischen diesen verschiedenen Sprechweisen.

Ernst: Ich wünschte, man könnte das auf alle die Rezensionen vom Konstruktivismus anwenden – da rutschen die Leute so oft von einer Begriffsebene in die andere.

Neun

Norbert Wiener telephoniert ein Buch

Heinz: Vor dem Essen haben wir eine Menge geredet und wieder nicht bemerkt, daß das Band abgelaufen war.

Ernst: Siehst du, das scheint mir auch charakteristisch für das Bewußtsein. Es ist immer nur an einem Punkt. Es kann nicht parallel arbeiten. Wir haben uns gut unterhalten, darum haben wir auf das Tonband nicht aufgepaßt. Schade. Die Geschichte vom Norbert Wiener mußt du eben noch einmal erzählen!

Heinz: Also gut. Die Leute vom *Office of Naval Research* – von denen hab ich ja schon gesprochen, das waren die Leute, die mich in zwei großen Phasen meines Lebens unterstützt haben. Vor Jahren haben die jemanden gesucht, der mathematische Extrapolation und stochastische Prozesse, also Voraussagemöglichkeiten, erklären könnte. Sie bekamen den Hinweis, sich an einen Mathematiker namens Norbert Wiener zu wenden, der am *Massachusetts Institute of Technology* saß. Also riefen sie den an:

„Wir möchten mit Professor Norbert Wiener sprechen."

„Hier ist Norbert Wiener."

„Hier ist das *Office of Naval Research* – wir brauchen eine Information. Wir möchten etwas darüber erfahren, wie man extrapoliert, also über die Mathematik von solchen Prozessen. Kennen Sie sich da aus, haben sie auf dem Gebiet gearbeitet?"

„Ja", sagt der Wiener, „auf dem Gebiet hab ich schon gearbeitet. Die Prozesse, mit denen man da zu tun hat, lassen sich in die folgenden Kategorien einteilen ..."

Er fängt zu reden an, und nach fünf Minuten sagt der Mann am Telefon: „Einen Moment, bitte, Professor Wiener, hätten Sie etwas dagegen, wenn wir gleich einen Taperecorder einschalten?"

„Nein", sagt Wiener, „das stört mich überhaupt nicht, das können sie ohne weiteres machen."

„Ausgezeichnet", sagt der Mann von der *Naval Research*, „wir rufen Sie in fünf Minuten wieder an, dann haben wir einen Taperecorder, und dann fragen wir Sie noch einmal."

Fünf Minuten später rufen sie an. „Lieber Professor Wiener, der Taperecorder geht jetzt – klick – okay!"

„Ich werde also jetzt etwas über Interpolation, Extrapolation und stationäre Zeitfolgen sagen. Ich beginne mit einem Kapitel Nr. 1 und erkläre einige Begriffe, um die notwendige Grundlage zu schaffen."

Er beginnt zu reden. Er redet und redet und redet. Nach sechs Stunden haben die Leute von der *Naval Research* gesagt: „Vielen Dank, Professor Wiener, wir haben jetzt zehn Tapes gemacht. Erlauben Sie uns, das als Buch zu veröffentlichen?" – „Selbstverständlich, da habe ich nichts dagegen. Danke vielmals, auf Wiedersehen." Klick. Das Buch ist erschienen, ein Jahr später: *Interpolation, extrapolation of stationary time series*. Ich hab das Buch hier. Es sind 200 Seiten, mit allen mathematischen Formeln, mit der ganzen modernen Theorie der stochastischen Prozesse, wie man Voraussagen interpolieren und extrapolieren kann und wie man mit stationären Zeitsequenzen operiert. Das war Norbert Wiener.

Wie man sich kennenlernte: Heinz und Ross Ashby

Ernst: Heinz, du hast erzählt, wie du Wiener kennengelernt hast und McCulloch und Gotthard Günther, aber die anderen wichtigen Leute, die du in dein *BCL* gebracht hast, Ross Ashby, Maturana und auch Gordon Pask, wie hast du die gefunden, als sie eigentlich noch kaum bekannt waren?

Heinz: Mit Ashby war das sehr einfach. Ich habe ihn kennengelernt, weil er auch zu den Macy-Konferenzen gekommen ist. McCulloch hat ihn eingeladen, über seine damalige Arbeit zu sprechen. Ashby nannte das *Intelligence Amplifiers*, also Intelligenzverstärker. Diesen Begriff hat er davon abgeleitet, daß jemand ihm folgende Frage gestellt hatte: Wenn ein künstlicher Schachspieler erfunden wird, also ein Programm, das Schach spielen kann, ist es dann möglich, daß diese Maschine den Menschen, der sie erfunden hat, im Schachspiel schlägt? Ashby hat gesagt: Ja, diese Schachspielmaschine, die ein Mensch X erfunden hat, kann den X im Schach schlagen.

In dem Vortrag, den er in der *Macy Foundation* gehalten hat, lieferte er die Argumentation zur Begründung dieser Behauptung. Das war im Jahr 51 oder 52. Bei seinem Vortrag kam aber ein Hindernis auf. Ein Mitglied der Konferenz, einer der Zuhörer, hat ihn kaum sprechen lassen. Ashby fing an: „Ich möchte darüber sprechen, wie eine von einem Menschen konstruierte Maschine mit einem Schachspielprogramm ..." Da hat der Mann ihn unterbrochen und gefragt: „Programm? Was ist ein Programm? Was nennen Sie Schach? Was nennen Sie Spiel?" – Was immer Ashby gesagt hat, der Mann hat gefragt, was er damit meint. Das ist fünf oder zehn Minuten so gegangen.

Ernst: Die gibt es immer wieder, diese Wissenschaftler, die an chronischer Verstopfung leiden.

Heinz: Es war entsetzlich peinlich. Da ich die Aufgabe hatte, die *Proceedings* der Konferenz herauszugeben, hab ich mich immer bemüht, daß die Gespräche eine Struktur haben und nicht in völlige Unsinnigkeit abgleiten. Was nun da vorging, war völlig unsinnig. Also wandte ich mich an McCulloch, der *Chairman*, also Vorsitzender der Konferenz war, und sagte, lieber Vorsitzender, ich mache den Vorschlag, Professor Ashby soll seinen Vortrag ohne Unterbrechung zu Ende sprechen, und wir machen die gesamte Diskussion nach dem Ende seines Vortrags. Da hat McCulloch gefragt: Wer stimmt mit diesem Vorschlag überein? Fast alle haben zugestimmt, und McCulloch sagte zu Ashby: Bitte beginnen Sie noch einmal von neuem, und ich ersuche die anderen, ihre Bemerkungen bis nach dem Schluß des Vortrags zurückzuhalten.

Nach der Konferenz hatten wir noch ein Treffen bei der Mutter vom Warren McCulloch in New York, und da hat Ashby, der ein unglaublich zarter, sensitiver und leicht verletzbarer Mensch war, zu mir gesagt: Heinz, ich danke dir sehr, daß du mich da gerettet hast. – Ich glaube, das hat er mir nie vergessen. Er hat sich auch später irgendwie von mir beschützt gefühlt.

Ich habe dir schon früher von der erfolgreichen Konferenz in Chicago über Selbstorganisation erzählt. Unser Beitrag vom *BCL* war so dominierend, daß ich die Organisatoren der Konferenz leicht überreden konnte, jetzt eine über *Principles of Self-Organisation* zu finanzieren. Ich schlug vor, sie in einem wunderschönen Konferenzzentrum abzuhalten, das unserer Universität von Illinois von einem reichen Gönner, Mr. Allerton, vermacht worden war. Das Hauptgebäude ist von gepflegten Gärten umgeben, mit riesigen Bäumen, heimeligen Alleen, in denen hier und dort überraschende Skulpturen versteckt sind. Das ganze Gut sitzt inmitten dieser großen, fruchtbaren Ebene des Mittleren Westens. Das Hauptgebäude kann leicht 40 Gäste aufnehmen, hat einen großen Speisesaal mit guter Küche und einen sonnendurchfluteten Konferenzraum, fernab von allen großstädtischen Versuchungen. Ideal für eine Konferenz über Selbstorganisation.

Da wurden natürlich alle wichtigen Leute eingeladen, Ross Ashby, Gordon Pask, Stafford Beer, also die ganze europäische Mafia der Selbstorganisation. Da zog mich Stafford Beer zur Seite und fragte, ob es nicht möglich wäre, im *BCL* eine Stellung für Ashby zu schaffen. Ross, erklärte er, sei so unglücklich, denn als Direktor einer ganz großen Anstalt für Geistesgestörte habe er so viele bürokratische Verpflichtungen und administrative Arbeit, daß er überhaupt nicht zum Schreiben käme. Er habe versucht, sich zum Schreiben in einer der gepolsterten Zellen zu verstecken, aber das habe nicht funktioniert. Wenn ich da eine Möglichkeit hätte, ihm herauszuhelfen, das wäre eine große und gute Tat für die Menschheit und für Ross Ashby.

Beim nächsten Lunch habe ich mich zu Ashby gesetzt und gesagt: „Lieber Ross Ashby, wären Sie daran interessiert, hier herüberzukommen auf die Universität von Illinois und mit uns im biologischen Computerlaboratorium zu arbeiten?“ Da ist er aufgestanden und hat gefragt: „Wo ist das Telefon, ich möchte meine Frau anrufen und ihr sagen, daß wir nach Amerika ziehen.“ Er also schnurstracks zum Telefon gegangen, hat seine Frau angerufen und ihr gesagt, er habe die Absicht, nach Amerika zu ziehen. Dann ist er zurückgekommen, etwas blaß, und berichtet, seine Frau habe gesagt: *Over my dead body*. Also ungefähr: Da mußt du mich erst umbringen! – Das Problem war also nicht nur, eine Stellung für Ross Ashby aufzumachen, sondern auch Rosebud, seine Frau, zu überreden, daß sie es in Amerika besser hätte als anderswo. Irgendwie ist es ihm gelungen, und sie sind dann tatsächlich nach Amerika umgezogen. Das war also, wie Ross Ashby zum *Biological Computer Lab* kam.

... Heinz und Humberto Maturana

Ernst: Und Maturana – wie kam der zu dir?

Heinz: Das war anders – merkwürdiger. Bei einer der Macy-Konferenzen hatte ich einen Mann kennengelernt, der hieß Ralf Gerard, ein Hans Dampf in allen Gassen. Er war Neurologe oder Neurophysiologe und ein *Organizer*, ein Propagandamann, der immer laut redete und sehr viel Ellbogen hatte. Gerard hat dann in Leiden eine riesige Konferenz veranstaltet, die hieß *Information processing in the nervous system,* also Informationsprozesse im Nervensystem, und dazu hat er mich eingeladen. Das war 1962. Die Konferenz war Montag und Dienstag, doch wir wurden eingeladen, schon am Donnerstag vorher zu kommen. Ich fand das wunderbar, denn ganz nah war Scheveningen – zauberhaft schön mit seinen traumhaften Stränden.

Ich bin also schon ganz entzückt am Donnerstag abend angekommen und ins Hotel gegangen. Da stand der Gerard und sagte allen, die da kamen, also morgen früh ist die erste Sitzung, und da wollen wir uns begrüßen und alles besprechen. Am Freitag morgen komm ich also hin, und Gerard hält eine Ansprache: „Ich freue mich sehr, daß Sie alle da sind. Die eigentliche Konferenz ist am Montag und Dienstag. Heute und morgen wollen wir eine Generalprobe der Konferenz machen. Jeder gibt sein Papier, heute und morgen, wie es auf dem Programm steht. Dann machen wir die Diskussionen, so daß Sie die nötigen Korrekturen in den eigentlichen Vorträgen am Montag und Dienstag berücksichtigen können."

Also so etwas, habe ich mir gedacht, hat man überhaupt noch nie gehört. Das ist ja ein völliger Wahnsinn! Der Gerard hat immer weitergeredet und Anweisungen gegeben, was wir tun sollten.

Er trug das von einer Bühne vor, und an der Längsseite des Saals war eine lange Wand mit vielen Türen. Ich saß ziemlich weit vorne und wartete auf eine Gelegenheit, mich hinauszuschleichen. Schließlich kam ein günstiger Moment, Gerard bückte sich, um etwas aus seiner Aktentasche zu nehmen, und ich flitzte wie der Blitz durch eine der Türen. Ich stand in einem langen Korridor und machte die Türe, so leise ich konnte, zu. Als ich das tue, seh ich drei Türen weiter unten genau dasselbe. Eine Türe geht auf, wird vorsichtig geschlossen, und ein zweiter Mensch steht in dem Korridor. „Haben Sie die Absicht, bei diesem Unsinn von zwei Veranstaltungen, die dieselben sein sollen, mitzuspielen, oder haben Sie Lust, mit mir nach Amsterdam zu gehen und das Rijksmuseum zu besuchen?"

„Ich habe nicht die Absicht, in dieser Vorkonferenz mitzutun, ich gehe sehr gerne mit ihnen nach Amsterdam."

„Großartig, mein Name ist Heinz von Foerster."

„Und meiner ist Humberto Maturana."

Das ist, wie wir uns kennengelernt haben. Wir waren die beiden schwarzen Schafe. Wir sind nach Amsterdam gefahren, haben zwei wunderbare Tage verbracht, und Montag früh sind wir zurückgekommen. Niemand hat mit uns gesprochen. Wir fanden das sehr komisch. Zum Schluß, Gott sei Dank, hat der berühmte französische Monsieur Fessard die zusammenfassende Schlußansprache gehalten und gesagt, unter den vielen interessanten Beiträgen waren auch zwei Papiere von besonderem Interesse, eines von Maturana, das andere von Heinz von Foerster. Anscheinend hat Monsieur Fessard nicht gewußt, daß wir beide als schwarze Schafe behandelt wurden.

Für mich war das der Anlaß, um den Maturana nach Illinois einzuladen – und er war dann anderthalb Jahre bei uns im *BCL*.

... Heinz und Gordon Pask

Ernst: Und Gordon Pask?

Heinz: Gordon Pask war einer der ersten, die das *BCL* besucht haben. Das kam dadurch zustande, daß ich in Namur war. Gordon Pask war einer der interessanten Schnörkel vom *BCL* ganz am Anfang. In Namur sollte ich einen Vortrag halten. Ich wollte da eigentlich das ganze Programm und die Pläne des *BCL* beschreiben, aber dann sah ich, daß das unmöglich war. Wenn die Franzosen oder Belgier eine Konferenz machen und da Gruppen von Vorträgen in einer Sitzung gehalten werden sollen, dann nutzt der *Chairman*, der

Vorsitzende, die Gelegenheit, um sämtliche Ideen, die er im Lauf seines Lebens gehabt hat, endlich dem Publikum vorzulegen. Wenn die Sitzung drei Stunden dauern soll und sechs Sprecher hat, dann spricht der Vorsitzende zunächst einmal anderthalb Stunden. Wenn er fertig ist, bleiben den anderen je zehn oder fünfzehn Minuten, denn die Sitzung hat sowieso mit Verspätung angefangen. Ich sah, daß es in Namur auch so war. In meiner Sitzung hat der Vorsitzende die anderthalb Stunden von seinen Ideen gesprochen, und dann hat er gesagt, jetzt lasse ich diese Ideen von den Sprechern beleuchten, die ich hier eingeladen habe.

Leider waren die meisten von diesen Sprechern nicht auf diese Strategie vorbereitet. Aber ich hatte mir schon gedacht, die halbe Stunde, die mir zur Verfügung stehen sollte, würde auf sechs oder sieben Minuten zusammenschrumpfen. Also hatte ich einen Vortrag für sieben Minuten vorbereitet. Ich war der letzte Sprecher. Die armen anderen haben verzweifelt gerungen, um irgendeinen Sinn hervorzubringen, aber das war natürlich unmöglich. Wenn man etwas für eine halbe Stunde vorbereitet hat, kann man es nicht so aus dem Stegreif auf sieben Minuten reduzieren. Als ich drankam, konnte ich leicht und gemütlich meine sieben Minuten herunterrasseln. Es war ein Miniaturvortrag, aber mit einem Anfang, einer Mitte und einem Ende. Als die Sitzung zu Ende war, kamen eine Menge junger Leute aus dem Publikum zu mir gelaufen und sagten: „Das war sehr interessant. Wir haben heute früh einem Mann zugehört, der hat so ähnliche Sachen gesagt wie Sie, den sollten sie unbedingt treffen."

„Ja, wo treff ich den, wer ist das?"

„Der heißt Gordon Pask, ist ein Engländer, und der sitzt hier immer in den Kaffeehäusern herum."

„Okay", sag ich, „suchen wir den Gordon Pask."

Also sind wir durch Namur gestapft und haben ein Kaffeehaus nach dem anderen angeschaut. Es war das herrlichste Herbstwetter, die Leute in den Kaffeehäusern sind alle draußen gesessen, und es war ein sehr schöner Spaziergang. Schließlich kommen wir zu einem Kaffeehaus, das wie ein Bienenstock ausgeschaut hat. Lauter junge Leute sind da herumgestanden, und meine jungen Führer haben gesagt, da muß er irgendwo sitzen, das muß der Gordon Pask sein. Also wir sind auf den Bienenschwarm losgestoßen, ich habe mich durch die Phalanx durchgearbeitet, und in der Tat, in der Mitte von diesem Kreis saß ein Zwergerl, ein richtiges Zwergerl, mit komischem schwarzen Haar, einem schwarzen glänzenden Anzug, weißes Hemd, eine Fliege als Krawatte und mit einem Zigarettenspitzel, das war ungefähr 20 cm lang. Er sprach mit einem unerhört britischen Akzent, wie ein Schauspieler, der einen Wissenschaftler spielt. Die Leute stellten ihm Fragen, und er gab Antworten. Ich war fasziniert. Er sprach mit einer Präzision, die war unglaublich. Schließlich hab ich auch ein paar Fragen gestellt, und er hat sie mir mit der gleichen Präzision beantwortet. Nach einiger Zeit haben wir eine Art Dialog für die Zuschauer entwickelt und großen Spaß gehabt. Dann ist der Studentenschwarm langsam auseinandergeflogen, und ich hab mich vorgestellt, und er hat gesagt, ja, ich bin der Gordon Pask. Schließlich sind meine anderen Freunde gekommen, Stafford Beer und Ross Ashby. Natürlich kennen wir den Gordon Pask, haben sie gesagt, und wir sind alle zu einem Diner oben auf dem Schloß von Namur gegangen, das Stafford Beer, der weitaus reichste Mann unter uns, organisiert hatte. Der war ja ein Manager, und da hat er uns auf ein Champagnerdiner mit Austern eingeladen.

Der Schluß von der Geschichte ist, daß ich den Gordon Pask dann einlud, zum *BCL* zu kommen. Ursprünglich war er eine Art *Performer*, als Varietékünstler, der die Leute unterhalten hat. Sein großes Unterhaltungsspiel war die *Musiccolor*-Maschine, die Musikfarbenmaschine. Das war ein Vorläufer von diesen ganzen großen Shows, die dann später mit Blitzlicht und Musik organisiert wurden.

Ernst: *Son et Lumière.*

Heinz: Ja, *Son et Lumière*. Das war seine Spezialität. Da hat gewöhnlich eine Tanzkapelle gespielt, Scheinwerfer haben bunte Farben auf die Decke geworfen, und das Licht hat je nach der Musik verschiedene Formen angenommen. Wenn die Musik traurig war, war auch das Licht traurig, und wenn es lustige Musik war, war das Licht lebendig und bewegte sich schneller und schneller. Durch dieses positive Feedback sind die Leute in wilde Raserei geraten – bis dann die Polizei kam und alle verhaftete, inklusive Gordon Pask und seiner Frau Elisabeth.

Nach einem Jahr von Verhaftungen und Strafezahlen hat die Elisabeth zum Gordon gesagt: „Das ist zu anstrengend, du mußt einen anderen Beruf ergreifen." Da hat Gordon die Idee gehabt, daß seine Musikmaschine eigentlich eine Maschine war, die sowohl lernt als auch lehrt. – Aus diesen frühen Erfahrungen hat er sein fabelhaftes Prinzip entwickelt: Ein Lehrer muß auch ein Lerner sein. Das war der Anfang von Gordon Pask als Wissenschaftler.

Konrad Lorenz und sein Geflügel

Ernst: Heinz, der Bienenschwarm hat mich an einen anderen Schwarm erinnert. Als wir die ersten Artikel über die Verständigung mit der Schimpansin Lana veröffentlicht hatten, wurde ich eingeladen, in einigen Forschungsinstituten darüber zu berichten. Unter anderem auch von dem Max-Planck-Institut in Seewiesen am Starnberger See. Das wurde damals vorübergehend von Horst Mittelstädt geleitet, weil der vorherige Direktor in Pension gegangen war. Ich hatte keine Ahnung, daß Konrad Lorenz der vorige Direktor war und dort für seine Graugänse und Enten direkt neben dem Laboratorium einen Teich angelegt hatte. Nach meinem Vortrag saßen wir – Mittelstädt, die anderen Verhaltensforscher und ich – in einem Seminarraum, von dem man durch eine Glaswand auf den Teich hinunterschaute, der schon ganz in die Landschaft eingewachsen war. Wir sprachen ernst und gelehrt über Kommunikation und die Schimpansenexperimente, und die Diskussion war manchmal hitzig.

Auf einmal springt einer der Herren auf, zeigt mit ausgestrecktem Arm durch die Glaswand in den Himmel und ruft: „Wieder eine! Da ist wieder eine!"

Alle standen auf und riefen mit großer Begeisterung: „Schon wieder eine!"

Erst als der schwarze Punkt im Himmel nähergekommen war und zielsicher und elegant auf dem Teich landete, erkannte ich, daß es eine Ente war. Mindestens drei der Wissenschaftler erklärten mir gleichzeitig und mit unbändiger Freude, es sei einer der Wasservögel, mit denen Lorenz seine *imprinting*-Experimente gemacht hatte und die ihm zeit ihres Lebens treu bleiben sollten.

Lorenz war vor wenigen Wochen an einen österreichischen See übergesiedelt, der 200 Kilometer weit weg war, und hatte alle seine Gänse und Enten mitgenommen. – Schon mehr als ein Dutzend waren bereits nach Seewiesen zurückgekommen.

Die Kollegen des Nobelpreisträgers freuten sich wie die Schulbuben, daß den Vögeln der Teich offensichtlich lieber war als der

Imprint-Vater Lorenz. Mir hat das sehr geholfen, die Schüchternheit zu überwinden, die echte Wissenschaftler mir damals noch einflößten.

Heinz: Oft sind sie ja auch etwas überheblich. Darum ist es gut, wenn man sie auch im Laboratorium mit normalen Menschen zusammenbringt.

Eine Tänzerin kommt in das *Biological Computer Lab*

Ernst: Wie Gordon Pask – und wenn ich mich recht erinnere, hast du einmal erzählt, es war auch eine Tänzerin bei euch im *BCL*?

Heinz: Natürlich! Das hatte mein lieber Kollege Herbert Brün arrangiert, der in Illinois Professor für Musik war und die Computermusik schon ganz früh vorangetrieben hat. Eines Tages kam er zu mir und sagte: „Heinz, du hast so viele verschiedene Leute hier, du mußt auch meine Freundin Noa Eschkol aus Israel einladen."

„Wieso?", hab ich ihn gefragt, und da hat er mir erzählt:

„Sie hat zusammen mit einem Mann namens Wachmann eine Notation der Bewegung entwickelt – und das ist doch, was du brauchst. Du sagst doch immer: sensomotorisch, und diese Motorsachen sind genau das, was Noa Eschkol und ihr Kollege mit einer Schrift beschreiben. Bei allen sensomotorischen Angelegenheiten gibt dir das Auge ein Bild der Bewegungen, aber die Beschreibungen sind immer ungenau und verschwommen. Die Eschkol-Notation gibt ein ganz genaues Protokoll der Bewegungen. Das wäre doch ein gutes Projekt für ein *Biological Computer Lab*?"

Da hab ich gesagt, das ist sehr interessant, aber wie verkaufe ich das meinen verschiedenen Stiftungen, die mir das Geld dafür zahlen sollen? Aber dann ist mir das Signalcorps der amerikanischen Armee eingefallen. Ich wußte, die wollten irgendwelche planetarischen Roboter bauen, die dann am Mars oder auf der Venus herumkratzen und fotografieren sollten. Also bin ich zu denen gegangen und hab gesagt: Ihr wollt doch solche Roboter machen? Ich habe eine Schrift, das ist ein Programm, das man schreiben kann und das dem Roboter dann sagt: Streck den rechten Arm aus, bieg den kleinen Finger nach oben usw. usw. Wenn ihr so eine Bewegungsschrift hättet, könntet ihr ganze Programme von der Erde hinaufschicken. Der Roboter hat ein Auge und Hände, und ihr im Kommandoraum dirigiert sein Auge und seine Hände, und auf eurem Bildschirm könnt ihr sehen, was er sieht. Mit Hilfe dieser Programmschrift könntet ihr dann direkt seine Umwelt manipulieren.

Die Signalcorpsleute haben sehr gut verstanden und gleich gefragt, wo sind die Leute, die das machen? – Das ist Noa Eschkol in Israel, hab ich gesagt, die möchte ich gerne in das *BCL* einladen, um das auszuarbeiten. – Ja schreiben Sie uns ein *proposal*.

Ich habe einen Vorschlag geschrieben, er wurde angenommen, und ich konnte Noa Eschkol einladen. Nun hatte ich das Problem, wie man eine israelische Tänzerin in ein *Department* für *Electrical Engineering* einbauen kann. Wie immer, dachte ich mir: als außerordentlicher Professor, und ging zu meinem Dekan.

Mein lieber Dekan, hab ich gesagt, ich habe da eine israelische Tänzerin, die uns helfen würde, eine Schrift über Bewegung zu entwickeln und zu prüfen, ob man ... Darauf sagt er zu mir: Lieber Heinz, ich habe dir schon erlaubt, einen Psychiater bei dir anzustellen – das war der Ross Ashby. Ich habe dir auch erlaubt, einen Philosophen für fernöstliche Philosophie im *Department of Electrical Engineering* einzustellen – das war Gotthard Günther, aber wenn es sich um eine israelische Tänzerin handelt, da sag ich nein. – Ich hab danke schön gesagt und mich gefragt, wo finde ich eine Fakultät, die eine Tänzerin anstellen könnte? Natürlich – da muß ich zu der Fakultät für *physical education of women* gehen.

Der Dekanin habe ich die Eschkol-Geschichte erzählt, und sie war ganz entzückt. Was sie besonders freute, war natürlich die finanzielle Seite des Handels. Wann immer eine Fakultät der Universität das Gehalt für ein Mitglied vom *State Department* bekommt, dann gehören mindestens 40 Prozent davon der Universität. Und die Abteilung für weibliche Körperentwicklung war damals ziemlich arm. Die Männer haben Millionen gehabt, aber für die Frauen war nicht viel Geld da. So wurde ich ein Ehrenmitglied dieser weiblichen Abteilung.

Ernst: Das ist wieder ein Berührungspunkt, von dem ich gar nichts wußte. Die Tochter von Charlotte, meiner jetzigen Frau, ist Tänzerin und ist in den letzten Jahren sehr viel in der Welt herumgefahren, um Vorstellungen und Workshops zu geben. Bei einem Besuch in Israel hat sie Noa Eschkol kennengelernt, die heute dort so etwas wie ein *national treasure* ist.

Wie Heinz und Ernst sich kennenlernten

Heinz: Da kann man nur zu dem Klischee greifen und sagen, es ist eben eine kleine Welt. Aber, lieber Ernst, ich habe jetzt von den wichtigen Leuten im *BCL* erzählt, aber – und da habe ich mich nun schon die ganzen Tage gefragt – wie ist es eigentlich dazu gekommen, daß *wir* uns getroffen haben? Kannst du dich erinnern, wie und wann das war? – Ich kann es im Moment nicht rekonstruieren.

Ernst: Ja, ich habe das nicht vergessen. Ich verdanke die Bekanntschaft mit dir der Rowena Swanson, die unseren Kontrakt mit der *Air Force* erst in Italien und dann in Georgia betreute. Sie hat mich gleich nach dem Anfang in Mailand auf eine große Reise in die Vereinigten Staaten geschickt. Auf dieser Reise habe ich Leute kennengelernt, von denen ich vorher nur geträumt hatte. Warren McCulloch und Joe Weizenbaum in Massachusetts, den Neurophysiologen Lloyd du Brul in Chicago, David Rothenberg und den Philosophen Max Black in New York, eine Menge Leute bei der *Rand Corporation* und dem *Ramo Wooldridge Center* in Los Angeles, und ganz zum Schluß, in dem *Institute of Technology* in Pasadena, da kamst du.

Rowena und ich waren zum letzten Tag irgendeiner Konferenz hingekommen. Am Abend, wir hatten uns schon halb durch ein Diner gegessen, da kam jemand hereingetanzt, und alle sind aufgestanden und haben gerufen: Der Heinz ist da! Der Heinz ist da! Und waren offensichtlich sehr erfreut. Du bist um den ganzen Tisch herumgegangen, hast alle begrüßt, und da wurde ich dir zum erstenmal vorgestellt.

Für mich war das ein großer Moment, denn ich hatte schon einiges von dir gelesen. So haben wir uns kennengelernt, haben aber eigentlich nicht mit einander geredet. Doch dann kamst du nach Athens, Georgia, für einen Vortrag. Da haben wir etwas über Semantik gesprochen, und du hast mich sehr ermutigt, mit der Begriffsanalyse weiterzumachen und mich nicht um die Chomsky-Mode zu kümmern. Schon vorher, als mir in Mailand der Vorschlag gemacht wurde, unser Forschungsprojekt nach Amerika zu verlegen, hatte Rowena uns gesagt, der große Plan war, daß die *University of Georgia* in Athens das *MIT* des Südens werden sollte.

Heinz: Daran kann ich mich noch erinnern. Ich war ja auf die Einladung von Rowena Swanson zu dem Vortrag hingekommen. Das *Air Force Office of Scientific Research* wollte in Athens ein Wissenschaftlerzentrum aufbauen, und ich sollte mir das anschauen und die Leute dort beschnüffeln. So haben wir uns also zum erstenmal beschnüffelt.

Ernst: Der Unterschied war, daß du auf einen Vortrag gekommen bist, das war ein, zwei Tage, und ich bin 20 Jahre lang dort geblieben. Meine Gruppe war die einzige, die tatsächlich dort gearbeitet hat. Warren McCulloch ist nie erschienen, und du warst, wie gesagt, auf einen Tag dort. Wirklich kennengelernt haben wir uns eigentlich erst – das muß 1970 gewesen sein – bei einer Konferenz an der *University of Tennessee*. Da warst du und etwa 20 Leute im ganzen. Das war das erste und das einzige Mal, daß ich Ross Ashby gesehen habe, und es war auch das erste Mal, daß ich auch Maturana erlebte – also für mich der eigentliche Anfang der Kybernetik.

Register

Über die Autoren

Heinz von Foerster (1911–2002) war nach dem Studium der Physik in Wien in verschiedenen Forschungslaboratorien tätig, bevor er 1949 in die USA übersiedelte. An der Universität von Illinois gründete er das inzwischen legendäre Biologische Computer-Laboratorium – die Wiege jener Erkenntnistheorie, die später unter der Bezeichnung „Konstruktivismus" für Aufsehen sorgen sollte. Zahlreiche Buchveröffentlichungen, darunter: *Wahrheit ist die Erfindung eines Lügners. Gespräche für Skeptiker* (10. Aufl. 2013 zus. mit Bernhard Pörksen) und *Teil der Welt. Fraktale einer Ethik* (zus. mit Monika Bröcker, 3. Aufl. 2014).

Ernst von Glasersfeld (1917–2010) als Österreicher in München geboren, arbeitete bis 1962 als Journalist in Italien. In den Jahren zwischen 1970 und 1987 wandte er sich als Professor für Kognitive Psychologie an der University of Georgia (USA) der Entwicklung der von Piaget begründeten konstruktiven Wissenstheorie zu. Zahlreiche Veröffentlichungen, darunter *Wege des Wissens. Konstruktivistische Erkundungen durch unser Denken* (2. Aufl. 2013).